Evidence Application and Practical Skills
in
Civil Litigation

民事诉讼

证据运用与实务技巧

（增订第二版）

王新平——著

法律出版社
LAW PRESS · CHINA
北京

图书在版编目(CIP)数据

民事诉讼证据运用与实务技巧 / 王新平著. -- 2 版
. -- 北京 : 法律出版社, 2024(2024.10 重印)
ISBN 978 - 7 - 5197 - 8904 - 6

Ⅰ. ①民… Ⅱ. ①王… Ⅲ. ①民事诉讼 - 证据 - 研究
- 中国 Ⅳ. ①D925.113.4

中国国家版本馆 CIP 数据核字(2024)第 044739 号

民事诉讼证据运用与实务技巧(增订第二版)
MINSHI SUSONG ZHENGJU YUNYONG YU SHIWU JIQIAO (ZENGDING DI - ER BAN)

王新平 著

责任编辑 陈昱希
装帧设计 汪奇峰

出版发行 法律出版社
编辑统筹 法规出版分社
责任校对 张红蕊
责任印制 耿润瑜
经　　销 新华书店

开本 A5
印张 12.5　**字数** 248 千
版本 2024 年 4 月第 2 版
印次 2024 年 10 月第 3 次印刷
印刷 保定市中画美凯印刷有限公司

地址:北京市丰台区莲花池西里 7 号(100073)
网址:www.lawpress.com.cn
投稿邮箱:info@lawpress.com.cn
举报盗版邮箱:jbwq@lawpress.com.cn

销售电话:010 - 83938349
客服电话:010 - 83938350
咨询电话:010 - 63939796

书号:ISBN 978 - 7 - 5197 - 8904 - 6　**定价**:49.00 元
凡购买本社图书,如有印装错误,我社负责退换。电话:010 - 83938349

王新平

浙江温岭人，华东政法大学法律硕士，中国计量大学法学院校外硕士生导师。现任浙江省法学会律师法学研究会副会长、案例法学研究会常务理事，浙江省律师协会常务理事、行业规则委员会副主任，台州市人大代表、人大监察和司法委员会委员，台州市律师协会会长，浙江利群律师事务所合伙人会议主席。擅长处理民事、刑事、行政等疑难复杂案件，承办了多起示范庭审观摩案，撰写的代理词作为教学范文编入全国高校创新法学系列教材《司法文书写作》。曾获“全国律师行业优秀党员”“浙江省司法行政系统百名优秀人物——优秀律师”“浙江省优秀律师”等荣誉。

主要作品：

实务著作：《民事诉讼证据运用与实务技巧（增订版）》（获评法律出版社“2020年度最受欢迎十大好书”）、《民事诉讼证据规则编注：条文·适用·案例》（法律出版社2023年4月）；

随笔：《律师须五勤》（原《律师与法制》2003年第8期）、《有多少爱可以重来》（《安徽律师》2004年第5期）、《痛并快乐着》（原《律师与法制》2006年第8期）；

论文：《排除妨碍纠纷案件中的请求权行使》（《人民司法》2009年第12期）、《划拨土地上房屋买卖合同效力与物权效力之辨析》（《浙江审判》2010年第10期）、《未生效合同疏议——兼评<民法典·民法总则>专家建议稿》(获评浙江省第五届律师论坛优秀论文一等奖)、《疫情背景下的商业租赁合同纠纷法律适用研究——以承租人主张减免租金为切入点》(获评浙江省第十届律师论坛优秀论文一等奖)等。

增订第二版说明

《民事诉讼证据运用与实务技巧》增订版是2020年3月出版的。过去几年来，我国的法律规则和司法实务均发生了一些变化。比如：2023年9月1日，第十四届全国人民代表大会常务委员会第五次会议通过了《关于修改〈中华人民共和民事诉讼法〉的决定》；2023年8月14日，最高人民法院发布了《最高人民法院关于生态环境侵权民事诉讼证据的若干规定》；2023年12月4日，最高人民法院发布了《最高人民法院关于适用〈中华人民共和民法典〉合同编通则若干问题的解释》。司法实践中，涉及民事诉讼证据规则方面的典型案例亦不断呈现。这些变化，都对证据法学产生直接或间接的影响。

为了体现民事诉讼证据的立法变化，总结新的民事诉讼证据理论和实务成果，在法律出版社的约稿下，作者尝试对《民事诉讼证据运用与实务技巧》的增订版进行全面修订，推出增订第二版。与增订版相比，《民事诉讼证据运用与实务技巧》增订第二版增写了“勘验笔录”这一讲，涵盖了八种证据类型，使内容更加丰盈；将原第14讲的“当事人陈述”调整为第8讲（并改为“当事人的陈述”），然后第9讲为书证，第10讲为物证，最后第15讲为勘验笔录，与证据类型的立法例保持一致，逻辑上更加通顺。对于增订版中与最新法律不一致的条文序号，全都作出了调整。尤其是结合最新公布的司法解释和影响较大的民事诉讼案例，尽可能地作出针对性的分析和讨论。可谓凝聚了作者近 4 年对证据法学的新感悟和新思考。

增订第二版还根据读者的反馈，订正了原书中的错讹和错别字；特别感谢北京刘增光律师和某不知真名的法官，他们给我提了不少书面意见。有如此热心的读者，真是作者的幸运。新版删除了增订版附录中的“其他规范性文件”，因为在作者另一本书——《民事诉讼证据规则编注：条文 · 适用 · 案例》中，与证据规则相关的重要规范性文件均已收录。《民事诉讼证据运用与实务技巧》《民事诉讼证据规则编注：条文 · 适用 · 案例》和正在酝酿的《民事诉讼证据实务难点问答》（暂名），将构成作者民事诉讼证据领域的“三部曲”。本书修订过程中，有些甜蜜，有些辛酸，有些茫然。在此，对法律出版社李群女士和陈昱希编辑的大力支持和莫大鼓舞表示由衷谢意！

作　者

2023 年 12 月 8 日

增订版说明

本书自2017年11月出版至今，民事诉讼证据规则的变化不可谓不大。最主要的变化是2019年12月25日，最高人民法院发布了《关于修改〈关于民事诉讼证据的若干规定〉的决定》（以下简称《民事证据规定修改决定》），对2001年颁布，实施超过18年、对民商实务影响巨大的最高人民法院《关于民事诉讼证据的若干规定》（以下简称原《民事诉讼证据规定》）作了全面、系统的修改、完善和补充。根据《民事证据规定修改决定》公布的最高人民法院《关于民事诉讼证据的若干规定》（法释〔2019〕19号）（以下简称《民事诉讼证据规定》）共100条，保留原《民事诉讼证据规定》条文未作修改的有12条，对原《民事诉讼证据规定》条文修改了40条，新增加条文48条，内容繁复，亮点颇多。为了结合新的司法解释，亟须对原书进行修改，阐释和揭示《民事诉讼证据规定》所依据的原理及实务要领。

此次修订不仅增加了“举证期限”这一讲，也对原有的各讲内容予以了充实、修订和调整；尤其是对第12讲、第13讲、第14讲进行了大量的补充、更新、修正，变动幅度之大，可谓重新改写，进一步丰富了民事诉讼证据规则的理论体系和实务运用技巧。为便于阅览，增添了不少图表。本书附录部分，还增加了部分法院、仲裁机构等关于民事诉讼证据规则、仲裁程序证据规则的"规范性文件"，囿于篇幅限制，本部分内容收录于附录二维码中，读者扫码即可查看。

本书因实用、易懂受到众多读者的热烈欢迎，在出版不到一年的时间里加印5次，并被有关机构列入法律图书畅销榜单及最值得收藏的100本法律书，实在出乎我的意料；我到各地学习或交流，常有法官、律师、仲裁员谈起本书，据说对他们颇有助益。感谢大家的厚爱和青睐！能与大家分享本书，其中的快乐和欣慰溢于言表。当然，诸位的肯定让我更加不敢懈怠，我时时刻刻关注着立法、司法动态，前沿的证据法学理论及最新的判例资讯，希望能及时地通过增订本书，将这些信息传递给各位。但因时间、精力、天资有限，对于证据法领域一些至为晦涩而又重要之规则，我仍感力不从心，未能深究细研，期待读者的不吝指正。

最后，我真诚地感谢法律出版社对本书增订的大力支持。

作　者

2020年1月8日

序言　学海本无涯，尽从勤里得

民事诉讼案件最需要关注两个基本问题：一是查清事实，二是适用法律。查清事实是适用法律的前提，而事实的查清离不开证据问题，离不开当事人的举证、质证及认证。民事诉讼中各种不同种类的证据如何运用？不具有法定种类的证据是否一概不具有证据能力？证据“三性”与证据能力及证明力之间是什么关系？举证责任如何分配？诸如此类的问题均十分复杂，尤其是面对司法实践中各种形形色色的案件时，这些问题就显得更加繁杂。虽然最高人民法院出台了有关民事诉讼证据规则的规定，但由于其内容比较简略，在满足实务的需求上显得有些捉襟见肘。因此，全面、科学地掌握证据法的基本原理，能从“会当凌绝顶”的理论高度，俯瞰证据规则，解决实际问题，此点在实务上显得格外重要。

“学而不思则罔，思而不学则殆”，这句话是对学习者来说的。如果把它借用到律师专业成长上，也许应表述为“办而不思则罔，思而不研则殆”。本书作者是一位颇有追求的律师，办案之余，仍矢志不渝地在求学的道路上刻苦钻研，锲而不舍，在继《激情与梦想：王新平律师辩护词、代理词选录》一书出版之后，又一本《民事诉讼证据运用与实务技巧》撰写成册，值得称赞。全书分为十三讲，立足于司法实践，以课堂的形式讨论民事诉讼证据实务问题，避免单纯空洞的理论说教，比较生动活泼。在书中，作者对证据的关联性、证明力等重要问题也都作了认真的研究，并提出了有益的见解。鲜活的素材、生动的表述、鲜明的见解，展示了作者对证据法学及实务问题的认真思考与执着探索。本书的内容主要适用于律师，但对从事法律实务的法官和仲裁员，也有裨益。

需要指出的是，虽然作者尽心地在进行写作，但本书在某种程度上还显得不够成熟。比如，对证据法基本知识这一层面着墨欠多，每一讲之间的篇幅比例不甚匀称，对若干案例的解读不够深入，某些提法或理解或许还存在值得商榷的余地，但它确实凝聚了作者认真好学、不懈求索的点点心血。我衷心地希望作者继续努力，奋进创新，在今后的学习和工作中攀上一个新的高峰，奉献出更多、更新、更好的实务成果。

是为序！

毕玉谦

2017 年 2 月 12 日

部分法律文件缩略语

简 称	全 称	文 号
原《民事诉讼证据规定》	《最高人民法院关于民事诉讼证据的若干规定》	法释〔2001〕33号
《民事诉讼证据规定》	《最高人民法院关于民事诉讼证据的若干规定》	法释〔2019〕19号
《生态环境侵权民事诉讼证据规定》	《最高人民法院关于生态环境侵权民事诉讼证据的若干规定》	法释〔2023〕6号
《行政诉讼证据规定》	《最高人民法院关于行政诉讼证据若干问题的规定》	法释〔2002〕21号
2022年《民诉法解释》	《最高人民法院关于适用〈中华人民共和国民事诉讼法〉的解释》	法释〔2022〕11号
2020年《民诉法解释》	《最高人民法院关于适用〈中华人民共和国民事诉讼法〉的解释》	法释〔2020〕20号（已被修改）
2015年《民诉法解释》	《最高人民法院关于适用〈中华人民共和国民事诉讼法〉的解释》	法释〔2015〕5号（已被修改）

续表

简　称	全　称	文　号
《民诉法意见》	《最高人民法院关于适用〈中华人民共和国民事诉讼法〉若干问题的意见》	法发〔1992〕22号（已失效）
《刑诉法解释》	《最高人民法院关于适用〈中华人民共和国刑事诉讼法〉的解释》	法释〔2021〕1号
《办理死刑案件证据规定》	《最高人民法院、最高人民检察院、公安部、国家安全部、司法部关于办理死刑案件审查判断证据若干问题的规定》	法发〔2010〕20号
《办理刑事案件排除非法证据规定》	《最高人民法院、最高人民检察院、公安部、国家安全部、司法部关于办理刑事案件排除非法证据若干问题的规定》	法发〔2010〕20号
《诉讼时效规定》	《最高人民法院关于审理民事案件适用诉讼时效制度若干问题的规定》	法释〔2020〕17号
《民间借贷规定》	《最高人民法院关于审理民间借贷案件适用法律若干问题的规定》	法释〔2020〕17号
《电子数据规定》	《最高人民法院、最高人民检察院、公安部关于办理刑事案件收集提取和审查判断电子数据若干问题的规定》	法发〔2016〕22号
《民法典合同编通则解释》	《最高人民法院关于适用〈中华人民共和国民法典〉合同编通则若干问题的解释》	法释〔2023〕13号

目　录

我在实践中接触到不少的律师，甚至法官，发现他们在法庭上对证据的认识和运用存在不同程度的偏差。一方面与我们的证据法理论尚不成熟、不尽如人意有关；另一方面是因为他们对证据法没有做深刻的理解和透彻的把握。

证据是诉讼的灵魂，也是司法公正的基石，被称为“无冕之王”。中国人民大学法学院王轶教授曾言，作为一个合格的法律人要掌握五项基本的专业技能，其中第一项技能就是妥当地运用证据规则去认定案件事实。我对证据法情有独钟、饶有兴趣，近年来在它身上花了不少的时间和精力，虽有所收获，但由于自己水平有限，依然没有完全领悟。证据法博大精深，浩瀚无垠，我只能拣重点要点介绍，无法面面俱到。整本书共有十五讲，围绕民事诉讼证据，旁及刑事诉讼证据和行政诉讼证据，侧重实务应用。

第一讲

概　述

一、证据的界定

什么是证据？举个简单的例子：张三仿冒李四签名，伪造了一张借款人为李四的借条，随后张三起诉李四返还借款。这张伪造的借条是否属于证据？

回答这个问题，必然要明确证据的含义。我国著名证据法学专家何家弘教授与其弟子刘品新教授合著的《证据法学》教材中认为："所谓证据法中的证据，就是指证明案件事实或者与法律事务有关之事实存在与否的根据。无论这'根据'是真是假或半真半假，它都是证据；无论这'根据'是否被法庭采信，它都是证据。至于这'根据'的具体表现形式或存在形式，那就是有关法律中列举的物证、书证、证人证言、当事人陈述、勘验检查笔录、鉴定意见、视听资料、电子数据等。"

按照该教材的定义，设例中的借条无疑属于证据。我们说证据要具有"三性"，即真实性、合法性和关联性。既然借条是伪造的，不具有真实性，又说它是证据，怎么回事呢？请大家思考一下。

这里要区分证据和定案证据。定案证据又称定案根据，是裁判者据以认定案件事实的证据。三大诉讼法均规定，证据必须查证属实，才能作为认定事实的根据。认定事实的根据，即定案证据。

证据和定案证据是一对既有联系又有区别的概念。定案证据都是证据，但证据并不一定都能成为定案证据。那些经法庭审查判断，不具有真实性、合法性或关联性的证据，虽仍然是证据，但不能成为定案证据。定案证据是指具有真实性、合法性、关联性且能证明待证事实的证据。从逻辑上看，定案证据是证据的一个子概念，二者存在种属关系。

证据要有“三性”，是从定案证据的角度而言，还没有成为定案根据的证据不要求具有“三性”。正是通过对证据“三性”的甄别与评价，决定其能否作为定案的根据，从而完成从证据到定案证据的飞跃。有人将定案证据直接等同于具有“三性”的证据，这是片面的认识。具有“三性”是定案证据的必要条件，但非充分条件，定案证据除要具有“三性”外，还要有一定的证明力，达到法律规定的相应标准，能够证明待证事实。

从证据到定案证据，可归结为一条作业流水线，基本流程如图 1 所示。

证据→“三性”证据→证明力很大证据＝定案证据

排除无“三性”证据	排除证明力不大证据

图 1　从证据到定案证据的基本流程

总之，“证据”一词有时指成为定案根据前的证据，有时指定案证据，应当分清其不同的语境。弄清了证据与定案证据的区别之后，伪造的借条为何是证据的疑惑也就迎刃而解了。

为了更好地理解证据的定义，有必要介绍一个相近术语“证据材料”。这个概念在实践中也常出现，有的判决书会写“原告为支持自己的主张，提交了下列证据材料……”，而不是写“提交了下列证据……”。

这种写法有一定的根源，《民事诉讼法》第 69 条规定：“人民法院收到当事人提交的证据材料，应当出具收据，写明证据名称、页数、份数、原件或者复印件以及收到时间等，并由经办人员签名或者盖章。”于是有观点认为，在庭审质证之前，我们所说的证据还只是证据材料，其必须依法定程序进行质证、认证，被法庭采纳时才成为证据，在此之前都是证据材料。

《民事诉讼法》除第 69 条出现“证据材料”字眼外，其他地方用的都是“证据”一词。需要留意的是，《民事诉讼证据规定》第 1 条删除了原《民事诉讼证据规定》第 1 条关于“原告向人民法院起诉或者被告提出反诉，应当附有符合起诉条件的相应的证据材料”中的“材料”二字，但第 19 条仍保留原第 14 条“证据材料”的字样，表明最高人民法院对“证据材料”一词也很纠结。实际上，证据本身就是材料，用证据材料来区分其和证据的关系，会使本来误区重重的证据概念更加混乱。不合法的证据、不真实性的证据也是证据，只是不能成为定案证据。所以，不宜以有无质证、认证来区分证据材料和证据。

总之，关注并厘清证据、定案证据、证据材料这三个术语，是我们理解运用证据法的基础。

二、证据的属性

关于证据的属性，我国学者一般认为，真实性、合法性和关联性是证据的三个属性或三个特征。法庭在对证据的审查判断中，也都会自觉、不自觉地首先围绕证据的“三性”来进行。以下我就一一讲解这三个属性。

1. 证据的真实性

如何理解证据的真实性？以前我国证据法著作很少采用“真

实性”作为证据属性的提法，主流观点都采用“客观性”的表述。原《民事诉讼证据规定》没有盲从理论上的通说，第50条规定证据的“三性”为真实性、合法性和关联性。随后，最高人民法院《民诉法解释》第104条沿用了原《民事诉讼证据规定》第50条的规定。近年来，我国证据法学界也倾向于使用“真实性”一词来替代传统的“客观性”。

真实性保障的是客观事实被发现的需要，但真实性有不同的理解。真实性有形式上的真实性与内容上的真实性之分。形式上的真实性，相当于客观性，是指证据的载体或证据本身必须真实，即证据是按照制作者的真实意思所形成的。此处所讲的“真实意思”，并不代表证据内容就是千真万确的，也不意味着证据内容反映了案件的真实情况。内容上的真实性，是指证据记载的内容或包含的信息必须真实，即能够反映案件的真实情况。

对于形式上的真实性，相当一部分人存在误解，以为证据没有伪造、变造、篡改，就满足了形式真实性的要求。比如，书证上的签名或印章是真的，就认为具备了形式上的真实性。其实不然，书证上的签名或印章虽然真实，但若是在胁迫或偷盖等情况下所形成就不是制作者的真实意思所为，依然没有满足形式真实性的要求。

我曾代理某建设单位承办了一起建设工程施工合同纠纷案［（2019）浙1022民初2300号］，对方提供了一份情况说明，主要内容是不再追究施工单位工期延误责任，情况说明上盖有该建设单位名称的印章。经鉴定，该印章与该建设单位使用的印章系同一印章。一审法院据此对该情况说明的真实性予以确认。我方上诉后，二审发回重审。法官最后对该情况说明上加盖的印章的真实性予以确认，同时认为情况说明的内容有悖常理，不予认定。很明显，原审法官对证据形式真实性的理解仅为印章是否真实，重审法官对证据形式真实性的理解不仅包括印章是否真实，还从文书内容等进行分析，更加到位。

这方面比较典型的案例还有《最高人民法院公报》2016 年第 3 期刊载的（2014）民提字第 178 号案、浙江省高级人民法院（2016）浙民申 33 号案、安徽省高级人民法院（2010）皖民二终字第 00073 号案，以上案例均为印章真实，但法院对文书真实性不予认定。如从证据真实性来分析，法院实际上应认定前述案例中的证据不是根据当事人的真实意思所形成，不具备形式真实性。

内容上的真实性关注的是证据的实质内容，有学者称为实质真实性。诸如，该陈述确实是当事人作出的，该证言确实是证人提供的。形式上的真实性没有问题，但当事人陈述是否虚假，证人所作的是否为伪证，才是庭审调查的重点，很难想象虚假陈述、虚假证言会被认定具有真实性。所以对证据真实性的要求，仅包括形式上的真实性远远不够，还要包括证据内容上的真实性。值得注意的是，有些证据审查规则较为强调证据载体的真实性，而有些证据审查规则注重对证据内容真实性的检验。根据《民事诉讼证据规定》第 87 条第 4 项的规定，法庭要对单一证据的“内容是否真实”进行审核认定，即判断证据内容的真实性。总之，证据的真实性是由证据载体或证据本身的真实性（形式真实性）和证据记载的内容或信息的真实性（实质真实性）组合而成的。

在某一案例中，被告承认借条上名字是他签的，但称借条指向的款项没有交付，在质证时他对证据的真实性表示没有异议。这对证据真实性的理解不够全面，借条本身是被告签名出具的，只确认了形式上的真实性，而款项有无交付，涉及证据的内容是否真实。被告认为借条记载的内容与真实的事实不符，则借条记载的内容不正确，他应当对借条的真实性提出异议，而非予以认可。

2015 ~ 2019 年度江苏法院买卖合同商事纠纷十大典型案例中的（2019）苏 01 民终 1230 号加工合同纠纷案中，二审法院认证意见为：天意公司对深华科公司提交的《证明》、《委托检验协议书》、发票、GB/T 18226 – 2015 文本形式真实性无异议，法院对以上证据形式上的真实性予以确认，其内容的真实性及关联性，将结合相关事实予以认定。

审判实践中，不少法官对证据真实性的认识还是停留在形式上的真实性层面，或者对证据是否真实是从证据有无伪造、变造、篡改等本身真伪进行判断。我看过某地某法官书写的裁判文书，他对证据真实性的认证很明显指向形式上的真实性。我之前也一度这样理解证据的真实性，之后我的理解发生了转变。

对于证据的真实性，我们要树立这样的认识，真实性不是非真即假的关系，有的证据可能出现一种悬疑或真伪不明的状态，即不能确定它是真的还是假的。对于这种情况，我们可以说这份证据真实性存疑或无法确认，但不能认定它为不真实的证据。此与刑事诉讼证据规则还是有较大的区别的。在刑事案件中，假如对证据的真实性存在合理的怀疑，法庭应当将其推定为不真实的证据，体现了“有疑义时作有利于被告人解释”的理念。

从中文语境来讲，真实性是非真即假的意思，只有“有”“无”之别，没有程度上的差别；而可信性就不一样，“信”是有程度上的差别，有不信、可信、相信、确信之分，所以有学者提出用可信性替代真实性是有道理的。

2. 证据的合法性

下面，我们来看一下证据的合法性。证据作为一种客观存在的信息载体资料，本身不存在合法性问题。例如，淫秽光盘尽管内容非法，但在某些案例中仍具有证据资格，不属于非法证据。我们说证据的合法性是指作为证据方法的合法性。通常认为，合法性包括以下四个方面。

（1）证据主体合法。证据主体合法，是指形成证据的主体（作证主体）及收集证据的主体（取证主体）必须符合法律的要求。例如，不能正确表达意思的人不能作为证人；作出鉴定意见的鉴定机构须有相关的鉴定资质；法院调查收集证据应当由二人以上共同进行，不得由一名法官或书记员独立调查，等等。在张卫平教授所著的《民事诉讼法学》教材中，只谈及作证主体的合法性，未提及取证主体的合法性，窃以为其对证据主体合法性的考虑不够周到。

（2）证据取得方式合法。当事人及其诉讼代理人收集的证据能否作为定案证据，还要看证据取得方式是否符合法律的规定。进一步地说，要看证据的取得方式有无违反法律禁止性规定、有无严重侵害他人合法权益、有无严重违背公序良俗。例如，以收买、胁迫证人等手段取得的证言，以非法侵入住宅等手段取得的物证、书证，以窃听器窃听取得的电话录音，采用刑讯逼供等非法方法收集的犯罪嫌疑人、被告人供述，就违反了法律的禁止性规定，将导致证据不合法。有无严重侵害他人合法权益、有无严重违背公序良俗中的“严重”是一个不确定概念，只能在具体案件中基于利益的比较进行价值补充。

需要说明的是，研究过证据合法性问题者可能会发现，我国也有权威学者没有将取证方式合法性单独作为证据合法性的一项标准，而是将之一并作为程序合法性问题进行考虑。我不接受这样的划分。证据取得方式与证据程序还是有很大的区别的，程序问题涵盖不了取证方式问题，应当独立区分。

（3）证据程序合法。证据必须经过法律规定的诉讼程序，没有经过这一程序，则该证据仍然不能作为定案证据。张卫平教授和李浩教授的《民事诉讼法学》教材中均指出这一程序就是证据的质证程序。然而，我国民事诉讼法学科的奠基人江伟先生主编的《民事证据法学》、清华大学何海波教授所著的《行政诉讼法》等教材则将质证程序纳入证据运用是否合法的范畴。

我觉得，没有必要增加一个证据运用是否合法的提法。同时，证据程序合法，不仅要求质证程序合法，更要求形成证据的程序（作证程序）及取得证据的程序（取证程序）合法。比如，鉴定机构严重违反鉴定程序作出鉴定意见，如果不把它纳入证据程序不合法的范畴，就无法将其对号入座。又如，在刑事案件中，侦查人员询问证人时没有个别进行，书面证言没有经证人核对确认。再如，在行政案件中，违反最基本的正当程序，如先处罚后调查取证、应当回避而没有回避、没有交代当事人有关权利和注意事项等。如果这些情形不算证据程序违法，就无法归入其他合法性标准中。

也许有人提出，这可不可以说是证据取得方式违法？证据取得方式本质上是指取证的手段或措施，如在刑事程序中收集书证、物证主要有提取、扣押、调取和接收四种方式，故上述问题也不好说证据取得方式违法。

按照张卫平和李浩两位教授对程序合法性的阐释，我们更没有理由将证据取得方式合法性归入程序合法性之中。另外，证据的合法性标准往往与非法证据排除规则密切相关，可以说是“一物两面”。实际上，我们强调非法证据排除，更大层面上是着眼于证据取得方式不合法。

（4）证据形式合法。所谓证据形式，是指法律对证据的种类所作的规定和形式要件上的要求。证据形式的合法性，即证据在种类和形式要件上应符合法律的规定。

关于证据的种类，民事诉讼法和刑事诉讼法意义上的法定证据均只有八类，八类之外的证据均非法定证据，在此，我最想说的是刑事案件中的“情况说明”。翻开我们的刑事卷宗，往往有公安机关关于抓获经过、自首立功等内容的“情况说明”。虽然“情况说明”使用频繁，但在我国现行的刑事诉讼证据体系中却难觅其踪。《刑事诉讼法》第 50 条规定证据只有物证，书证，证人证言，被害人陈述，犯罪嫌疑人、被告人供述和辩解，鉴定意见，勘验、检查、辨认、侦查实验等笔录，视听资料、电子数据八类，并无关于“情况说明”的规定。由此，“情况说明”在法律上是否为证据？如果是证据，应当转化为何种证据？便成为理论界与司法界争议的一大问题。

关于证据的形式要件，例如，单位向法院提交的证明材料，应由单位负责人及制作证明材料的人员签名或盖章，并加盖单位印章；鉴定文书应有鉴定机构的鉴定专用章及鉴定人的签名或盖章；域外公文书证，应当经所在国公证机关证明，或履行有关条约中规定的证明手续；提交外文书证或外文说明材料，应当附有中文译本，等等。

与取证手段的违法性相比，那些在表现形式方面存在违法之处的证据不一定都属于非法证据，可能更多地属于一种轻微不合法证据即瑕疵证据。对于这种瑕疵证据，民事诉讼证据规则更多地适用补正或者作出合理解释的方式予以补救。比如，依照《民事诉讼证据规定》第 40 条第 3 款，对鉴定意见的瑕疵，可以通过补正、补充鉴定或者补充质证、重新质证等方法解决的，人民法院不予准许重新鉴定的申请。又如，鉴定文书上忘了加盖鉴定专用章，就应当允许鉴定机构补盖。摘录有关单位制作的文件，摘录件上有保管单位的印章和摘录人的签名，但没有注明出处，就应当允许摘录人作出解释，若解释合理，瑕疵就得以“治愈”。

需要注意的是，“证据补正≠证据补强”。补正的对象为形式上存在某些瑕疵的证据，通过补正后其可以作为证据使用，这是对证据资格的补正；补强的对象为具有证据资格的证据，只是该证据具有真实性上的弱点，比如证人与当事人或代理人有利害关系，视听资料、电子数据存有疑点，复制件、复制品无法与原件、原物核对等，通过其他证据补强得以增加其真实性，这是对证据证明力的补强。如未经法庭准许的书面证言，明明是人证，应以人的感知、记忆来表达待证事实，却以书面证言的方式而非出庭作证的方式加以证明，属于证据的表现形式不合法。原《民事诉讼证据规定》第 69 条以证据形式瑕疵对待，允许结合其他证据补强，这是不对的。《民事诉讼证据规定》第 68 条断然否定其证据能力，不给予补正机会，这是一个重大转折。

请特别注意，切勿将证据的形式要件等同于法律行为的形式要件。例如，《民法典》第 1135 条规定了代书遗嘱的形式要件，即应当由两个以上见证人在场见证，由其中一人代书，并由遗嘱人、代书人和其他见证人签名，注明年、月、日。如果代书遗嘱不符合法定形式要件，依照最高人民法院研究室《关于代书遗嘱虽不符合法定形式要件但确系遗嘱人真实意思表示能否认定有效问题的答复》的规定，不符合法定形式要件的代书遗嘱不宜认定为有效。立法对代书遗嘱法律效力在形式要件方面的规定，并不染指其证据法意义上的形式要件。也就是说，“代书遗嘱不符合法定形式要件≠其证据形式要件不合法”。

此外，证据形式要件往往与证据程序关系紧密。例如，法院勘验物证或者现场，没有通知当事人，勘验笔录没有当事人的签名或盖章，笔录本身不符合形式要件的要求，而其取证程序也不符合法律要求；在行政处罚程序中自问自记的调查笔录，笔录本身并不符合形式要件的要求，且取证程序也不符合法律的要求。

以下对证据的合法性作个小结：证据的合法性要求证据主体、证据取得方式、证据程序、证据形式四个方面合法。其中，前三者即证据主体合法、证据取得方式合法、证据程序合法可归类为证据来源合法的范畴。下面用图 2 表示。

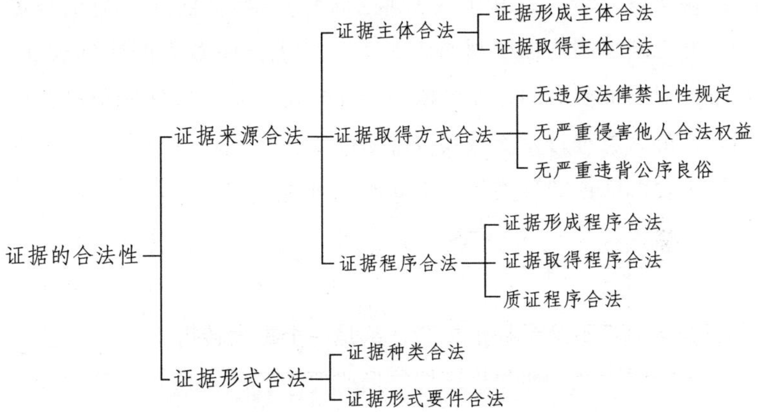

图 2　证据的合法性

法律对证据合法性的要求，是为了保障证据的真实性和他人的合法权利不至于因为证据的违法取得而受到侵害，体现了法律对程序正义和实体正义的双重要求。

需要特别注意的是，在证据法的理论框架内，“不合法证据（违法证据）≠非法证据”。以违法性程度为标准，不合法证据可分为严重违法证据（非法证据）、一般违法证据和轻微违法证据（瑕疵证据）三种。非法证据仅属不合法证据范畴内的一种情形，系违法程度最严重的违法证据。

在民事诉讼中，对待不合法证据的总体原则是：除非法证据绝对无证据能力之外，其他不合法证据，法律一般不作具体规定，由法官根据利益衡量的方法视情决定采纳与否，其中对于瑕疵证据，往往允许采取补正或者作出合理解释的方式进行补救。

比如，对于单位出具的证明材料，在（2017）最高法民申 2096 号案中，最高人民法院认为，黄某提供的山东鲁商物业服务有限公司出具的证明仅加盖印章，不符合单位证明材料形式要件的规定，不予采纳。但在（2021）最高法民申 5411 号案中，最高人民法院话锋一转：2020 年《民诉法解释》第 115 条第 1 款的规定中，并无缺少制作证明材料人员签名即无证明效力的明确表述。当事人对书证质疑的，亦可依据前款规定请求人民法院对制作证明材料的人员进行调查核实或出庭作证。

不合法证据的分类与后果如图 3 所示。

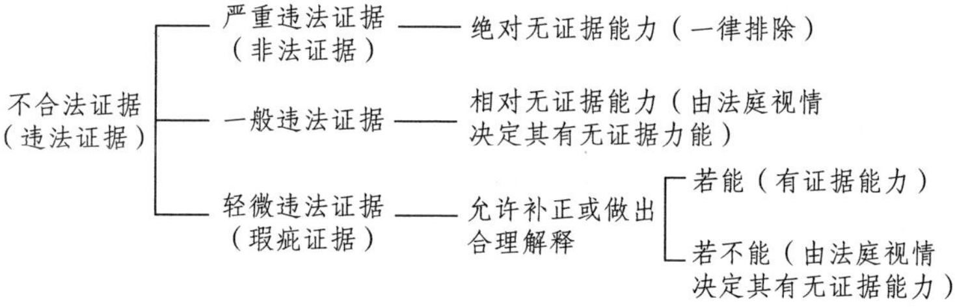

图 3　不合法证据的分类与后果

3. 证据的关联性

证据的第三个属性是关联性，又称相关性，但究竟什么是关联性？从我手头的资料来看，表述不一，可谓五花八门。正如美国证据学家华尔兹教授所指出的，“相关性实际上是一个很难用切实有效的方法界定的概念”。

根据我的观察，我国学者关于关联性问题的争论，在于将关联性究竟是定位于证据资格的标准，还是定位于证据证明力的标准。对于证明力，下文会和证据能力一起介绍。目前比较有力的一种学说的观点是：证据关联性的认定既包含对证据能力的确定，也包含对证据证明力的判断；涉及证据能力的证据关联性称为形式关联，涉及证明力的证据关联性称为实质关联。

我曾认为，将关联性既作为证据能力的内容，又作为证明力的内容，容易造成概念上的混乱。故对关联性的定位一直很纠结，纠结了好多年后发现我的观点与最高人民法院甘文法官在《行政诉讼证据司法解释之评论——理由、观点与问题》一书中的见解基本不谋而合。甘文法官认为，传统的证据法理论混淆了证据的关联性与证明力之间的关系。有关联的证据，未必能够证明待证事实。也就是说，有关联性的证据，证明力未必就大。基于这样的思路，关联性应当纯粹系证据能力的内容，更多的是指证据对于案件事实形式意义上的关联。

但不可否认，关联性与证明力是紧密联系的一对范畴。关联性的有无，主要取决于证明力的有无；证明力的大小，有时又离不开关联性的程度。二者既不全同，也非属种、种属，更非全异，而是“你中有我，我中有你”的交叉关系，具体可见图4。

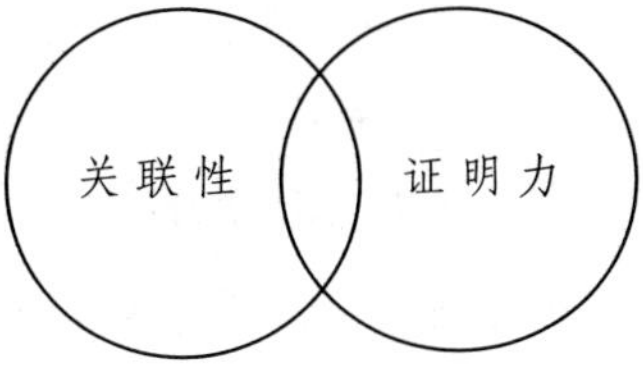

图4　关联性与证明力的关系

如今我对关联性的认识发生了转变，亦成为“有力说”的追随者。但为了杜绝使用形式关联、实质关联带来表述上的烦琐，我认为从证据语言的角度，不妨将前者称为关联性，后者称为相关性。这样既没有脱离关联性的本性，又对不同语境下的关联性作适当的区分，避免使用同一术语带来的错乱。

对关联性的检验，我认同这样一种观点，即可以从证据与待证事实之间的实质性和证据的证明性两方面来进行。

（1）实质性的判断。证据的实质性判断首先需要明确待证事实的范围。待证事实主要可以归结为以下三类。

一为争议事实，即原告为胜诉或者被告为抗辩成功而必须证明的事实，这种事实由实体法规范和当事人的主张所决定，一般为要件事实或案件基本事实。要件事实在理论上可以划分为权利发生要件事实、权利对立（权利受制、权利妨碍、权利消灭）要件事实。

举例来说，原告诉称被告向其借款 10 万元未还而主张借款返还请求权，借款合意与款项交付行为即为权利发生要件事实，属待证事实。原告要求被告返还借款 10 万元，被告辩称双方已约定延长还款期限，原告起诉过早，则借款期限已经变更为权利受制要件事实，属待证事实。假如被告主张先履行抗辩权，认为原告没有按照约定先归还其前期借据，被告有权拒绝还款，则先还前期借据，后还借款为权利妨碍要件事实，属待证事实。若被告抗辩 10 万元已经归还，没有拖欠原告借款，则借款已经清偿为权利消灭要件事实，属待证事实。

为什么说争议事实一般为要件事实，而非一律为要件事实？同样以民间借贷纠纷案为例，原告要求被告返还借款 10 万元并支付利息，被告承认借款 10 万元但不承认有利息约定。此时，有无利息约定就是争议事实，但它不属于要件事实。

二为辅助事实，又称补助事实，即用以证明证据能力有无或证明力大小的事实。比如，被告提供某单位出具的情况说明，原告提出该单位未依法成立；原告提供的证人证言，证人系被告亲友，与案件具有利害关系；原告申请出庭作证的证人，被告提出该证人曾因伪证罪被判处刑罚，证言可信度低。某单位是否依法成立，证人是否系被告亲友，证人有无犯过伪证罪，这些事实影响到证据能力或证明力大小的评判，也属待证事实。

三为背景事实，即基础性事实。比如，在审理建设工程施工合同纠纷案件时，双方对签订过《建设工程施工合同》无争议，虽然《建设工程施工合同》不是争议事实，但它用以解释或说明争议事实形成的背景状况，审理案件时不可或缺，故也属于待证事实，当事人仍需举证。当然，对当事人无争议的证据，是否采纳的理由可以不在裁判文书中表述。

从理论上说，案件事实可分为要件事实、间接事实和辅助事实等，故多数教科书认为证明对象包括要件事实、间接事实和辅助事实等。在我看来，间接事实是指没有直接证据证明要件事实，只得运用间接证据证明要件事实是否存在的事实，其与直接事实只是司法证明方式的不同。将间接事实单独列为证明对象，逻辑上似乎不通。

在对待证事实归类以确定范围的基础上，判断证据的实质性主要考察的是当事人提交证据的证明目的。如果当事人提交的证据所证明的事实不在待证事实的范围内，对方当事人欲排除该证据就可以提出该证据不具有实质性的抗辩。如前述 10 万元民间借贷纠纷案，原告在欠缺直接证据的情况下，提供银行对账单，显示被告每季度给付固定利息，以证明双方存在借款之合意，就具有证据的实质性。如果提交证据的证明目的并非指向待证事实，则该证据不具有实质性，也就没有关联性。例如，被告提交门诊病历、医疗费票据，以证明原告因借款一事将其打伤，这跟借款合意毫不相干，即不具有实质性，从而没有关联性。又如，品格证据，并非指向待证事实，故而不具有实质性。

证据的关联性，首先是指证据与待证事实之间的实质性，这里的待证事实可能只有一个证明对象，也可能由若干个证明对象组成。如果当事人举出证据拟证明待证事实项下的某个证明对象，仍应认为证据与本案具有实质性，而不能认定该证据不具有实质性。

（2）证明性的判断。证明性的判断实质上是对证据证明待证事实可能性的判断，学理上又称为证明价值的判断。《美国联邦证据规则》第 401 条将相关性定义为："证据具有某种倾向，使决定某项在诉讼中待确认的争议事实的存在比没有该项证据时更有可能或更无可能。"如果证据有证明待证事实的可能，便有关联性；如果证据没有证明待证事实的可能，便无关联性，双方提供的证据再多，也无助于支持其诉讼主张。2022 年《民诉法解释》第 95 条规定："当事人申请调查收集的证据，与待证事实无关联、对证明待证事实无意义或者其他无调查收集必要的，人民法院不予准许。"对证明待证事实无意义，意味着无证明性。申请调查收集没有证明价值的证据，是对司法资源的浪费，当然不予准许。

证明性所要求的仅是证据对待证事实存在某种最低限度的联系，即它有某种证明待证事实存在与否的可能或倾向。只要存在这种可能或倾向，就足以构成关联性的理由，法律并不要求这一证据足以证明待证事实。这样证明性与证据的"相关性"就被区分开来。"相关性"解决的是某一证据是否达到了法定的证明标准并能合乎逻辑地推导出待证事实，而证明性仅是对证据与待证事实之间存在逻辑上的联系的要求。当然，"相关性"是以证明性为前提的，只有在确定一个证据与待证事实之间具有某种逻辑联系后，才产生该证据能否足以证明待证事实的问题，而具有证明性的证据并不一定就具有较强的相关性。因此，在判断证明性时不涉及证明力的大小，只涉及证明力的有无。如果证据完全没有证明力，就不具有证明性。因为在证明性这个问题上，对证据证明力的要求很低。所以，不少案件中的证据虽然证明力不强，甚至很弱，但一样具有关联性。

在证据有无证明性的问题上，直接证据较为容易判断，难点在于间接证据，往往需要通过对证据本身的情况、证据与其他证据之间能否得到相互印证、证据在全案证据体系中的地位等进行全面的衡量，才能作出合理的判断。

有项规则需要我们预先了解。如果证据对于证明待证事实的可能既无法肯定，又无法否定，即证据在逻辑上是否具有证明性还可以讨论的情况下，应当暂且认可该证据的关联性，由当事人继续举证、质证，待进入认证程序后，法庭再深入考察该证据的关联性，以减少误判之危险。如果先入为主地排除关联性而不予采纳，很可能在法庭审理的最后阶段才发现证据是有关联性的，甚至与案件事实有紧密的联系，就会非常尴尬。

兹结合《民法典合同编通则解释》举例说明。在一起买卖合同纠纷案中，原告提供了买卖合同，以证明原、被告之间存在货物买卖关系。但买卖合同上仅盖有被告的印章，没有任何人员的签名。被告代理律师提出，不知买卖合同上被告的印章的来源，且被告并未与原告订立过买卖合同，此买卖合同与被告无关，该证据无证明性即不具备关联性。

法庭能否当即否定该证据的关联性？不能。此时，法庭对原、被告之间是否存在买卖关系，实际上既无法肯定，也无法否定，故应暂且认可该证据的关联性。下一步，应当结合《民法典合同编通则解释》第 22 条第 3 款“合同仅加盖法人、非法人组织的印章而无人员签名或者按指印，相对人能够证明合同系法定代表人、负责人或者工作人员在其权限范围内订立的，人民法院应当认定该合同对法人、非法人组织发生效力”的规定作出分析判断。如果原告能够进一步举证证明该买卖合同系被告方人员在其权限范围内订立的，则该买卖合同对被告发生效力，即有证明性，从而具备关联性；如果原告无法进一步举证证明该买卖合同系被告方人员在其权限范围内订立，则该买卖合同对被告不发生效力，即无证明性，从而不具备关联性。假如法庭听了被告方的质证意见后，当即以该买卖合同不具备关联性为由不予采纳，而当原告能够提供系被告方人员在其权限范围内订立合同的相关证据时，在逻辑上就难以自洽。

我们给证据的关联性做个小结：证据的关联性是实质性和证明性的结合，即证据对于待证事实是否具有实质性和证明性。实质性和证明性相结合，证据才具有关联性。无论欠缺二者中的哪一个要素，证据的关联性都不成立。对于关联性，可用图5表示。

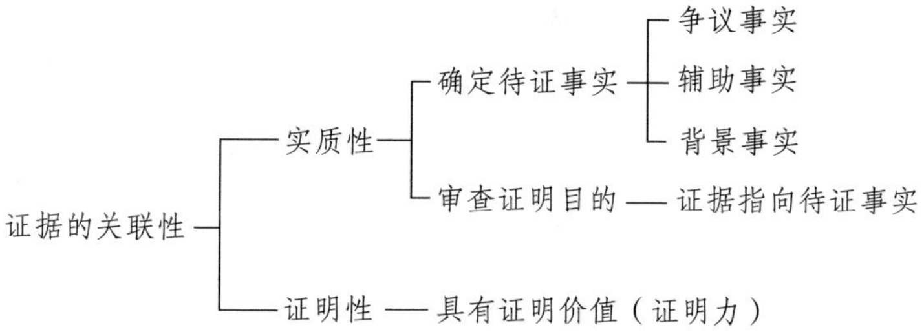

图5　证据的关联性

刚才回顾了证据的三个属性，我想问大家：证据具有“三性”，是否就能证明待证事实？

有律师回答说不一定，这是对的。证据满足了“三性”的要求，则该证据起码具备了证明待证事实的可能，有一定的证明力。在有证明力之后，还要考察证明力的大小。证明力很大，就能证明待证事实；证明力不大，就证明不了待证事实。因此，具有“三性”的证据，虽有最低限度的证明力，即证明力不会是零，但未必就能证明待证事实。

三、证据能力与证明力

在讲解了证据的“三性”之后，还有一对术语比较重要，在证据学界颇为盛行，这就是证据能力与证明力。可以说，越来越多的学者、法官不再关注证据属性问题，而是更多地讨论证据能力和证明力问题，因为这是证据转化为定案证据的资格要求。我们先来了解一下这两个概念。

证据能力，又称证据资格、证据的适格性，是指证据可以在案件中使用的能力或资格；证明力，也称证据力、证明效力，意指证据对案件事实有无证明作用及证明作用的程度，又被称为“心证”。

从上述定义可以看出，证据能力解决的是证据有无资格问题，故它只有有无之分，无大小之别，是一个定性的概念；证明力解决的是证据对于待证事实的证明作用问题，故证明力既有有无之分，也有大小之别，是一个定量的概念。证明力大小以证据能力为前提，没有证据能力，就无所谓证明力大小。

如果用证据属性来衡量，证据能力考察证据的关联性（有无）、合法性、真实性（真伪）；证明力大小考察证据的真实性（高低）和相关性（强弱）。有学者提议用“充分性”来替代后者，即证明力大小是考察证据的真实性和充分性。我认为大可不必，这容易让人误以为证据具有四个属性，容易与证据确实、充分的证明标准相混淆。充分性的提法不值得提倡，我们可以在观念上把相关性与充分性作同一理解。

最高人民法院副院长高憬宏在一场讲座中强调，认证要解决好两个问题：“其一，证据资格，即证据的合法性和关联性，它关系到该证据能否被纳入诉讼的大门；其二，证据效力，即证据的真实可靠性，它关系到该证据能否成为定案的根据。”《最高人民法院民事诉讼法司法解释理解与适用》第393页写道：“如果当事人申请鉴定的事项与待证事实无关联，则鉴定意见必然因欠缺证据的关联性而不具有证据能力，启动鉴定程序没有必要且会造成审判资源的浪费。”由此可见，将证据能力的确定对应证据的关联性、合法性，在审判实践中没有什么障碍。但如果查实证据是伪造、变造、篡改或虚假的，还承认它有证据能力，不符合社会大众朴素公平正义观。所以，我认为，真实性的有无问题也应作为反映证据能力的因素。

对于证据能力、证明力与证据“三性”的对应关系，如图 6 所示。

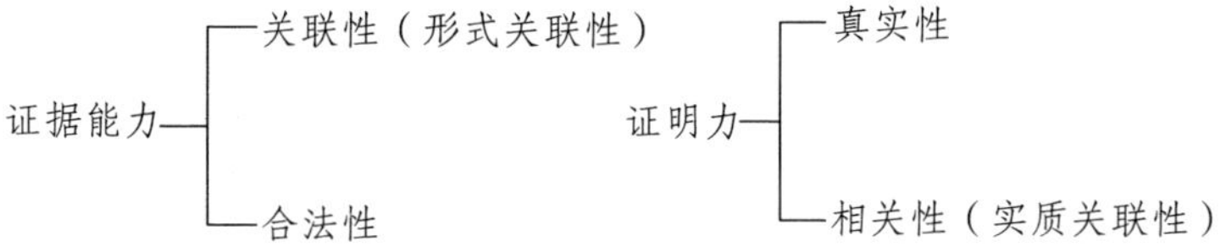

图 6　证据能力、证明力与证据“三性”的对应关系

证据不具有关联性或合法性，就没有证据能力；但不可反过来说，证据具有关联性和合法性，就有证据能力。比如，2022 年《民诉法解释》第 107 条规定：“在诉讼中，当事人为达成调解协议或者和解协议作出妥协而认可的事实，不得在后续的诉讼中作为对其不利的根据，但法律另有规定或者当事人均同意的除外。”关于调解协议或和解协议中的让步，关联性、合法性及形式真实性均无问题，但原则上不具有证据能力。

证据相关性不同于证据真实性，它无有无之分，只有强弱之别，其能否达到证明待证事实的程度，要看待证事实的证明标准。对于民事案件中的证明标准，除了对于欺诈、胁迫、恶意串通事实的证明，以及对于口头遗嘱或者赠与事实的证明需要达到类似普通刑事案件中的“排除合理怀疑”的标准（基本以 90% 为界），法律对其作了不够灵活的规定，其他实体性事实的证明，只需达到高度可能性，无须百分之百的确定无疑。

这个高度可能性的证明标准，大陆法系国家在民事诉讼中基本以75%为界。在穷尽了所有证据之后，如果仍然达不到75%的心证程度，则应当认定待证事实不存在或真伪不明；超过75%的，应当认定待证事实存在。对于诉讼保全、回避等程序性事实的证明，则降低证明度，适用低于高度可能性的标准，即较大可能性标准。我国台湾地区将这种标准称为优越盖然性。由此可见，不同的证明标准对相关性的要求也不相同。

一般来说，相关性的强弱主要由两个因素决定：一是证据所包含的信息量的多少；二是证据与案件主要事实的关系。根据前一个因素，证据所包含的信息量越大，相关性就越强；反之，相关性则越弱。比如，原告提供了银行转账凭证，证明其与被告之间存在借款关系。如果转账凭证附言中备注的是借款，证据的相关性就比没有备注借款要来得强。根据后一个因素，证据距离案件主要事实越近，其相关性就越强，就越能证明案件事实；反之，相关性就越弱。

尤其需要指明，证据的相关性并非指证据的数量。证据数量多并不代表相关性就强，证据数量少相关性也未必就弱。相关性源于证据的“质”，源于证据的力量或分量，即证据使人信服的力量或分量。西方有句法谚：证据在其分量，而不在其数量。我国台湾地区诉讼法学者李学灯也认为：“在民事案件，通常所用证据之优势一语，系指证据力量较为强大，更为可信而言，亦即需要有高度的盖然性……此依证据可信之价值而定，与举证之数量无关。”

作为定案证据，不仅要有真实性，还要具有一定的相关性。《刑事诉讼法》第200条第1项规定，“案件事实清楚，证据确实、充分，依据法律认定被告人有罪的，应当作出有罪判决”。这里所说的“证据确实”，就是指证据的真实性；“证据充分”，是对证据的量的要求，这里的量不是指证据的数量，而是指证据相关性的分量。证据只有同时具有证据能力和相应的证明力，才能被法庭作为定案的根据。《刑事诉讼法》第200条第3项规定："证据不足，不能认定被告人有罪的，应当作出证据不足、指控的犯罪不能成立的无罪判决。"所谓"证据不足"，表明证据相关性分量不足，并非证据数量不足。

不过，《刑事诉讼法》第55条第1款"只有被告人供述，没有其他证据的，不能认定被告人有罪和处以刑罚"的规定是对证据数量的要求，也即我们通常所说的孤证不能定罪，因为它的真实性得不到验证。

需要注意的是，在具体案件的认证活动中，证据的关联性、合法性、真实性、相关性往往相互交叉、相互影响。例如，证据的相关性就与证据的关联性有密切的联系，前者是以后者为基础。另外，证据的关联性往往是以证据的真实性为前提，所以对关联性的认定也离不开对证据真实性的认定。有的教科书将证据的形式真实性即客观性单列出来，作为证据能力的首要内容，是有一定道理的。

我问一个细一点的问题，"证据具有证明力"或"证据对待证事实具有证明力"与"证据具有证明力，能够证明待证事实"，有无区别？

包括我本人在内，在仲裁裁决书认证部分往往这样写：申请人提交的该组证据，具有关联性、合法性、真实性，并能相互印证，具有证明力（或对待证事实具有证明力）。这种写法其实不够严谨。该证据拥有多大的证明力，很大、较大、一般还是较小？充满无数的可能。如果在"具有证明力"后面，加上"能够证明待证事实"这八个字，就不会产生歧义。"能够证明待证事实"，足以反映出证据的证明力很大。

证明力有大有小，其大小主要取决于真实性之高低、相关性之强弱。《民事诉讼证据规定》第 85 条强调法官要依照法律的规定，遵循职业道德，运用逻辑推理和日常生活经验，对证据有无证明力和证明力大小独立进行判断，并公开判断的理由和结果。故规范的裁判文书应当写明对证据证明力认证的理由和结果，即证据为什么没有证明力，或者为什么有证明力，证明力是大还是小，证明力到底有多大，其能否证明待证事实。

紧接着的问题是，证明力大小如何衡量，应当如何对证明力大小进行分类？理论界几乎无人问津，实务界也鲜有人提及。证明力通常由一些量词来描述，如“很高”“有点”“微乎其微”，用于测量其强度。有人建议将证据证明力划分为完全证明力、较大（强）证明力、中等证明力、较小（弱）证明力、没有证明力五个等级。按照我的理解，证明力大小等级在此基础上还可增加“极大”“很大”“很小”“极小”四个，用“一般”替代“中等”似乎措辞更妥，即将证明力大小划分为“完全、极大、很大、较大、一般、较小、很小、极小”八个等级。

前文提及，证据证明力俗称为“心证”。所谓“心证”，是指审理法官因证据作用而引起的倾向。此种倾向，有程度大小之不同。倾向程度较大者，心证较强；倾向程度较小者，心证较弱。心证的倾斜度如图 7 所示。

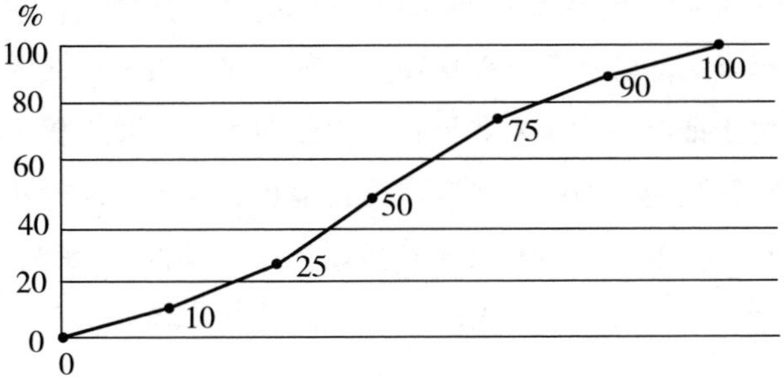

图 7　心证的倾斜度

若将证明力从0至100%区分，停留在50%时，待证事实处于“真伪不明”状态。渐上升时，即倾向于信其为真实；并且有各种程度的差别，上升越高，心证越强；至100%时，达到完全无疑之确信。反之，渐下降时，即渐倾向于信其为伪，至0时，达到完全虚假之确信。

对照证明力的八个等级，结合证明标准，完全证明力为100%，极大证明力为90%～99%，很大证明力为75%～90%，较大证明力为60%～75%，一般证明力为40%～60%，较小证明力为25%～40%，很小证明力为10%～25%，极小证明力为1%～10%。

进而言之，具有完全证明力的证据，是指100%可以证明待证事实存在或不存在的证据。法官内心对待证事实的认定确信无疑，排除一切怀疑。比如离婚案件，当事人出示了结婚证，以证明原被告于某年某月某日登记结婚的事实。该证据为公文书证，对待证事实就具有完全的证明力。对具有完全证明力的证据，在裁判文书中可以表述为：证据××，真实性无疑或真实可靠，与原告（或被告）主张的待证事实关联性（相关性）非常强，本庭认定其对该待证事实具有完全证明力，予以采信。

具有极大证明力的证据，是指证明待证事实存在或不存在的可能性在90%以上不到100%的证据。法官已达到确信它有极大可能的程度，能够排除合理怀疑。例如，小额借款中没有瑕疵的借条，对于证明借贷事实就具有很大证明力。对具有极大证明力的证据，在裁判文书中可以表述为：证据××，真实性极高，与原告（或被告）主张的待证事实关联性（相关性）极强，本庭认为其对该待证事实具有极大的证明力，予以采信。

具有很大证明力的证据，是指证明待证事实存在或不存在的可能性在75%以上不到90%的证据。虽然不能排除其他可能性，但法官相信它很有可能如此，具有高度可能性。例如，小额借款中有瑕疵的借条，借条内容写“向某人借多少元”，“借”字后面缺了一个“到”字，通常情况下，该证据对于证明借贷事实就具有很大证明力。对具有很大证明力的证据，在裁判文书中可以表述为：证据××，真实性很高，与原告（或被告）主张的待证事实关联性（相关性）很强，本庭认为其对该待证事实具有很大证明力，予以采信。

具有较大证明力的证据，是指证明待证事实存在或不存在的可能性在60%以上不到75%的证据。法官仅相信它有较大可能如此，如果没有其他证据补强，将达不到高度可能性证明标准，但已满足较大可能性标准。对较大证明力的证据，在裁判文书中可以分别表述为：证据××，真实性较高，与原告（或被告）主张的待证事实关联性（相关性）较强，本庭认为其对该待证事实具有较大证明力，但未达到高度可能性证明标准，不予采信。或者表述为：其对该待证事实具有较大证明力，已达到较大可能性证明标准，予以采信。

具有一般证明力的证据，是指证明待证事实存在或不存在的可能性在40%以上不到60%的证据。可能与不可能同等程度存在，待证事实真伪不明。这类证据需要其他证据补强后，才能证明待证事实；没有其他证据补强，将达不到高度可能性证明标准，无法证明待证事实。对具有一般证明力的证据，在裁判文书中可以表述为：证据××，真实性存疑，与原告（或被告）主张的待证事实关联性（相关性）不足，本庭认为其对该待证事实具有一般证明力，不予采信。

具有较小证明力的证据，是指证明待证事实存在或不存在的可能性在25%以上不到40%的证据。法官内心认为不太可能，这类证据对待证事实只有较小的证明价值，不能单独作为认定案件事实的根据，需要其他证据补强。例如，在离婚案件中，原告申请高中同学出庭作证，以证明原告丈夫经常打骂原告。证人因与原告有利害关系，证明力就较小。对较小证明力的证据，在裁判文书中可以表述为：证据××，因真实性较低，与原告（或被告）主张的待证事实关联性（相关性）较弱，本庭认为其对该待证事实具有较小证明力，不予采信。

具有很小证明力的证据，是指证明待证事实存在或不存在的可能性在10%以上不到25%的证据。法官内心认为很不可能，这类证据对待证事实只有很小的证明作用。例如，离婚案件中，原告申请高中同学出庭作证，以证明原告丈夫经常打骂原告。证人作证时倾向性非常明显，加上与原告有利害关系，证明力就很小。对很小证明力的证据，在裁判文书中可以表述为：证据××，因真实性很低，与原告（或被告）主张的待证事实关联性（相关性）很弱，本庭认为其对该待证事实具有很小证明力，不予采信。

具有极小证明力的证据，是指证明待证事实存在或不存在的可能性不到10%的证据。法官内心认为极不可能，这类证据对待证事实只有极小的证明价值，只起着“有总比没有好”的作用。说白了，只有一点点证明价值，微乎其微，但又不是完全没有。同样以离婚案为例，原告申请姐姐出庭作证，以证明原告丈夫经常打骂原告。证人因与原告有密切利害关系，证言极有可能虚假，证明力就极小。对极小证明力的证据，在裁判文书中可以表述为：证据××，因真实性极低，与原告（或被告）主张的待证事实关联性（相关性）极弱，本庭认为其对该待证事实具有极小证明力，不予采信。

以上是我对证明力等级作出的探索和努力，属于一种理想化的划分。在审判实践中，我们对证明力等级可以不必如此精细。

比如，证明力完全、极大、很大，可用证明力较大予以概述；证明力较小、很小、极小，可用证明力较小予以概述。

还有一种是没有证明力的证据，是指绝对不可能证明待证事实存在或不存在的证据。此类证据因证明力为零，当然不具有关联性，从而没有证据能力，所以不在证明力大小考虑范围之内。比如，经查证属实的伪造欠条，对当事人主张的欠款事实就没有任何证明力。对于没有任何证明力的证据，在裁判文书中可以表述为：证据××，因不具有真实性，从而没有证据能力，本庭不予采纳。或者表述为：证据××，因对原告（或被告）主张的待证事实无证明性，本庭认为其不具有关联性，从而没有证据能力，不予采纳。

请注意，我在此处没有用“不予采信”而是用了“不予采纳”，是有讲究的。采纳、采信虽一字之差，但在证据法上仍有必要区分。采纳的核心是“纳”，即作为审查对象的证据是否具备法定的证据能力或证据资格，能否获准进入证明力大小审查程序；采信的关键是“信”，即获准进入证明力大小审查程序的证据是否真实可靠及其具有多大的证明价值。

用通俗的话说，采纳解决的是证据能否“进门”的问题，采信解决的是证据能否作为定案根据的问题。证据的采纳主要是针对单个证据的审查，而证据的采信既包括对单个证据的审查，也包括对一组证据乃至全案证据的审查判断。因此，采纳是采信的基础，采信是采纳的延续。最高人民法院在《民事诉讼证据规定》第97条第1款中指出：“人民法院应当在裁判文书中阐明证据是否采纳的理由。”个人觉得不够完美，应在采纳后面加上“采信”二字才算周延。

对于证明力问题，应当特别注意，单个证据的证明力可能并不大，甚至很小，当它和其他证据结合起来作为一组证据，构成一个证据体系时，则有可能共同证明待证事实。此时，我们应当审查判断该组证据的证明力，而不是审查判断单个证据的证明力。

那么，证据证明力的大小如何确定？教科书一般归纳为两种方法：一是根据法律的规定，二是依靠法官的判断。

根据法律的规定判定证据证明力的原则，诉讼法理论上称为“法定证据原则”。法官在审查判断证据时，只需根据证据的法定证明力做机械的数学运算，而不能掺杂任何主观因素。如原《民事诉讼证据规定》第 77 条规定：“人民法院就数个证据对同一事实的证明力，可以依照下列原则认定：（一）国家机关、社会团体依职权制作的公文书证的证明力一般大于其他书证……（五）证人提供的对与其有亲属或者其他密切关系的当事人有利的证言，其证明力一般小于其他证人证言。”中国古代也有某些法定证据形式，如《唐律疏议》有“称众者，三人以上，明证其事，始合定罪”，规定只要有三个以上的人证即可认定待证事实。

如果数个证据经法庭审查均具有关联性和合法性，无法肯定其中任何一个是虚假的，法庭应当遵守“法定证据原则”，按照证明力大小比较，推定公文书证所确定的事实为真实的，推定无利害关系的证人证言真实可信。这里的证明力大小比较，实际就是证据内容真实可靠程度比较，也即数证矛盾时，采用高度盖然性的证明标准予以取舍。

不过，我们要对条文中的“一般”二字引起充分的关注。既然是“一般”，就意味着不是绝对的。如果当事人举出了足以推翻证明力较强的证据，就不能坚持引用原《民事诉讼证据规定》第 77 条推定的事实。

特别需要注意的是，修改后的《民事诉讼证据规定》删除了备受争议的原《民事诉讼证据规定》第 77 条的规定，这是否意味着对法定证据制度的扬弃？我虽不敢肯定作答，但至少反映了有这个趋向。

此外，另有两组诉讼术语值得我们关注，就是本证与反证，足以反驳与足以推翻。

本证与反证如何区分？是否原告提出的证据就是本证，被告提出的证据就是反证？我认为并非如此。本证与反证的区分与当事人的诉讼地位没有多大关系，而与举证责任密切相关。凡是负有举证责任的一方当事人提出用以证明待证事实的证据为本证；反证是指不负举证责任的一方当事人为证明待证事实不真实而提供的证据。

举例来说，原告起诉被告返还借款，原告提供的借据即为本证，因为原告对借款事实负有举证责任。被告提出借款事实不成立，出示的证据即为反证。被告如果提出借款已经清偿，提供了原告方的收据，此收据则为本证，因为被告对还款事实负有举证责任。如果原告针对被告的还款主张又提供了反驳证据，则该反驳证据便是反证。从根本上说，本证就是本来要举的证据，反证就是本来不要举的证据。

在通常情况下，在一起案件中，本证与反证不能同时成立。当本证成立时，反证则应当被推翻；反之，如果反证成立，本证就应当被推翻。因为案件的真实情况只能是一种，反证与本证是相当独立的两种证据，二者不可能同时都是真实的。

在本证、反证的基础上，谈一下足以反驳与足以推翻。

足以反驳，要求当事人提供的反证能够动摇本证事实，即反证将本证使法官形成的内心确信拉低到高度盖然性证明标准之下即实现足以反驳的目的。例如，《民事诉讼证据规定》第 10 条第 1 款第 2 项至第 5 项规定，对于众所周知的事实、根据法律规定推定的事实、依经验法则推定的事实及仲裁机构生效裁决所确认的事实，当事人提供的相反证据足以反驳，即不能发生免除举证责任的效力。

足以推翻，要求当事人提供的反证达到证明相反事实成立的程度。反证成立，本证就推翻。依照《民事诉讼证据规定》第10条第1款第6项、第7项，对于法院生效裁判所确认的基本事实和有效公证文书所证明的事实，当事人只有在提供的相反证据足以推翻的情况下，才发生不能免除举证责任的效力。

在过去，将免证事实笼统称为“事实”，仲裁机构生效裁决所确认的事实与法院生效裁判所确认的事实、有效公证文书所证明的事实效果一样。《民事诉讼证据规定》修改时对免证事实区分“事实”和“基本事实”，降低了仲裁机构生效裁决的法律地位或证明度，并且改为只有法院生效裁判所确认的“基本事实”在后案或后诉中才产生预决效力，实际上是保证裁判文书经过当事人的充分攻击防御后，才赋予其免证的效力。这是重大修改，请特别注意。

虽然证据规则没有指明足以推翻与足以反驳的差异，但二者相比，前者比后者的证明力要求更高。通俗地说，前者所提供的反证应达到能够证明本证内容不真实的状态，后者的举证仅使本证内容真伪不明即可。

无论是足以反驳还是足以推翻，当事人提供的反证均须达到高度可能性的标准。在《最高人民法院公报》2016年第1期刊登的洪某凤与昆明安钡佳房地产开发有限公司（以下简称安钡佳公司）房屋买卖合同纠纷案［（2015）民一终字第78号］中，最高人民法院指出，洪某凤已经完成双方当事人之间存在房屋买卖法律关系的举证证明责任，安钡佳公司主张其与洪某凤之间存在民间借贷法律关系，按照2015年《民诉法解释》第108条规定，安钡佳公司的举证应当在证明力上足以使人民法院确信该待证事实的存在具有高度可能性。安钡佳公司为反驳洪某凤所主张事实所作举证，没有达到高度可能性的证明标准。

另请注意的是，前述反证，是口语化的表达，反证口语上常用以指被告可提出反驳原告主张的证据。但理论上，反证系不负举证责任之一方当事人为否定对方的本证证明的事实而提出的证据。主张众所周知的事实、根据法律推定的事实、依经验法则推定的事实、仲裁机构生效裁决所确认的事实及法院生效裁判所确认的基本事实、有效公证文书所证明的事实的当事人，不负举证责任；主张上述事实为不实者，应负举证责任。故《民事诉讼证据规定》第 10 条第 2 款中规定的“有相反证据足以反驳的”“有相反证据足以推翻的”，其性质系本证。质言之，“相反证据≠反证”。

我结合《民事诉讼证据规定》第 41 条再讲讲这一问题，第 41 条规定，“对于一方当事人就专门性问题自行委托有关机构或者人员出具的意见，另一方当事人有证据或者理由足以反驳并申请鉴定的，人民法院应予准许”。足以反驳的尺度如何把握？浙江省高级人民法院 2014 年 12 月印发的《关于进一步规范民事诉讼鉴定相关工作若干问题的纪要》第 10 条给我们提供了思路：

> 人民法院应加大对当事人诉前单方委托鉴定意见的审查力度，对方当事人提交证据或者提供依据表明单方委托鉴定意见可能存在依据不充分、程序违法或者意见不成立等问题，且鉴定意见提交方不能作出合理解释的，可认定“足以反驳”单方鉴定意见。当事人据此申请司法鉴定的，人民法院应予准许。诉前单方委托鉴定的费用一般应由委托方自行负担，但法律、司法解释另有规定或者当事人另有约定的除外。

此纪要内容可供实务参考。还有，《民事诉讼证据规定》第41条增加了有理由足以反驳并申请鉴定的事由，是一大进步。在《民事诉讼证据规定》及《民诉法解释》中，有几处使用的是“足以反驳”，有几处使用的是“足以推翻”，大家要仔细辨别。

证明力的认定依赖于法官的自由判断，被称为“自由心证原则”。“自由心证原则”的内涵是，法律不预先设定机械的规则来指示或约束法官，而由法官针对具体案情，根据经验法则、逻辑规则和自己的良知、理性来自由判断证据的证明力。从世界各国来看，法律直接规定证据证明力的情况极少，多数情况仍依靠法官自由心证。

原《民事诉讼证据规定》实行的是“法定证据”和“自由心证”相结合，以“自由心证为主、法定证据为辅”的证据评价模式。现行《民事诉讼证据规定》极大缩小了“法定证据”的范围，可见法定证据制度逐渐被自由心证制度所取代。

与证明效力近似的一个术语是“证据效力”。

何为证据效力，没有统一的说法。《行政诉讼证据规定》第55条规定：“法庭应当根据案件的具体情况，从以下方面审查证据的合法性：（一）证据是否符合法定形式；（二）证据的取得是否符合法律、法规、司法解释和规章的要求；（三）是否有影响证据效力的其他违法情形。”从该条规定来看，证据效力与证据能力或证据资格并无本质区别，应作同一理解。但在许多场合，人们在使用“证据效力”一词时，往往与证明效力或证明力同语，如最高人民法院副院长高憬宏在讲座中提到的证据效力，分明是指证明效力。也有教科书将证据效力作为证据能力和证明效力的上位概念。为了避免误解，我一般不用证据效力这个术语。

本讲名为概述，实为对基本概念、基本理论的阐述，是为后面几讲打基础、做铺垫。

第二讲

举　证

“证明责任乃诉讼之脊梁”，形象的法谚一语道出了证明责任的重要性。严格来说，证明责任≠举证责任。证明责任=举证责任+说服责任，具有双重含义。也有专家学者从另外的视角对证明责任与举证责任作出区分：证明责任是恒定、绝对的，法官没有权限分配证明责任；举证责任是动态、相对的，法官有权分配举证责任。在本书修订过程中，我曾一度想改采这一学说，但经反复研究，考虑到“举证责任分配”的表述已被普遍接受，而“证明责任分配”的表述多数人比较生疏，并且最高人民法院在《民诉法解释》中也是以恒定、绝对的性质定位举证责任，故本书继续沿用这一表述。

对于举证，我主要跟大家交流五个方面的内容：一是谁有权取证；二是举什么证；三是法官有无权限分配举证责任；四是证据可否撤回；五是证据目录如何编制。

一、谁有权取证

举证的前提是有证据，证据不是从天上掉下来的，需要有人去收集。有的证据当事人自己持有；有的证据当事人没有，需要从他处调查收集。因此，第一个问题是，谁有权调查收集证据？

或者说，民事诉讼证据的收集主体有无要求？

根据《民事诉讼法》第52条、第64条的规定，在我国，当事人及其诉讼代理人有收集证据的权利，是收集证据的主体。当事人及其诉讼代理人在因客观原因不能自行收集证据的情况下，可以向人民法院提出调查取证的申请。

《民事诉讼法》只规定当事人及其诉讼代理人有权调查收集证据，没有规定非当事人及其诉讼代理人的调查取证权，那么，是否可以对《民事诉讼法》第64条作反向解释，即非当事人及其诉讼代理人无权调查收集证据。

在庭审中，遇到有些不是当事人及代理律师调查收集的证据，对方可能会以取证主体不合法为由，提出证据不合法的质证意见。对此，我们应当有所防备，我们可以该证据系委托他人调查收集予以反驳。同理，如果对方当事人提交的证据并非其自己及其诉讼代理人调查收集的，我方也可以此为由提出质证异议。

当事人自行取证首先要保证取证方式的合法性，原《民事诉讼证据规定》第68条规定："以侵害他人合法权益或者违反法律禁止性规定的方法取得的证据，不能作为认定案件事实的依据。"该条以取得证据的方法是否侵害他人合法权益或违反法律禁止性规定作为非法证据的判断标准，但在一些特殊案件中，这种判断标准有时会遭遇合法权益之间的冲突。

如在离婚案件中，涉及有配偶者与他人同居，由于同居一般较隐秘，有关证据不宜取得，配偶另一方在取证过程中可能会对他人的隐私造成侵害。这种情况下，如果严格适用原《民事诉讼证据规定》第68条，难免会产生不公平的结果，也不利于保护受害配偶的合法权益。为此，最高人民法院在《民诉法解释》中将"侵害他人合法权益"修改为"严重侵害他人合法权益"，对侵害他人合法权益提出了程度上的要求，即要达到严重的地步，体现了法律价值或利益衡量的因素。这意味着对他人的合法权益造成一般性侵害的，不会导致证据被排除，非法证据的判断标准明显放宽。

实践中有这样一个案件，李某的丈夫周某与薛某之间有婚外同居关系，并因此逐渐导致夫妻感情恶化，无奈之下，李某欲起诉与周某离婚，并依据原《婚姻法》的规定向周某索赔精神损失。但李某一直苦于收集不到周某与薛某有婚外同居关系的证据。某日中午，李某假称到外地出差，当晚回家发现周某与薛某一起睡在自家的床上，当即拍了照。事后李某向法院起诉，请求判令其与周某离婚，并要求周某赔偿自己因丈夫有外遇所受到的精神损失 1 万元。周某同意离婚，称已与薛某认识 1 年多时间，但否认其与薛某之间有婚外同居关系，并称李某捉奸拍照取得的证据不具有合法性，不应作为认定其与薛某有婚外同居关系的事实依据。

如果你是本案的审判法官，你会如何认定？我赞同这样的一种观点：本案实质上是李某私人取证方面的利益和其丈夫等人的隐私利益发生冲突时，法律优先保护哪一个权益的问题。

就本案而言，首先，李某捉奸拍照的主观目的在于保护自己的合法权益，并非意在侮辱、伤害对方，取证动机或取证目的具有正当性。

其次，李某作为周某的妻子，有权知道其配偶与他人有不正当男女关系的事实，有权收集与该事实有关的相关证据。李某原来一直苦于收集不到周某与薛某有婚外同居关系的证据，在情况紧迫而又不能及时请求公安等国家机关予以救助的情况下，李某进入自己家中，对睡在自家床上的丈夫及薛某进行拍照，事后李某也未将照片进行恶意公布、流传，只是提供给法庭用作主张自己权利的事实根据。李某取证的权利虽然与其丈夫的隐私权（公民的性生活属于个人的私人活动，是个人隐私的一部分内容）发生了冲突，但基于其丈夫违反了夫妻忠实义务及家庭伦理道德，此时李某私人取证方面的利益应优先于其丈夫周某（甚至包括与其婚外同居的薛某）的隐私利益，法律应优先对李某的私人取证利益加以保护。

由上文可知，在家中对配偶的婚外性行为进行拍照，经过利益衡量，证据的收集方式不算“严重侵害他人合法权益”。当然，如果本案周某与薛某的同居行为发生在宾馆或者薛某家等李某家以外的场所，则此时李某的私人取证利益就会小于其丈夫（包括薛某）的隐私利益，李某只能向公安机关报案，通过公安机关行使行政管理权力来保护自己的合法权益，其闯入宾馆或薛某家中捉奸拍照就构成“严重侵害他人合法权益”，捉奸拍照取得的照片不具有证据的合法性。

鉴于我国审判实践对非法证据的审查标准有所松动，可以得出这样的结论：民事诉讼取证主体不合法不应该是证据合法性的本质范畴，包括证据形式、证据形成或收集的程序不合法也不是证据合法性的本质范畴，并非我们通常意义上所说的“非法证据”。换言之，“违法证据≠非法证据”。

在审判实践中，我们往往将形式不合法、非严重违反法定程序形成或收集的证据解释为瑕疵证据。如果该瑕疵并未在实质上影响到证据的真实性，通常允许当事人补正或者作出合理解释进行弥补，并非一律拒之于诉讼的“大门”之外。取证方式违反法律的规定，则属证据合法性的本质范畴，如 2022 年《民诉法解释》第 106 条、《行政诉讼法》第 43 条第 3 款、《刑事诉讼法》第 56 条对以非法方法或手段获取的证据，绝对不容忍，坚决予以排除。

一言以蔽之，对民事诉讼证据的合法性不能作僵化的理解，需要区别对待。我认为，如果证据在收集方式上，不违反法律的禁止性规定或者侵害他人合法权益或者违背公序良俗未达到严重的程度，仅仅是取证主体不是当事人及其诉讼代理人，那么证据的合法性应当予以认可，至少目前我并没看到因此而被法庭否定的判例。

当然，这一结论不能扩大至行政诉讼和刑事诉讼程序，行政诉讼和刑事诉讼对取证主体的要求是不能打折扣的。比如，在李某案中，辩护律师庭审中出示了中央电视台采访龚某模的录像，证明李某没有教唆龚某模编造被刑讯逼供的供述，是龚某模误解了李某眨眼睛的表情。重庆市江北区人民法院认为，刑事诉讼证据必须依法收集，录像作为视听资料虽然是法定的证据形式之一，但媒体从业人员不具备收集刑事诉讼证据的主体资格，因此，中央电视台采访龚某模的录像不具备刑事诉讼证据资格，从而对辩护人出示的该份证据不予采信。

二、举什么证

案子接手后最重要的一项工作是举证。哪些事实需要我方举证，哪些事实属于对方举证，作为诉讼律师，心中必须有数。要想心中有数，就须熟知举证责任分配的一般规则，这就是2022年《民诉法解释》第91条的规定：主张法律关系存在的当事人，应当对产生该法律关系的基本事实承担举证证明责任；主张法律关系变更、消灭或者权利受到妨害的当事人，应当对该法律关系变更、消灭或者权利受到妨害的基本事实承担举证证明责任。总结起来就是“谁主张，谁举证”。

2022年《民诉法解释》第91条的理论依据是德国诉讼法学者罗森贝克教授的法律要件分类说。法律要件分类说的主要内容是：将作为证明对象的法律要件事实分为权利发生要件事实与权利对立（包括权利受制、权利妨碍、权利消灭）要件事实。凡主张权利存在的当事人，应当对权利发生的要件事实举证；反驳权利存在的当事人，应当对权利受制、权利妨碍、权利消灭的要件事实举证。

按照罗森贝克教授的观点，之所以要进行这样的划分，是因为法官适用法律时，必须先确认适用该法律的法律要件事实存在，然后才能适用。主张的当事人如果不能证明该法律要件事实的存在，法官就不能依据该当事人的请求适用该法律，确认该法律效果的存在。

由此可知，举证责任分配的依据是法律条文。这就要求我们在具体案件的代理过程中，在对民事实体法规范进行类别分析的基础上，分清什么是权利发生要件事实，什么是权利受制要件事实，什么是权利妨碍要件事实，什么是权利消灭要件事实。

权利发生要件事实比较容易识别，理论上每一项权利都有其产生的法律要件。例如，一般侵权损害赔偿请求权的法律要件是：（1）加害人实施了加害行为（作为或不作为）；（2）有损害事实；（3）加害行为与损害事实之间有因果关系；（4）加害人有主观上的过错。这些要件事实就是主张侵权损害赔偿请求权的当事人应当举证证明的，如果这些要件事实不能得到证明，就不能适用关于损害赔偿的法律规范，其请求权也就不能成立。又如，原告诉请离婚，原告应就与被告婚姻关系合法、感情确已破裂即取得婚姻解除权的要件事实负举证责任。

相较于权利发生要件事实来说，权利受制、权利妨碍、权利消灭要件事实不太容易识别。

例如，在双务合同中，原告要求被告履行合同义务，被告行使同时履行抗辩权、先履行抗辩权、不安抗辩权、先诉抗辩权、留置抗辩权，是为了阻却原告请求权的行使，属于权利受制，被告应当对抗辩权的要件事实进行举证。此外，我国《民法典》第1161条规定的限定继承，也属于典型的权利受制抗辩。

又如，原告要求被告履行合同义务，被告以不可抗力、免责条款等免责事由进行抗辩，被告提出的此种事实抗辩成立，能导致原告请求权有限地被支持或永久地被排除，属于权利妨碍，被告应就不可抗力、免责条款等免责事由的要件事实提供证据证明。

在本书的上一版中，我将被告提出合同无效的抗辩事由作为权利妨碍，认为被告应就构成合同无效的要件事实提供证据证明。现在看来，合同无效、不成立、不生效，属于关于权利未发生的抗辩即主张对方的请求根本不存在，并非属于权利妨碍的抗辩，被告无须就合同无效、不成立、不生效的要件事实提供证据证明。

再如，原告要求被告履行合同义务，被告认为债务已经全部或部分履行，债务已经抵销、免除或者混同，原告的权利已经转让他人，或因意思表示错误要求撤销合同、解除合同，此种事实抗辩能导致原告既存的请求权全部或部分消灭，属于权利消灭，应由被告对债务已经履行、抵销、债权转让、意思表示错误等要件事实举证。

如果对权利受制、权利妨碍、权利消灭抗辩作区分，它们的区别主要如下所述。

权利受制与权利妨碍都是承认对方的请求权，但由于抗辩事由的存在，阻止对方请求权发生效力。其中权利受制是暂时性地阻止对方的请求权，权利妨碍是永久性地阻止对方的请求权。如原告要求被告支付房屋租金，被告要求原告先尽修缮义务。此时，被告承认原告的租金债权，但提出先履行抗辩权。如果被告的抗辩成立，就可以达到拒付租金的法律效果，法庭就应驳回原告的诉请。原告一旦履行了修缮义务，被告就无法阻止原告的请求权。权利妨碍则不同，一旦抗辩成立，就能永久地阻止请求权发生效力。

与权利受制、权利妨碍不同，权利消灭是承认对方请求权虽曾经产生，但由于抗辩事由的存在而归于消灭。如被告以债务已经清偿进行抗辩，则是承认对方的债权曾经存在，但因为自己已经清偿而归于消灭。

法律要件分类说是我国举证责任分配规则的一般性理论。凡有一般，必有特殊。我们还需关注法律、司法解释对举证责任的特殊性规定，主要体现在原《民事诉讼证据规定》第 4 条所列举的八种情况。这八种情况中少数属于举证责任倒置，如因新产品制造方法发明专利引起的专利侵权诉讼（其产品制造方法不同于专利方法举证倒置）、环境污染责任诉讼（因果关系举证倒置）、共同危险责任诉讼（因果关系举证倒置）；大多数属于对法律构成要件的进一步解释或具体化，并非举证责任倒置，如高度危险责任诉讼、物件损害责任诉讼、饲养动物责任诉讼、缺陷产品责任诉讼、医疗损害责任诉讼。

有人将这八种情况统称为举证责任倒置，是不对的。比如，对于医疗损害责任诉讼，《民法典》侵权责任编已否定了原《民事诉讼证据规定》关于医疗侵权案件举证责任倒置的做法，医疗过错（特殊情形除外）和因果关系的要件事实仍要由患者这一方举证。关于缺陷产品责任诉讼，没有规定举证责任倒置，很多人可能觉得奇怪，下面我将着重阐释一下。

依照《民法典》侵权责任编第 1202 条的规定，因产品存在缺陷造成他人损害的，生产者应当承担侵权责任。国内许多学者认为，产品责任应为严格责任，适用无过错责任原则，不要求有过错要件。对于受害人来说，应当主张并证明如下责任构成要件事实：损害事实，产品缺陷与损害事实之间存在因果关系。生产者欲免除责任，需证明存在免责事由，这是无争议的。有争议的是，有关产品是否存在缺陷的举证责任是由生产者承担，还是由受害人承担？

一种观点认为，产品是否存在缺陷的举证责任应当由生产者承担，因为产品的生产者所承担的是一种无过错责任，即当他不能证明自己有免责事由时就要承担赔偿责任。浙江省台州市中级人民法院《民事审判疑难问题解答》（台中法〔2004〕44 号，2004 年 4 月 1 日施行）就持这种观点：在这类案件中，受害人起诉只要举证证明其所受损害与使用缺陷产品之间存在因果关系即可。至于产品是否存在缺陷应当由生产者承担举证责任，因产品的生产者所承担的责任是一种无过错责任，即当它不能证明自己有免责事由时就要承担赔偿责任。

最高人民法院在审理“原告许某某等诉被告徐州某燃气有限公司产品责任案”中，没有秉持该观点，其在判决中指出：“根据《侵权责任法》第 41 条的规定，产品责任的归责原则为无过错责任。产品责任纠纷案件中的原告应承担产品存在缺陷、缺陷产品与损害后果之间存在因果关系的证明责任。原告不能证明产品存在缺陷的，被告不承担责任。”根据上述裁判规则，产品是否存在缺陷，举证责任还是由受害人承担，至于免责事由，由生产者承担举证责任。故属于举证责任正置，并非倒置。这个案例刊载在《民事审判指导与参考》2011 年第 3 辑。

举证责任的特殊性规定，有时体现在其他实体法中。例如，《公司法》第 23 条第 3 款规定，只有一个股东的公司，股东不能证明公司财产独立于股东自己的财产的，应当对公司债务承担连带责任。故在一人公司法人人格否认之诉中，若债权人以一人公司的股东与公司存在财产混同为由起诉要求股东对公司债务承担连带责任，应实行举证责任倒置，由被告股东对其个人财产与公司财产之间不存在混同承担举证责任。一人公司的财产与股东个人财产是否混同，实践中的基本共识是根据公司是否建立了独立规范的财务制度、财务支付是否明晰、是否具有独立的经营场所等进行综合考量。

又如，依据《消费者权益保护法》第 23 条第 3 款的规定，经营者提供的机动车、计算机、电视机、电冰箱、空调器、洗衣机等耐用商品或者装饰装修等服务，消费者自接受商品或者服务之日起 6 个月内发现瑕疵，发生争议的，由经营者承担有关瑕疵的举证责任。需要提醒的是，该规则仅适用于机动车等耐用品和装饰装修等服务，并且仅限于购买或者接受服务之日起 6 个月内，超过 6 个月后，不再适用；其他商品或者服务出现瑕疵，仍然按照“谁主张，谁举证”的规则，由消费者承担举证责任。

再如，根据《劳动争议调解仲裁法》第 6 条的规定，与争议事项有关的证据属于用人单位掌握管理的，用人单位应当提供；用人单位不提供的，应当承担不利后果。

证明层次中，举证责任倒置是一种对权利人最为有利的证明方式，此外，还有一种对权利人较为有利的证明方式是表见证明，可以缓解权利人的举证压力。表见证明的典型例子是最高人民法院《关于适用〈中华人民共和国公司法〉若干问题的规定（三）》（法释〔2020〕18 号）第 20 条的规定，即“当事人之间对是否已履行出资义务发生争议，原告提供对股东履行出资义务产生合理怀疑证据的，被告股东应当就其已履行出资义务承担举证责任”。司法解释仅要求原告负担对股东出资虚假产生合理怀疑的表见证据或证据线索，在原告提供能够产生合理怀疑的初步证据后，再将举证责任转换给被告股东。

如果不明白举证责任的一般性规则和特殊性规则，举证就会无的放矢，最终会损害当事人的合法权益。

民事诉讼中还要识别针对原告事实主张的反驳是否认还是抗辩，这里涉及是否举证问题。否认是指不承认原告所主张的事实，包括直接否认和间接否认。抗辩是在承认原告所主张事实的前提下，附加性地提出一个新的事实，比如以权利受制事实、权利妨碍事实或者权利消灭事实进行抗辩。

这里我想转述一下梁慧星老师对抗辩问题的详解。梁老师指出，被告的抗辩，通常可以分为：适用范围抗辩、构成要件抗辩、免除责任抗辩和减轻责任抗辩。适用范围抗辩和构成要件抗辩，属于事实的抗辩。这两种抗辩都在讲本案事实，而查清本案事实是法庭的职责，对于适用范围抗辩和构成要件抗辩，即使被告不主张抗辩，法庭也要进行审查，因此法官对于被告是否主张抗辩可以进行释明。

免除责任抗辩和减轻责任抗辩，是被告用另一个法律规范对抗原告的请求。该法律规范的实质是赋予被告主张免除责任、减轻责任的权利。因此，免除责任抗辩和减轻责任抗辩，属于权利的抗辩，被告有处分权。如果被告不抗辩，法官不应释明。例如，诉讼时效已过产生被告的抗辩权，被告可以要求免除责任。对于这两种抗辩，法官不能进行释明，也不应主动审查。这是请求权基础问题。法官只是判断原告建议的法律规范是否适当，判断的方法是看被告是否抗辩及审查其抗辩理由是否成立。

回到否认和抗辩的话题，否认者通常不负举证责任，抗辩者通常负举证责任。这一法则最早来源于罗马法，但罗马法是讲“否认者不负举证责任，抗辩者负举证责任”，没有“通常”二字。“通常”二字是我加上去的，为什么加上这两个字，我在下文会进行解释。

至于否认与抗辩的区别，我们可以通过一个具体的诉讼来加以说明。在原告诉被告返还借款的诉讼中，被告可以有三套防御方法或反驳方案。

一是辩称自己没有借过原告的钱。这个容易识别，被告的反驳属于直接否认。从举证责任分配角度来看，否认针对的是对权利发生要件事实的反驳，并没有产生新的事实主张，故被告无须举证。

二是辩称自己是收到过原告的钱，但这不是借款而是原告赠送给他的。被告以赠与事实的陈述来否定原告关于借款事实的陈述，属于典型的间接否认。间接否认本质上属于否认而不是抗辩，因此，原告仍须对借款关系成立要件事实（权利发生要件事实）承担证明责任。如果原告举证不充分，应承担不利的后果。被告无须就赠与事实进行举证。

三是辩称自己的确向原告借过5万元，但已归还。这种情形也好判断，属于权利消灭抗辩，被告须对还款事实进行举证。

可以这么说，否认是针对事实，抗辩是针对权利，所以也被称作抗辩权。说到反驳，估计大家马上会联想到反诉。民事诉讼中，应当区分反诉与反驳。反诉是一个独立的诉，属于积极进攻；反驳不是独立的诉，只是一种防御主张。简易的判断方法是，假设没有本诉存在，看被告对原告的主张能否单独向法院提起诉讼。如果原告撤诉，被告的主张仍能独立存在，是反诉；如果原告撤诉，被告的主张就无法存在，是反驳。

值得研究的是，撤销权可否以抗辩的方式提出，或者说撤销权是否只能以提起诉讼或反诉的方式行使。一方请求另一方履行合同，另一方以合同具有可撤销事由（如重大误解、受欺诈、受胁迫、显失公平）提出抗辩，是否允许？

鉴于对合同效力的审查是解决合同纠纷的基础，如果以当事人未提起撤销之诉为由，就对当事人提出合同具有可撤销事由的抗辩不予审查，进而认定合同有效并作出相应判决，则在当事人另案诉请撤销合同，并且获得胜诉判决时，基于生效判决作出的前案判决可能要通过审判监督程序来纠正，如此既不利于“一揽子”解决纠纷，也不利于维护裁判之间的协调性、统一性。有鉴于此，《全国法院民商事审判工作会议纪要》（法〔2019〕254 号）第 42 条讨论的结果是：只要当事人以合同具有某项可撤销事由提出抗辩的，法院就应审查合同是否具有该项撤销事由及是否超过了撤销权的行使期限，进而对合同效力作出判断。

简言之，撤销权可通过抗辩的方式行使。

补充一点，撤销权的行使期间系除斥期间，不存在中止、中断或延长情形，超出该期间即丧失了撤销权的行使权利。因此，对于当事人行使撤销权是否超过法定期限，法庭可以依职权主动审查。这一点不同于诉讼时效。诉讼时效的抗辩只能由当事人在诉讼过程中提出，法庭不得依职权主动审查。

民事诉讼中还有一种情况是，被告对原告主张的事实没有否认，但提出要扣减或冲抵某些债务。比如，建设工程施工合同纠纷中，建设单位往往要求在应付工程款中扣减所垫付的水电费。这属于诉讼上的抵销，并不是反诉，司法实践中有时误按反诉处理。诉讼上的抵销只是被告提出的一种诉讼上的抗辩，即抵销抗辩，是一种诉讼上的抗辩方法，不是一种诉。

不知大家是否注意到，我提到的是“否认者通常不负举证责任，抗辩者通常负举证责任”。凡有通常，必有例外。为什么我加了“通常”二字？

请看下面案例：原、被告就离婚诉讼中财产分割出现分歧，原告认为家中的电视机是夫妻共同财产，被告则认为该电视机是婚前由某个人财产购买，属其个人财产。双方均无法充分证明各自的主张成立。

被告虽然承认电视机的存在，但不认可夫妻共有的事实，属于间接否认。按理说，对该否认事实，被告无须举证，应由原告对夫妻共有事实承担举证责任。举证责任果真如此吗？

答案是否定的。因为法庭无法肯定该电视机既不是共同财产，也不是个人财产，只能遵照最高人民法院《关于人民法院审理离婚案件处理财产分割问题的若干具体意见》（法发〔1993〕32 号）第 7 条的规定，对个人财产还是夫妻共同财产难以确定的，主张权利的一方有责任举证。当事人举不出有力证据，人民法院又无法查实的，按夫妻共同财产处理，认定该电视机为夫妻共同财产。① 由此可见，否认者并非一概不负举证责任。

再举一例，原告起诉被告支付货款，被告提出诉讼时效抗辩，主张原告的请求权已过诉讼时效。按照法律要件分类说，诉讼时效已过属于权利妨碍，被告照理应对时效已过的要件事实承担举证责任。当然，也有学者将诉讼时效已过作为权利消灭对待，我认为不妥。诉讼时效已过，当事人的实体权利依然存在，只是丧失了诉讼上的胜诉权，怎能说权利消灭？

无论诉讼时效已过属于权利妨害还是权利消灭，结果都是一样的，都应由主张该事实的当事人承担举证责任。但依照最高人民法院《诉讼时效规定》的精神，义务人只需提出诉讼时效抗辩即可，并不以其有证据证明诉讼时效期间已过的事实为必要，权利人有责任证实自己主张的权利在法律保护期限内。由此可见，抗辩者并非一律承担举证责任。

有疑问的是，《最高人民法院关于民事案件诉讼时效司法解释理解与适用》一书更青睐于将诉讼时效期间已过的事实主张解

① 法释〔2020〕16 号文件已废止法发〔1993〕32 号文件，《民法典》配套司法解释最高人民法院《关于适用〈中华人民共和国民法典〉婚姻家庭编的解释（一）》中并无相关规定，有待日后新的解释。

释为“否认”，并提出根据举证责任分配上的控制力原则，一般应由主张诉讼时效期间未过的当事人承担举证责任。我认为将诉讼时效已过的事实主张当作“否认”貌似不妥。被告认可原告权利产生要件事实，只是提出诉讼时效已过的主张以阻却原告权利的行使，作为“抗辩”更名正言顺。

基于前面的介绍，我对民事诉讼举证责任分配的一般规则作一小结，那就是：(1) 请求权人承担权利发生要件事实的举证责任，对方当事人承担权利受制、权利妨碍、权利消灭要件事实的举证责任。(2) 主张抗辩者需对抗辩的事实承担举证责任，否认者无须对否认事实承担举证责任；或者说肯定者承担举证责任，否定者不承担举证责任。

在这里，还想特别提一下，我们担任诉讼代理人时切勿死抠证据的关联性，认为所收集的证据与待证事实无关或者没有证明力就不举。比如民间借贷案件，未在借条上签字的借款人配偶是否要承担还款责任？在最高人民法院《关于审理涉及夫妻债务纠纷案件适用法律有关问题的解释》(法释〔2018〕2 号，已失效) 施行前，实践中裁判尺度不一，曾存在混乱的情形。

我曾举过一例，某法院曾判决未签字的配偶无须承担还款责任。在我们代理的一起民间借贷案中，一审认定涉案债务为夫妻共同债务，判决两夫妻共同还款，二审流露出改判的倾向。两被告在离婚协议中，约定男方将所有的六套房产全部归女方所有。我们认为两被告虽协议离婚，但极有可能是假离婚，哪有男方将所有财产全部分给女方的？二审法官的立场遂有点动摇。两被告的离婚协议尽管与借款事实无关，但从影响法官裁量权的角度出发，我们还是要进行举证。

因此，不能放过任何一个有利证据，不要以为没关联就不举证。

三、法官有无权限分配举证责任

法官有无权限分配举证责任？让我们把目光转向《最高人民法院民事诉讼法司法解释理解与适用》一书，司法解释起草人在“审判实践中应当注意的问题”一栏中对这个问题作了回应。以下系解答内容：

> 审判实践中涉及举证责任的分配问题时，首先应当明确的是，举证责任的分配具有法定性，即举证责任是由法律分配而原则上不能由法官来分配。《民事诉讼证据规定》[①] 第7条规定，在法律没有具体规定，依本规定及其他司法解释无法确定举证责任承担时，人民法院可以根据公平原则和诚实信用原则，综合当事人举证能力等因素确定举证责任的承担，赋予法官在特殊情况下分配举证责任的权力。但从审判实践中适用的情况来看，这一条适用的条件并未得到严格的执行，滥用该条规定、随意调整法律确定的举证责任分配规则的情况在实践中十分普遍。鉴于此，2015年《民诉法解释》删除了该条内容。
>
> 审判实践中出现特殊情况，有必要对法定的举证责任进行调整的，也应当通过司法解释的方式进行。法官在具体案件的审理中，应当在对民事实体法规范进行类别分析的基础上，识别权利发生规范、权利消灭规范、权利限制规范和妨碍规范及其构成要件，并以这些要件事实为基础确定举证责任的负担。因此，法官在举证责

① 此处指的是原《民事诉讼证据规定》。——作者注

任的分配问题上适用法律的过程，是通过实体法规范的分析发现法律确定的举证责任分配的过程，而非创造举证责任分配规则的过程。

《民诉法解释》的本意非常明显，法官没有权限分配举证责任。举证责任分配是法定的，已经事先由法律设定好了。如果法官依职权分配举证责任，将构成适用法律错误，当事人可以将其作为上诉的理由。

对此，我稍作展开，原告经法院判决不准离婚 1 年后，第二次起诉离婚。原告说，法院判决不准离婚后双方继续分居满 1 年；被告说，判决不离后两人一起生活过。双方对各自的陈述，均未提供其他证据，法庭如何认定？

我们知道，要求原告证明夫妻这一年继续分居，此为消极事实，原告无法进行穷尽式举证。相较之下，由被告证明没有分居就容易得多，被告只需举出一个相反实例，就足以反驳原告的所有证明。比如，被告只要举出双方曾一起吃饭、旅游、观影等证据即可。此时，应当根据举证责任分配上的控制力原则，由被告对继续同居的事实承担举证责任。这是法官在特殊情况下分配举证责任的权限。2015 年《民诉法解释》施行前，我曾代理一起离婚案，法庭在判决书说理部分采纳了我的意见，指出被告对没分居事实未尽到举证责任。

再举个上海某法院审理的案子。1998 年某日上午 10 时许，原告钱某进入被告上海某日用品有限公司下属的某连锁店。当原告离开该店时，店门口警报器鸣响，该店一名女保安上去阻止钱某离开，并引导其穿越三处防盗门，警报器仍响。钱某于是被保安强行带进该店办公室，女保安用手提电子设备对钱某全身进行检查，确定其髋部有磁信号，就要求钱某脱裤子检查。钱某在拒绝无效的情况下，只好脱去裤子接受检查。结果未查出物品，钱某得以离开。钱某于是向消费者协会投诉，该公司认为是顾客自己脱下裤子的，因此未道歉。原告要求精神损害赔偿 30 万元，被告则辩称因原告进出店门警报器鸣叫才对其进行必要的检查，这是自我保护行为，并且解开裤扣是原告自愿的，原告没有证据证明是店方强迫所为，因此被告不同意道歉和赔偿。

法院审理认为，被告对原告搜身属于非法行为，辩称脱裤搜身为原告自愿行为，因为证据不足，不予采信。一审判决赔偿原告 20 万元，二审判决赔偿原告 1 万元，并赔礼道歉。

本案中，对于原告钱某脱裤是否自愿应当由谁承担举证责任？一般来说，原告钱某起诉被告商店侵犯名誉权，按照“谁主张，谁举证”原则，举证责任由原告承担，应当由原告证明被告行为符合侵权责任构成要件，但商店处于强势地位，消费者属于弱势群体，并且是在商店办公室这一密闭的空间里接受检查，同时被告保安也无执法权，因此，原告脱裤是否属于自愿应由被告负证明责任。被告如无充分证据证明是原告自愿，则应认定为不自愿，因为正常情况下，普通人在非私人空间是不会愿意脱裤子的。本案法官本着理性和公平原则，将举证责任分配给了被告，值得赞许。有读者给我留言，提出本案法官可以根据事实推定免除原告的举证责任，从而避开举证责任不能随意倒置的障碍，我表示赞同。

还有一个比较有代表性的案例，刊载于《人民法院报》。原告李某某、被告安阳某汽车贸易公司于 2007 年 10 月签订机动车买卖合同，合同约定的标的物为 BT524VMCHH－1 仓栅车，价款为 159, 200 元，交车地点为安阳，时间为 20 个工作日，交车方式为现车交付，付款方式为现款，定金为 1 万元，剩余车款149, 200 元于提车前一次性付清。原告于合同订立时一次性交付定金 1 万元，但被告在合同签订后20个工作日内没有提供新车，原告在没有见到现车的情况下也没有付清余款，合同未实际履行。后原告多次要求被告返还定金，被告拒不退还，原告诉至法院，请求判令被告双倍返还定金。法院认为：

> 原、被告签订的机动车买卖合同系双方真实意思表示，原告也于合同当天交付了定金1万元，故该合同成立并生效。合同约定剩余车款的付款方式为提车前一次性付清，根据交易惯例，原告提车前一次性付清余款应建立在被告20个工作日内有现车的基础上，即见车付款。对此原告称没有现车，被告称有现车，是原告没有来安阳提车，但双方均没有证据证明其主张。对此，根据《民事诉讼证据规定》[①] 关于当事人举证责任分配规则的相关规定，确定作为汽车经销商的被告应对其主张20个工作日内有现车承担举证责任，因其没有证据证明相应主张，故应承担对其不利的法律后果。遂判决被告双倍返还原告定金2万元。

在审判实践中存在不属于法律和司法解释规定的举证责任倒置，依照举证责任分配的一般规则又无法确定举证责任承担的情况，为此，原《民事诉讼证据规定》第7条规定，由人民法院根据公平原则和诚实信用原则，综合当事人举证能力等因素确定举证责任的承担。该条规则的具体适用具有层次的效力性和适用前后顺序的排列性。

本案中，原告称被告没有在合同约定的时间内提供车辆，故

① 此处指的是原《民事诉讼证据规定》。

原告在没有见到现车的情况下，也没有按约定支付余款，被告违约在先，被告应承担违约责任。被告称其已依约提供了现车，是原告未在约定时间内提车，违约责任应由原告承担。但庭审过程中，双方都仅有当庭陈述，无其他证据加以印证。法院审理后认为，被告应对其称已依约提供了现车负举证责任，举证分配完全正确。因为被告作为汽车经销商，应该有完备的到货和销售单据，其用当时的到货单据很容易证明此问题，但其没有提供证据证明该事实，故应承担不利的法律后果。法院正是基于此而认定被告未在约定期间内提供现车，构成违约。

这几个案例都发生在 2015 年《民诉法解释》施行前，法庭考虑到当事人举证的难易程度、距离证据的远近等因素，没有停留在“谁主张，谁举证”的层面上理解举证责任的分配，在个案中分配举证责任，来保障案件实体处理的公平公正，没有什么问题。但是 2015 年《民诉法解释》及《民事诉讼证据规定》删除了原《民事诉讼证据规定》第 7 条，概不允许法官分配举证责任，是否妥当？有待实践检验。

四、证据可否撤回

在诉讼过程中，有的当事人提交了证据后，觉得反而对己方不利，要求撤回已向法庭提供的证据，是否允许？

十多年前，我曾代理一起股权转让合同纠纷案，对方律师提交了一张光盘，后来他发现不妙，向法庭提出撤回，主审法官要求我方将光盘送还给法庭，遭到我的拒绝。

无独有偶，七八年前我代理过的另一起案件也遇到类似情况。对方律师对所提交的证据，当庭表示不举证，我提出抗议。轮到我方举证时，我出示了该证据，对方律师表示抗议，认为这是他方证据，我方无权举证。当时我有点担心，不知合议庭会如何应对，结果审判长当庭驳回了对方律师的抗议。

在诉讼过程中，当事人可否申请撤回已向法庭提交的证据？翻遍所有的程序法，也不会有答案，只能在“非常规性依据”中寻找解答。最高人民法院民事审判第一庭编写的《民事审判实务问答》（法律出版社 2005 年版）对此问题有答案：

> 对于当事人提出撤回已提供的证据的，应当区分不同情况处理。当事人申请撤回的证据尚未送交对方当事人，并且所要证明的事实不涉及国家利益、社会公共利益或者他人合法权益的，法院审查后可予以准许。当事人申请撤回的证据复制件或者副本已经递交对方当事人，审判人员应当征询对方当事人的意见，对方当事人表示同意的，则应允许其撤回该证据，对此不再加以审查，视该当事人自始未提供该证据，对方不同意的，则不允许其撤回。

该书给出的理由是：“之所以如此，是司法行为的性质决定的。司法的目的在于解决纠纷，司法的本质在于它是一个基于既定的程序规则和实体规则对当事人之间的争议进行公正的裁判，如果允许当事人随意撤回证据，法院就不能依据撤回的证据作出裁判，这不仅与民事行为的诚实信用原则相违背，同时法官在现代民事诉讼中所负的发现案件真实的义务也无法实现，并最终使法律的公平正义价值取向难以彰显。”

后来我又找到浙江省高级人民法院民二庭编写的《商事案件证据操作指南》，其中也讲到当事人当庭撤回证据时的处置：

> 法院对于当事人提交的证据负有审查责任，当事人

庭前提交的证据当然也不例外。但实践中，有的法官在当事人当庭要求撤回庭前提交的证据时，往往不置可否或随意处理，任由当事人撤回而不加干预。当事人撤回证据的原因可能有多种，比如：当事人搞错证据或提交的证据与其主张无关；当事人认为该份证据对其主张的证明力弱，意义不大，且其他相关证据已能充分证明；在对方当事人抗辩后认为提交的证据对己不利；等等。在上述列举的情形中，前二种情形可能不会影响案件事实的认定；第三种情形则可能产生重大影响。因此，无论何种情形，法院均应审查确定。法官遇此情况，不应听之任之，应当主动审查。准许当事人撤回庭前提交证据应同时满足以下条件：（1）经询问对方当事人对该方当事人撤回证据无异议；（2）经审查撤回的证据与本案事实不具有关联性；（3）经审查撤回证据不存在损害对方当事人或其他人利益的可能性。不能同时满足以上条件的，不应准许对当事人撤回证据的申请并及时告知。上述询问和审查的过程均应记明笔录。

对于这个问题，理论上又是怎么论述的呢？我翻遍案头的证据法书籍，唯独江伟、邵明主编的《民事证据法学》第 37 页谈及证据的撤回，作者的结论为：就提供证据而言，作为取效性诉讼行为，在“辩论主义”诉讼中，应当允许提供者在符合一定情形时撤回证据。具体如下所述。

一是在质证或证据调查开始之前，提供者可以自由撤回证据（在“职权探知主义”程序中，只有经过法院同意的情形才可撤回）。

二是在质证或证据调查开始之后，在证据共通性原理下，该证据对对方当事人有利的可能性将逐渐被现实化，或者说有可能产生对对方当事人有利的证据资料，所以必须征得对方当事人的同意，才能撤回证据。举证期限届满后，该证据就失效了。

三是在质证或证据调查完成后，由于证据调查结果已经对法官的心证产生了现实影响并且这种影响是难以消除的，同时证据的调查结果已经产生了共同性，所以纵使对方当事人同意，也不许撤回。

证据可否撤回，理论上涉及证据共通原则。证据共通原则的基本含义是，某项证据在提交法院后，虽然可以被提交证据的一方当事人撤回，但不影响对方当事人援引该证据证明案件事实。对此，《生态环境侵权民事诉讼证据规定》第15条立足基本法理，对证据共通原则在生态环境侵权司法实践中的具体适用作出了较为全面的规定：

> 当事人向人民法院提交证据后申请撤回该证据，或者声明不以该证据证明案件事实的，不影响其他当事人援引该证据证明案件事实以及人民法院对该证据进行审查认定。
>
> 当事人放弃使用人民法院依其申请调查收集或者保全的证据的，按照前款规定处理。

请注意，证据共通原则虽然未被《民事诉讼法》《民诉法解释》《民事诉讼证据规定》所规定，仅在《生态环境侵权民事诉讼证据规定》中予以体现，但作为证据法的一项基本原则，具有普遍适用的效力。所以我想告诉大家，按照这三个“非常规性依据”及最新的司法解释精神，证据即使申请撤回，也无法阻止对方当事人援引。这就提醒我们，举证要谨慎，否则后悔莫及。

曾有人提出，假如律师调查收集证据的时候，取得的是对己方当事人不利的证据，这份证据律师应不应该拿到法庭上举证？如果不拿出来，有无问题？是不是就是隐瞒证据？这确实是一个需要律师认真研究才能解答的问题。

《律师法》第30条规定，律师担任诉讼法律事务代理人或者非诉讼法律事务代理人的，应当在受委托的权限内，维护委托人的合法权益。同时，第38条第2款规定，律师对在执业活动中知悉的委托人和其他人不愿泄露的有关情况和信息，应当予以保密。但是，委托人或者其他人准备或者正在实施危害国家安全、公共安全以及严重危害他人人身安全的犯罪事实和信息除外。

从权利来源来看，律师的权责是基于委托合同而产生的，是一种代理关系。既然是代理关系，就应当对委托人负责，不能违背委托人的意志。律师是一个特殊的职业，他没有必要，也不应该拿出不利于委托人的证据，这是由律师保密义务所要求的。从律师制度产生的第一天起，律师就被要求必须忠于客户的利益，这是最基本的职业道德规范。

律师向法庭举证，是为了支持委托人的主张，应该举的都是对委托人有利的证据。律师对于自己取得的不利于委托人的证据，不论是什么证据，都不应该向法庭举证；即使有涉及委托人准备或者正在实施危害国家安全、公共安全以及严重危害他人人身安全的犯罪事实和信息，律师也不应该向法庭举证，而是在法庭以外向相关部门报告，由他们处理。

这里顺便说一下节读证据问题。

刑事案件中，公诉人出于控诉职责，往往只宣读案卷中被告人有罪的证据部分。辩护律师认为所举证据中没有宣读有关有利于被告人的证据段落时，可以向法庭提出并予以宣读。我曾代理的一个案件中的公诉人认为怎么举证、怎么宣读是控方的权利。

我反驳：既然检察人员必须依照法定程序，收集能够证实被告人有罪或者无罪、犯罪情节轻重的各种证据，就不能选择性地宣读证据，应当展示证据全貌；《人民检察院刑事诉讼规则》更有明文，人民检察院提起公诉，应当秉持客观公正立场，对被告人有罪、罪重、罪轻的证据都应当向人民法院提出。如果公诉人可以选择性地宣读证据，是否有违客观公正原则？后来审判长同意我在法庭上宣读对被告人有利的这部分笔录。

执业经验告诉我们：代理民事案件，要懂得“彼证我用”；代理刑事案件，也要懂得“彼证我用”。

五、证据目录如何编制

有的律师可能认为证据目录怎么编制无关紧要，其实不然。有一回业务学习，我主讲《谈谈法律文书写作中的十个细节》，我说一份漂亮的法律文书，自然会给你的职业形象加分。因为起诉状、答辩状、代理词、辩护词等法律文书，就像我们的五官，会给法官等人留下深刻的印象。

讲完《谈谈法律文书写作中的十个细节》后，有位律师也分享了他的体会：律师首先是文字工作者，文字表达能力重于口才，我遇见某些政府工作人员对文字要求苛刻，对有错字甚至标点符号不正确文稿就不看了，文字高度决定了一个律师的高度。

证据目录属于法律文书，所以除了懂得举证外，我们还要精心编制证据目录。有时评估对方代理律师水平如何，一看证据目录，基本八九不离十。尤其是证明对象怎么写，很考验一名律师的专业水准。

比如，一起“帕萨特”汽车买卖合同纠纷案，原告提交了汽车买卖合同，证明对象怎么写？证明原、被告之间签订了买卖“帕萨特”汽车一辆的合同，这样的写法就非常到位，简明扼要地概述了合同的性质及标的、数量。有的律师在证据目录中，不写明待证事实或证明对象，或者笼统地写“证明本案事实”，这都是不专业的表现。

还有，“证明对象≠待证事实”，我们要弄清楚二者的区别。尽管学理上对二者不作区分，但实践中我们还是不能将其等同。当事人提供某一项证据欲证明的对象并不必然是待证事实。一个待证事实可能由若干个证明对象组成。当然，待证事实本身也是证明对象。上海市高级人民法院原副院长邹碧华在《要件审判九步法》一书中提到“证明对象≠待证要件事实”，我认为这个容易理解，因为“待证事实 = 要件事实 + 辅助事实 + 背景事实”，待证事实的外延要比要件事实大，二者当然不能画等号。

为了说清证明对象与待证事实的区别，姑且借用《要件审判九步法》中的例子。例如，案件的要件事实是“合同成立”，当事人对合同成立提出挑战，认为加盖于其上的公章虚假。一方为了证明公章的真实性，提供了一份鉴定报告；为了证明鉴定报告的真实性和合法性，又提供了一份关于鉴定人身份适格性的鉴定人资质证明书。其中，资质证明书的证明对象是鉴定人的鉴定资质适格。该项证据真实且具有证明力，虽然能够证明鉴定人资质适格，但未必能够证明“合同已经成立”，甚至连鉴定报告的真实性、合法性也未必能证明。

律师在举证时，必须清醒地认识到这一点，一个案件可能只有一个待证事实，但可能含有多个证明对象。

证据目录没有固定版式，要素齐全（证据名称、证明对象不可或缺）、简洁明了即可。我个人偏爱表格类的证据目录，认为它更直观。下面是我之前四个案件的证据目录，前三个是诉讼案，第四个是仲裁案。考虑到表格类证据目录，法官复制、粘贴不方便，本书增加了文字类的证据目录模板，供大家参考。

式样1：

证 据 目 录

序号	证据名称	原件/复制件	证明对象	页码
1	身份证	复	证明原告的身份信息	1
2	户籍证明	复	证明被告蒋某的身份信息	2
3	公司基本情况	复	证明被告×公司的身份信息	3
4	道路交通事故认定书	复	证明被告蒋某对交通事故的发生负有全责	4～5
5	鉴定意见书	复	证明原告的伤情构成5级伤残一处、10级伤残一处	6～8
6	住院病历、出院记录、医疗费票据（12张）	复	证明原告因交通事故受伤就医，产生医疗费×元	9～19
7	交通费票据（16张）	复	证明原告因交通事故受伤就医，原告及其陪护人员产生交通费×元	20～24
8	住宿费票据（5张）	复	证明原告因交通事故受伤需到外地治疗，原告及其陪护人员产生住宿费×元	25～26
9	鉴定费票据	复	证明原告为评定伤情，产生鉴定费×元	27
10	证明	复	证明原告还需安装假肢，购买、安装及维修费用共计×元	28
11	保险单、机动车行驶证、驾驶证	复	证明被告姜某为浙J×汽车向被告×公司投保了“第三者责任险”，保险金额（责任限额）为50万元，并且	29～30

续表

序号	证据名称	原件/复制件	证明对象	页码
			不计算免赔额；同时投保了“车上人员责任险”，保险金额（责任限额）为每座5万元，共投保了3座	

证据提交人：林某　　　　提交日期：2013年6月13日
证据签收人：　　　　签收日期：　　年　　月　　日

式样2：

证 据 目 录

组别	序号	证据名称	证据来源	原件/复制件	页码
第一组	1	招标代理合同	被告持有	复	1～6
	2	招标文件	被告持有	复	7～12
	3	中标通知书	被告持有	复	13
	4	前期物业服务合同	被告持有	复	14～17
	该组证据证明：涉案物业被告委托台州市某咨询有限公司通过招标方式进行				
第二组	5	温岭市人民法院（2018）浙1081刑初1234号刑事判决书	裁判文书网下载	复	18～25
	6	工作联系单	被告持有	复	26
	7	关于路桥某小区物业问题的报告	被告持有	复	27～28
	该组证据证明：郑某为涉案物业管理项目，伪造公章，以浙江某物业公司的名义中标并提供服务				

续表

组别	序号	证据名称	证据来源	原件/复制件	页码
第三组	8	重新招投标程序的函	被告持有	复	29
	9	物业费账户监管的协议	被告持有	复	30 ~ 31
	10	建设工程招标公告	被告持有	复	32
	11	前期物业管理合同	被告持有	复	33 ~ 36
	该组证据证明：被告会同台州市某区城市管理局等单位及时重新招标选聘物业公司				
第四组	12	关于路桥某小区物业问题的报告	法院档案	复	37 ~ 38
	13	谅解书	法院档案	复	39
	该组证据证明：自 2014 年开始，台州某物业公司与浙江某物业公司存在业务合作关系，浙江某物业公司授权台州某物业公司在台州市开展业务				
第五组	14	台州市路桥区人民法院（2018）浙 1004 民初 3667 号民事判决书	法院档案	复	40 ~ 44
	15	台州市中级人民法院（2019）浙 10 民终 764 号民事判决书	法院档案	复	45 ~ 48
	16	台州某物业公司资质证书	被告持有	复	50
	该组证据证明：台州某物业公司符合招投标时的资质要求，并且在 2018 年 3 月至 6 月按约提供了物业服务				

证据提交人：浙江某房地产开发有限公司　　提交日期：2019 年 7 月 22 日
证据签收人：　　签收日期：

式样3：

证 据 目 录

<table>
<tr><th>组别</th><th>序号</th><th>证据名称</th><th>原件/复印件</th><th>页数</th><th>页码</th></tr>
<tr><td rowspan="9">第一组</td><td>1.1</td><td>船台、船坞租赁合同（2006年11月30日）</td><td>复</td><td>4</td><td>1~4</td></tr>
<tr><td>1.2</td><td>补充协议（2007年3月22日）</td><td>复</td><td>4</td><td>5~8</td></tr>
<tr><td>1.3</td><td>协议书（2007年3月22日）</td><td>复</td><td>1</td><td>9</td></tr>
<tr><td>1.4</td><td>船坞改造补充协议（2008年1月7日）</td><td>复</td><td>3</td><td>10~12</td></tr>
<tr><td>1.5</td><td>船台租用合同（2009年11月23日）</td><td>复</td><td>4</td><td>13~16</td></tr>
<tr><td>1.6</td><td>补充协议（2013年3月15日）</td><td>复</td><td>1</td><td>17</td></tr>
<tr><td>1.7</td><td>协议书（2015年4月14日）</td><td>复</td><td>1</td><td>18</td></tr>
<tr><td>1.8</td><td>场地租赁合同（2015年5月17日）</td><td>复</td><td>10</td><td>19~28</td></tr>
<tr><td colspan="5">该组证据证明：①原告与台州海运存在船台、船坞租赁关系，租期自2007年1月1日至2016年5月16日。②合同约定原告负责租赁场地内船台船坞改造、道路改建、堤塘闸门改造、排污总管和界墙修复，并承担全部建设费用。③约定租赁场地内的财产归属问题为，租期内，若政府征用涉及补偿，原告投资的龙门吊（不包括轨道）变压器、配电屏归原告拆回，政府补偿也归原告；原告投资的其他固定件归台州海运，政府补偿台州海运60%，原告40%</td></tr>
</table>

续表

组别	序号	证据名称	原件/复印件	页数	页码
第二组	2.1	浙江省台州市中级人民法院（2016）浙10破1号之四十民事裁定书	复	2	29~30
	2.2	国浩律师（杭州）事务所国浩杭律函（2021）29号律师函	复	2	31~32
	该组证据证明：台州海运破产后由被告接管，原台州海运所有资产划转至被告名下，所有搬迁工作及费用由原告承担				
第三组	3.1	台州市港航管理局台港航〔2008〕23号专题会议纪要（台州海运有限公司船厂工程岸线使用评估会议纪要）	复	4	33~36
	3.2	浙江海运集团台州海运有限公司船厂岸线使用评估报告	复	33	37~69
	3.3	关于要求办理使用海岸线的申请报告、建设项目使用港口岸线申请表	复	5	70~74
	3.4	台州市港航管理局〔2008〕259号文件（关于同意台州海运有限公司船厂工程使用港口岸线的批复）	复	4	75~78
	该组证据证明：为提升修造船能力，原告以台州海运名义申请获批取得案涉海岸线使用权，参会人员与申请人均是原告法定代表人，原告为实际申请人及实际使用权人				

续表

组别	序号	证据名称	原件/复印件	页数	页码
第四组	4.1	岸线工程——江堤外船台工程建筑工程（决）算书	复	7	79～85
	4.2	岸线工程——江堤外下水通道、辅助船台工程预（决）算书	复	4	86～89
	4.3	岸线工程——排水管道工程（决）算书	复	5	90～94
	该组证据证明：岸线上船台等堤坝外资产为原告所建，总投入8,559,191.34元，原告为岸线建设工程（堤坝外资产）实际所有权人				
第五组	5.1	台州市一畅船业有限公司评估报告（中天评报［2010］185号）	复	16	95～110
	5.2	中车集团台州第七八一工厂船舶修造经营部2#船台地基承载力试验报告	复	20	111～130
	5.3	航修厂东船台施工图及造价	复	10	131～140
	5.4	东船台龙门吊基础梁工程（决）算书	复	6	141～146
	5.5	航运公司修船厂西船台工程施工图及（预）算书	复	11	147～157
	5.6	西船台龙门吊基础梁工程（决）算书	复	6	158～163

续表

组别	序号	证据名称	原件/复印件	页数	页码
	5.7	台州市椒江区水利局〔2007〕87号文件（关于28#、29#船排门整体改造的批复）、施工图	复	28	164～191
	5.8	台州市椒江区水利局〔2008〕6号文件（关于改造30#船坞门的批复）、施工图集及预算书	复	43	192～234
	该组证据证明：无证办公楼、配电房、氧气间、厕所建筑物、西船场及辅助场地、东船场及材料场、东西船场间辅助场地、船场闸门、船场道路、围墙等构筑物，都是原告在租赁期间投资建设的				
第六组	6.1	国有土地上房屋征收补偿协议	复	2	235～236
	6.2	评估清单	复	6	237～242
	该组证据证明：被告于2023年1月18日与台州市椒江区住房和城乡建设局、台州市椒江区一江两岸葭沚水城区块征迁指挥部签订房屋征收补偿协议，协议及附件列明无证房屋补偿780,728元、搬迁补助费111,083元、停产停业补助费3,001,587元、堤坝内船台补偿751,899元、道路硬化及地坪补偿315,319元、堤坝外船台补偿1,323,129元、堤坝外其他资产补偿328,869元				

证据提交人：台州市一畅船业有限公司　　　　提交日期：2023年4月19日

证据签收人：　　　　签收日期：　　年　　月　　日

式样 4：

证 据 目 录

序号	证据名称	原件/复制件	证明对象	页码
第一组	（1）收款收据（含反面）	复	证明2012年1月16日申请人因工程需要向被申请人借款300万元，月利息为0.8%	1～3
	（2）台州市银行补发回单	复		
第二组	（1）电费发票（88张）	复	证明被申请人为申请人垫付了工程水电费452,138元	4～127
	（2）水费发票（27张）	复		
	（3）收款收据（5张）	复		
	（4）银行回单（4张）	复		
第三组	承诺书	复	证明申请人同意审价追加费646,000元由被申请人在工程款中代扣	128
第四组	（1）2014年8月14日会议纪要	复	证明在2014年8月14日的协调会上，商定在质量保修金中扣除以下费用：（1）2012年10月新市场排污管道疏通费用申请人应承担的65,000元；（2）厕所间水管、水龙头等零星维修费用2380元；（3）四楼伸缩缝漏水返修费用二次计210,728.19元	129～154
	（2）情况说明	复		
	（3）建筑业统一发票（2张）	复		
	（4）施工草图	复		
	（5）小商品市场道路排水维修零星工程结算书	复		
	（6）建筑业统一发票	复		
	（7）小商品市场改造项目费用统计表	复		

续表

序号	证据名称	原件/复制件	证明对象	页码
	(8) 屋面防水施工面积实测及费用统计图	复		
	(9) 建筑业统一发票	复		
	(10) 小商品市场四楼防水整改项目费用明细表	复		
第五组	(1) 领款收据	复	证明因申请人不履行开关线路保修义务，被申请人于2015年8月委托蔡某某维修，支付了5570元，该笔费用应在质量保修金中扣除	155~156
	(2) 销售清单	复		
第六组	(1) 审价机构出具的工程结算资料送审时间说明	复	证明申请人于2014年9月19日还向审价机构提交工程联系单等结算资料，并且在审价中因有争议，曾多次召开过协调会，申请人原提交的竣工结算资料并不完整	157~172
	(2) 工程联系单（8张）	复		
	(3) 路桥街道办事处〔2014〕2号会议纪要			
	(4) 2014年8月27日会议纪要	复		
	以下空白			

证据提交人：路桥某批发市场有限公司　　　　提交日期：2015年11月12日
证据签收人：　　　　　　　　　　　　　　　签收日期：　　年　　月　　日

式样 5：

证据一：原告×××身份证、被告×××人口信息、被告×××公司企业信用公示信息各一份（共×页），证明原、被告的身份信息。

证据二：购销合同×份、补充协议×份（共×页），证明原、被告之间存在标的为×××的买卖合同关系。

证据三：送货单×张（×页），证明原告已经按照约定的时间、地点将货物交付给了被告。

证据四：银行转账记录×张、微信转账记录×张（共×页），证明被告仅向原告支付了货款××元。

以上证据均为复印件。

证据提交人：×××

提交日期：××××年××月××日

此外，谈一下证据出示的表述，我发现不少律师陈述不够专业，我要求自己的团队采用如下标准用语。

> 审判长：下面出示第一组证据，该组证据由×份证据组成，以证明××事实。具体包括：证据1××，证据2××，证据3××，证据4××，证据5××。下面就每份证据作简要说明（或下面就其中的证据2作简要说明）

对于证据的排列组织，我认为要掌握以下三个要领。

一是先程序，后实体。即身份证、营业执照等程序性证据材料排在前面，案件的实体性证据排在后面。有一个细节值得关注，对于身份证、户籍证明或人口信息，证明对象怎么写？有的写证明原告主体适格，有的写证明原告主体资格，也有的写证明原告的身份情况。

我的意见是，主体是否适格或主体资格问题，取决于起诉人与案件是否有直接利害关系，有时案件没经过开庭审理还不能确定有无利害关系，故身份证、户籍证明或人口信息难以证明主体资格问题。身份证、户籍证明或人口信息载明了姓名、出生日期、住址等信息，该信息涉及当事人的身份情况，但“身份信息”要比“身份情况”的表达更符合法律文书语言的庄重性，因而我习惯将证明对象写成“证明原告的身份信息”。

另外，身份证、营业执照等程序性证据材料虽然在立案时应当提交，但在举证阶段一般不必出示，除非与案件实体审理有关。有时在法庭上出示身份证、营业执照等程序性证据材料，会影响庭审效率。

二是证明同一事实的数个证据，应当予以组合归类。我在式样 2、式样 3、式样 4 的证据目录中便有将多个证据归为一组的情况。没有必要将证明同一事实的证据一个一个分别举证，我的理由是：数个证据都证明同一事实，如果不合并展示，在举证质证上就显得不够紧凑连贯，同时浪费时间，降低了司法效率。大多数案件事实要靠数个证据共同组成证据体系来证明，一份单独的证据或者孤证往往证明不了什么，只有同其他证据结合起来才能发挥证据链的作用。如果不合并举证，就会割裂证据之间的内在逻辑关系，有损举证方的证明体系。

同组证据，还应当兼顾证明力大的在先、证明力小的在后，主要证据在先、次要证据和补强证据在后的结构排序。例如，式样 4 中的第四组证据，其中证据 1 是会议纪要，证据 2 是情况说明，证据 3～10 基本是费用发票。证据 1、证据 2 要比后面的证据重要，所以排在前面。

三是按照争议焦点组织证据。自 2015 年《民诉法解释》第 226 条规定"人民法院应当根据当事人的诉讼请求、答辩意见以及证据交换的情况，归纳争议焦点"以来，越来越多的法官会在法庭调查阶段归纳争议焦点，然后要求当事人围绕争议焦点，尤其是围绕争议焦点项下存在的若干争议事实逐一举证、质证，不再允许当事人将所有证据一次性提交法庭，避免无的放矢。这就要求诉讼代理人应对案件争议焦点有清晰的预判，然后按照预判的争议焦点组织证据；否则，一旦法庭要求围绕争议焦点举证，就会打乱原先的证据次序，尤其是年轻律师可能会不知所措。

关于争议焦点，以离婚案为例，可以预判为：（1）夫妻感情是否破裂？（2）子女应当由谁抚养？（3）讼争房屋是否为夫妻共同财产？（4）讼争债务是否真实发生；若是，是否属于夫妻共同债务？

然后将证明夫妻感情破裂的数个证据，将证明子女应当由我方当事人抚养的数个证据，将证明房屋属于夫妻共同财产的数个证据，将证明债务发生及属共同债务的数个证据，各归为一组。这样编制出来的证据目录，既内容完整，又层次分明，并且不会脱离案件的争议焦点。因此，根据具体案情预判争议焦点很有必要，是律师代理案件的一项基本技能，思想上必须引起重视。

第三讲

质　证

质证是庭审中一个很关键的环节，是揭示案件真实情况、保障当事人诉讼权利、限制法官自由裁量权的有效方式。

先举一个简单的例子。张三闲着无事，凭空写了一张向李四借款 3 万元的借条，将借条随手放在办公室抽屉里，结果这张借条偶然被同事李四拿走。李四遂起诉张三，要求其返还借款 3 万元。如果你是张三的代理律师，面对李四庭上出示的借条，如何发表质证意见？

这个问题暂时放一放。接下来，我重点想和大家探讨一下质证的次序和质证意见的类型。

一、质证的次序

先讨论质证的次序。证据的“三性”是证据规则中的一组核心概念，因为“三性”贯穿于举证、质证和认证的全过程，决定着证据与定案证据之间的界限，也决定了证据能力的有无及证明力的大小。原《民事诉讼证据规定》第 50 条对“三性”的排列顺序是真实性、关联性、合法性，但《行政诉讼证据规定》第 39 条将排列顺序调整为关联性、合法性和真实性，而 2022 年《民诉法解释》第 104 条的排列顺序为真实性、合法性、关联性。

2018年6月，最高人民法院发布了《关于加强和规范裁判文书释法说理的指导意见》（法发〔2018〕10号），其中第4点要求："裁判文书中对证据的认定，应当结合诉讼各方举证质证以及法庭调查核实证据等情况，根据证据规则，运用逻辑推理和经验法则，必要时使用推定和司法认知等方法，围绕证据的关联性、合法性和真实性进行全面、客观、公正的审查判断，阐明证据采纳和采信的理由。"大家注意，关联性排在首位，其次是合法性，最后是真实性，意味着最高人民法院对证据"三性"的排序似乎又有所改变。

证据"三性"如何排列，反映了质证、认证的次序。我赞同《行政诉讼证据规定》的表达，认为关联性、合法性和真实性的排列顺序反映了法庭质证和认证的逻辑顺序，也是"三性"所具有的不同功能的要求。对于当事人提供的或者法庭调取的证据，在质证中，首先应当分析证据与待证事实是否相关，如果不具有关联性，则提出异议；再进一步分析证据是否具有合法性，如果不具有合法性，则提出这方面的异议；之后进一步分析证据是否具有真实性。

之所以这样排序，是因为关联性是证据的首要资格条件，将无关联的证据予以排除，可缩小法庭调查的范围，避免诉讼资源的浪费，保证诉讼效率。也就是说，证据只有具备关联性，才可以进入诉讼的"大门"。

《行政诉讼证据规定》第49条第1款规定："法庭在质证过程中，对与案件没有关联的证据材料，应予排除并说明理由。"该条是对证据关联性认定所作的规定，是指在质证过程中排除没有关联的证据。《刑诉法解释》第247条规定："控辩双方申请证人出庭作证，出示证据，应当说明证据的名称、来源和拟证明的事实。法庭认为有必要的，应当准许；对方提出异议，认为有关证据与案件无关或者明显重复、不必要，法庭经审查异议成立的，可以不予准许。”该规定要求，当且仅当控辩双方提交的证据具有关联性时，法庭才允许其进入庭审调查。与案件无关的证据，法庭可以不予采纳。

如果一个证据与案件没有关联，在英美法系国家，法庭一般也予以排除，因为这样的证据没有证据资格。因此，证据的关联性是当事人首要质证的问题。至于证据是否合法，是否具有真实性，与证据的关联性均无任何关系。

合法性是对具有关联性的证据的价值判断，是为了排除非法证据。非法证据在刑事法学领域的讨论，近几年方兴未艾。2010年6月，最高人民法院、最高人民检察院、公安部、国家安全部、司法部联合发布了《办理刑事案件排除非法证据规定》。然而，在我国民事程序法领域，就此问题的讨论尚不多见。其原因可能系刑事诉讼强调排除非法证据，主要是为了对抗国家侦查机构为取得证据而非法侵犯人权，但就民事诉讼程序，大家对非法证据的认识没有刑事诉讼那么足够深刻。

实际上，即使内容客观真实、完全可以证明案件事实的证据，只要其为非法，在民事诉讼中也不得作为定案证据。例如，对于以严重侵害他人隐私权的方式获取的证据，如果仅因其具有真实性而予以采纳，就会纵容侵害他人隐私权行为的发生。为避免此种后果，法律宁愿牺牲其证据价值，也不容忍或放纵侵害他人隐私权行为的发生。

此外，在审判实践中，一般而言，对证据真实性的审查判断远比证据合法性的审查判断难度要大，本着节约司法资源、提高诉讼效率的考量，在审查证据真实性之前，应先审查其是否合法，因而合法性在“三性”中位居第二。对于合法的证据，我们再进行审查，审查它是真的还是假的。

严格来说，假证、伪证及变造、篡改的证据都是不合法的，但从审查证据的过程来看，先着重审查证据形式是否合法，再审查其是否真实，故假证、伪证及变造、篡改的证据往往作为真实性的审查范畴。如果从证据能力和证明力角度分析，对证据合法性的审查无疑排在真实性前面，没有任何讨论的余地，这在后面将会提到。

我们知道，最高人民法院发布的司法解释一般由相应的业务部门执笔起草，如《民事诉讼证据规定》以民事审判庭为主，《行政诉讼证据规定》由行政审判庭负责，《刑诉法解释》由刑事审判庭牵头。由于各业务庭对于证据法相关概念、制度、规则认识不同，部分条文之间不能协调一致，最典型的如证据“三性”的排列，给司法实践带来了理解与适用上的困惑。因此，出台一部统一的证据法典，结束民事、行政、刑事三部证据规则各行其是的状况意义重大。不可否认的是，即使证据规则非常完善，每个法官面对相同证据作出的判断也是存在差异的，只不过制度的设计能最大限度地减少这种步调不一致的现象。

在第一讲，我们谈及证据能力和证明力问题。证据能力是证明力大小的基础，没有证据能力，不必考虑证据的证明力大小。证据能力的判断涉及证据的关联性（有无关联）、合法性、真实性（真伪与否），证明力大小的判断涉及证据的真实性（真实度高低）、相关性（关联强弱）。故而，我们在发表质证意见时，也应当按照关联性、合法性、真实性这样的次序展开。

当事人除对证据的“三性”进行质证外，还需要对证据证明力大小进行质证。2022 年《民诉法解释》第 104 条第 1 款规定：“人民法院应当组织当事人围绕证据的真实性、合法性以及与待证事实的关联性进行质证，并针对证据有无证明力和证明力大小进行说明和辩论。”准确地说，后半句应是“并针对证据有无证据能力和证明力大小进行说明和辩论”。质证本质在于“质”，即对证据质疑和质问。对证据证明力大小进行说明和辩论，无疑也是对证据质疑和质问。当事人要对证据证明力大小进行质证，这是司法解释的要求。

《民诉法解释》为什么要将证明力大小作为质证的内容？司法解释起草人的理由是：证据的关联性、合法性和真实性是证据的属性和特征，它是证据作为认定案件事实依据的基础，也是对证据的质证时首先需要解决的问题。在诉讼材料符合证据属性要求的前提下，能否真正发挥对待证事实的证明作用，法庭需要对证据的证明力进行考察。因此，证据的证明力问题是质证中必须包含的实质性内容。《民诉法解释》第 104 条揭示了质证必经的两个阶段：对证据属性的质证和以此为前提的对证据证明力的质证。

证明力问题是质证的重头戏，有人比喻“证明力就是证据活的灵魂”。对于真实可靠的证据，能否足以证明所要证明的案件事实，双方仍然可以质疑。庭审中我们如果仅对证据“三性”进行质证，不对证据证明力的大小进行说明、辩驳，这样的质证并不全面，对证据的审查判断工作也不算完成。同理，法庭认证也不能限于证据“三性”。如在（2021）最高法知民终 2487 号案中，最高人民法院的认证意见为：确认德发公司提交证据的真实性、合法性和关联性，关于其证明力将结合已查明的其他事实在后文予以评述。

审判实践中，常会遇到这种情况：诉讼代理人表示对证据的“三性”无异议，但对待证事实或证明对象有异议，认为某证据不足以证明待证事实。后半部分的质证意见，实质就是对证据证明力大小发表的质证意见，这部分意见是无法确切地归结到“三性”当中的任何一性的；而且，待证事实或证明对象就是法庭归纳的事实争点，法庭在归纳争点时已征求过当事人的意见。因此，不该在质证时还对待证事实或证明对象仍提异议。

归纳一下，质证的次序应是关联性、合法性、真实性、证明力大小；或是证据能力（关联性、合法性、真实性）、证明力大小（真实性、相关性）。

二、质证意见的类型

质证的内容是指质证主体即当事人对证据进行质证时所涉及的范围，实际是质疑和辩驳证据能力和证明力大小的问题。

对于不具备关联性、合法性、真实性的证据，应当通过质证排除其证据资格；对于具备关联性、合法性、真实性的证据，还应当从证据的真实程度和相关程度两个方面通过质证攻击动摇其证明力。对于质证意见的类型，大家最为关切，以下是我从司法及仲裁实践经验出发所作的梳理，供律师发表质证意见时参考。

第一，无异议，对证据的关联性、合法性、真实性及证明力大小均没有争议。

第二，逾期举证异议（证据资格异议），认为对方故意或者重大过失逾期提供证据，并且该证据与案件基本事实无关，证据失权。从广义的质证角度出发，逾期举证这种情形也可以包含在质证的范畴之内。

这里的“基本事实=主要事实=要件事实”，即用以确定当事人主体资格、案件性质、民事权利义务等对裁判有实质性影响的事实。失权后果是证据法上的责任，即被认为不具有证据能力。当事人因故意或重大过失逾期提供的证据若与案件基本事实有关，不产生证据法上的不利后果，法庭应当采纳，但会产生诉讼法的不利后果，即被法庭予以训诫、罚款。

对于对方逾期举证的质证，资深律师往往会加上一句：如果法庭认为该证据没有失权，我方认为它也不具有关联性、合法性或真实性。这样说，可以避免视为放弃质证权利的风险。

第三，关联性异议，认为证据要证明的目的不是指向待证事实，不具有实质性；认为对方提供的证据对于证明待证事实无作用或无证明力，不具有证明性。实务中，经常碰到当事人提供了另案判决书，证明类似情形其他法院是如何处理的，对本案有比较大的参考意义。像这种证据，与待证事实无关，完全可以对其关联性提出异议。法庭会以该证据系案外人之间的判决，与本案无关为由不予采纳。

对关联性提出异议，必然要同证明目的结合起来。如果不知对方的证明目的，就难以提出质证异议。法庭有时会问当事人其举的证据要证明什么，申请证人出庭要证明什么，其实是在审查证据的关联性。因此，在审查判断证据的关联性时，一定要根据案件的待证事实和证明目的来确定，离开了待证事实和证明目的，所谓的关联性也就没有了意义。

第四，合法性异议，认为证据主体、证据取得方式、证据程序、证据形式不符合法律规定。比如，认为鉴定人员不具有鉴定资格，鉴定意见主体不合法；行政机关超越其法定权限收集的证据，也属于主体不合法的证据；对原告出示的借条有异议，认为该借条是被告在被非法拘禁期间被迫写的，属于以严重侵害他人合法权益取得的证据，取证方式不合法；我国《刑事诉讼法》对于搜查和扣押的程序都有明确规定，如果侦查人员没有按照有关程序搜查或者扣押，所获得的物证或者书证也就不具有合法性；对于将某书籍中的专家观点作为证据提供，我们可质疑它不属于法定证据种类；对方律师从市场监督管理局摘录的相关文件、材料，摘录件上未注明出处、未加盖档案资料查询专用章、无摘录人签名或盖章、内容不完整，证据的形式要件不符合《民事诉讼证据规定》第 44 条的要求，我们就可以提出合法性方面的异议；我国三大诉讼法均规定鉴定意见须有鉴定人员的签名或盖章，那些没有上述签名或盖章的鉴定意见属于形式不合法的证据，我们就可提出异议。

当然，违反法定形式往往与违反法定程序搅和在一起，我在第一讲中提过这种情况，所以律师在质证的时候，要注意从证据程序、证据形式两方面进行全面分析并提出意见。

这里特别探讨一下取证方式违反法律禁止性规定的理解问题，我们不能将证据法意义上的法律禁止性规定局限于制定法的范畴，认为法无明文禁止即不违法。最高人民法院在“北大方正公司、红楼研究所与高术天力公司、高术公司计算机软件著作权侵权纠纷案”［（2006）民三提字第 1 号］再审判决中，纠正了北京市高级人民法院的错误认证，并作出评述：

> 在民事诉讼中，尽管法律对于违法行为作出了较多的明文规定，但由于社会关系的广泛性和利益关系的复杂性，除另有明文规定外，法律对于违法行为不采取穷尽式的列举规定，而存在较多的空间根据利益衡量、价值取向来解决，故对于法律没有明文禁止的行为，主要根据该行为实质上的正当性进行判断。

那么，子女偷录父母的谈话，该录音资料是否属于非法证据？或者说证据合法性有无问题？

以一刊载于《人民法院报》上的案例略作说明。原、被告于 1978 年登记结婚，并育有一女。2005 年 11 月原告向天津市南开区人民法院提起诉讼，要求离婚并对夫妻共同财产予以分割。庭审中，原告提供了一份录音证据，用以证明被告的资金情况。原告提供的这份录音证据是原、被告所生之女在与被告谈话时偷偷录制的。法院审理后判决，准许原、被告离婚。对于原告提供的录音证据，法院在判词中写道："本院特别指出，为达到诉讼目的，在亲属间采用秘密手段，有目的地诱使他人讲话并加以偷录的行为，有悖善良风俗，社会不宜倡导……故对原告提供的其女儿与被告谈话录音资料，不予采信。"

证据要有"三性"，即关联性、合法性、真实性。原告提供的录音证据关联性和真实性没有问题，是否具有合法性？综观原《民事诉讼证据规定》第 68 条，该条规定难以成为不予采信录音证据的理由，因为原告，或者说原告之女的做法并没有侵犯被告的合法权益，也没有违反法律的禁止性规定。

然而，从某种角度来说，法院一旦采信了该录音证据，就等于开了一个恶劣的先例，它会鼓励人们为了物质利益而六亲不认，这显然是任何一个国家的立法者和司法者都不愿看到的。理论界对民事证据排除的限定也有不同的看法，如王利明教授在《民事证据规则司法解释若干问题研究》一文中认为，民事证据应当排除以违背善良风俗的手段或方法获取的证据。善良风俗原则是民法的基本原则，我国《民法典》第 8 条关于民事活动"不得违背公序良俗"的规定，就是善良风俗原则在我国现行法律中的具体体现。

原告提供的录音证据是原、被告之女偷录的，其女无视父女亲情，有目的地诱使父亲讲话并加以偷录，明显违背了善良风俗原则。法庭对于原告提供的录音资料不予采纳，是法官行使自由裁量权的体现，是善良风俗原则在民事审判中的突破性适用。这个案例比较早，法庭这样认证问题不大，但若发生在 2015 年《民诉法解释》施行后，还能这样认证吗？

因为 2015 年《民诉法解释》第 106 条规定"严重违背公序

良俗的方法形成或者获取的证据，不得作为认定案件事实的根据”。换句话说，取证方法一般性地违背公序良俗，不算非法取证，如违反当地风俗习惯取得的证据不一定属于“严重违背公序良俗”。此案法官认为，女儿的偷录行为明显违背了善良风俗原则，但是否属于“严重违背公序良俗”可能有待讨论。

在我看来，严重不严重主要结合实体法的规定并考虑利益衡量的因素来综合判断。这里向大家介绍辽宁省沈阳市中级人民法院审理的“上诉人马某芳与被上诉人徐某林委托、保管合同纠纷案”[（2017）辽01民终2492号]，该案涉及外甥女偷录舅父通话录音证据是否采信问题。法官认为，作为外甥女的马某芳未经舅父徐某林的允许，获取其与徐某林的通话录音并作为对舅父不利的证据，该行为不仅与我国长幼有序、尊老敬老的传统美德相背离，而且违背了我国证据采信的基本原则，该偷录长辈通话录音的行为不能得到司法的鼓励。法官不予采信录音证据的理由是认为上诉人的通话录音是以严重违背公序良俗的方法形成或获取的。

再次强调，证据内容如何与证据合法性无关。例如，合同的条款违反法律或行政法规的强制性规定，不等于合同属于不合法证据。有一起仲裁案，在质证阶段，代理人对建设工程施工合同的合法性提出异议，认为双方签订的合同条款违法，属不合法证据。这是将民事法律行为不合法等同于证据不合法进行质证，是对证据合法性的曲解。

证据不具备合法性是指证据主体、证据取得方式、证据程序、证据形式不符合法律规定；民事法律行为不合法是指该民事法律行为不具备《民法典》第143条规定的有效条件，行为人没有相应的民事行为能力，意思表示不真实，内容违反法律、行政法规的强制性规定或违背公序良俗。证据的合法性与民事法律行为的合法性，含义完全不同，切勿混淆。

证据的法定形式即法定证据种类也值得我们关注。随着科学技术的发展，必然会有更多新类型的“证据”出现在诉讼中。比如测谎结论，以前只在刑事侦查和刑事审判中使用，多年前我经办的一起受贿案，犯罪嫌疑人不承认收过一分钱，但反贪局并不相信。当时还有一起受贿案的另一名犯罪嫌疑人也否认收取过金钱。后来检察机关委托公安部门进行测谎，结果认定我的当事人口供倾向于真实，而另一名犯罪嫌疑人的口供倾向于虚假。测谎结论之前在民商事案件中是一概被拒绝的，但是后来一些法院开始转变态度。如上海市杨浦区人民法院2003 年在审理一起债务纠纷案时，在原、被告双方自愿的前提下，委托上海市公安局对双方进行心理测试，法院最终参考测试结果对案件作出了判决。同年，山东省莒县人民法院审结的“原告赵某学与被告王某全加工承揽合同纠纷案”，也依法采信了山东省济南市公安局历城分局作的心理测试报告，作出判决。

多年前，台州电视台“阿福讲白搭”播出台州市黄岩区人民法院审理的一起民间借贷案。男女双方恋爱期间，男方向女方出具了金额大概 20 万元的借条，后女方起诉男方。男方说，借条是当时开玩笑时写的，实际没有借款，并向法庭举证了女方家庭经济拮据，以及女方负债被法院强制执行等证据，以证明原告不具有资金来源，借款不真实。诉讼中，双方都同意进行测谎，后来不知何故，女方不同意测谎，最终法院还是凭借借条判决男方败诉。

尽管测谎结论已开始在民商事审判中使用，但法庭一般比较谨慎，把自愿性作为采纳测谎结论的标准，即只有在双方均自愿接受测谎的情况下，测谎结论才可以被采纳为证据，否则违反“反对自证其罪”的原则。

浙江省高级人民法院民二庭《关于在商事审判中贯彻民事诉讼诚实信用原则若干问题的讨论纪要》（浙高法民二〔2013〕13号）第10条第3款规定："当事人自愿达成进行测谎测试的诉讼契约，人民法院可予准许，测谎结论可以作为认定事实的依据。"但从实践来看，对测谎申请已有法院并不拘泥于双方自愿，开始区别情况予以准许。如2017年1月8日《人民法院报》刊载的上海市浦东新区人民法院审理的"百万借款案"，被告费某承认借款事实，但认为这笔钱已经归还，且其已经收回了出具的借条。之后庭审时，发现费某收回的借条系彩色复印件，被告申请测谎，但原告蔡某不同意接受测谎，法庭还是准予被告测谎申请。

我认为，测谎结论与鉴定意见不同，不属于法律规定的证据种类，司法机关办理案件，可以使用测谎结论帮助审查、判断证据，但不能将测谎结论作为证据使用。换言之，测谎结论不具有证据资格，只能供法庭认证参考用。2020年9月1日，最高人民法院在《关于人民法院民事诉讼中委托鉴定审查工作若干问题的规定》（法〔2020〕202号）中，对测谎鉴定事项明确喊停，不予准许。

在司法实践中，一些当事人为追求胜诉效果，组织教授、学者对其案件进行论证，并向法庭提交专家论证法律意见书，试图影响法庭的裁判结果。我认为，专家论证法律意见书系专家观点意见，不是法定证据，不能作为证据使用。

此外，介绍一下证据种类的开放性问题。英美法系国家和大陆法系国家对证据的种类一般不作规定，即使有一些划分，也比较粗疏。我国三大诉讼法关于证据种类的规定基本采取了封闭列举的立法方式，其弊端是难以适应社会生活变化和司法实践发展的需要，无法穷尽所有的证据种类，并且经常面临难以判断其归属的困境。因此，诸多专家建议对于证据种类应当采取"开放列举”的立法模式，将诉讼法规定的“证据包括”修改为“证据主要有以下种类”或“证据包括但不限于以下种类”的表述方式。我也有同感，对证据种类的划分采取严格的形式归类，缺乏包容性，无法适应时代发展，值得立法者反思。

证据不具备合法性包括证据主体不合法、证据取得方式不合法、证据程序不合法和证据形式不合法四种，不包括证据内容不合法，证据内容是否合法属于法律行为的评价对象。应当指出，民事诉讼证据是否非法，是否达到被排除的程度，法庭原则上不应依职权直接认定，而应取决于当事人对证据的合法性有无提出异议，除非采纳该证据可能导致重大不公或严重侵害他人合法权益。实践中，有的法官认为当事人只需对证据的真实性发表质证意见，关联性、合法性等可由法庭依职权认定，失之偏颇。

第五，真实性异议，认为证据非原件、原物，或与原件、原物不相符；认为证人虚假陈述，书证内容与客观事实不符，等等。

对此，对证据真实性发表质证意见，除了对真实性无异议、有异议外，还有没有第三种意见？

有。有些证据，形成于对方当事人与案外第三人之间，我方当事人并不知道，也无法确认这份证据是真是假，此时我们可以说：因为我方并非该证据的当事人，也不知道该证据的形成过程，对该证据的真实性无法确认或无法发表质证意见。

概括地说，对证据的真实性有三种质证意见：一是有异议，二是无异议，三是无法确认或无法表态。

还有一个问题不能忽视，有时对方出示的是证据复印件，原则上可拒绝质证（出示原件确有困难并经法庭准许出示复制件及有证据证明复制件与原件一致的除外），而法庭却强烈要求我方发表质证意见时，怎么办？这时，建议附条件地发表质证意见，最好说：如果对方能够提交证据原件，或者如果庭后经法庭核实复印件与原件相符，我方的质证意见为……

第六，证明力异议，认为对方提供的证据真实性较低或相关性较弱，证明力较小，不能证明待证事实。

庭审中，有不少律师的表达为对证明目的或证明对象有异议，我认为这是不对的。证明目的或证明对象并非质证的内容，此时应表达的是对证据的证明力有异议。2022 年《民诉法解释》第 104 条第 1 款后半句为“并针对证据有无证明力和证明力大小进行说明和辩论”，所以怎么能对证明目的或证明对象提出质证异议呢？

有些案件对证明力大小的质证还涉及证据内容含义即意思表示解释、法律行为效力等实体性问题。比如，有这样一个债务纠纷案件。证据是被告出具的一份欠条，上面记载的欠款金额是 6700 元。关键点在于被告在偿还了部分欠款后在该欠条上批注了一行字：“还欠款 5700 元。”原告对此解释说，其含义是“被告还欠原告 5700 元”。被告辩解已经还了欠款 5700 元，其在欠条上批注的那句话的意思是：“我已经偿还了原告 5700 元，实际上我还欠原告 1000 元。”这个案件比较典型，梁慧星老师在《裁判的方法》中也作过介绍。问题出在中文字“还”是多音多义字，作动词用时读 huǎn，其意义是“偿还、归还”；作副词时读 haí，其意思是“仍然、依旧”。

经过判断，这份欠条关联性、合法性、真实性均没有问题，剩下的就是证明力大小问题，该欠条能否证明原告的证明目的，取决于“还”字的真实意思。原、被告双方理解刚好相反，这就需要对该歧义用词进行解释。双方都要搬出理由来说服法庭，最后由法庭来认定这个词的真实含义。所以，证明力大小的判断是一个复杂的综合的过程，并非靠经验、逻辑、理性就能应付。

又如，原告起诉被告要其支付违约金，依据是双方所订立的合同某条款对违约金的约定。被告提出合同违反法律的强制性规定应属无效，违约金条款也归于无效。此时，合同的效力便决定了原告待证事实的证明力，质证意见必然会涉及合同效力的辩驳。

这里强调一下，质证辩驳与法庭辩论有一定的区别，质证辩驳点到即可，详细理由应当在辩论意见中展开。我发现不少律师将质证阶段当作辩论阶段，以致在法庭辩论时重复之前的质证意见，招致法庭不满而被制止，这都是需要改进的。

现在我们回头来看本讲开始的设例，如果你是张三的代理律师，面对庭审中李四出示的借条，应如何质证？我们不妨演示一下。

应当质证借条的证据能力，对关联性、合法性、真实性进行质证。

这张借条与案件事实是否相关？我想这个应该比较明了，关联性没有任何问题。

借条是不是张三交给李四的，或者张三委托别人交给李四的？不是。借条是被李四偷偷拿走的，我们应当想到证据来源问题，是证据主体不合法、证据取得方式不合法，还是证据程序不合法？这与证据主体、程序的合法性无关，是证据取得方式不合法。借条属于书证，符合法定形式，证据形式的合法性没有问题。

借条是否张三所写？是他本人写的，形式上是真实的。张三有无向李四借到款，实际没有，故借条记载的内容不真实。

因此，规范的质证意见是，对借条的合法性、真实性有异议，理由如下所述。

其一，这张借条当时放在被告办公室抽屉里，后被原告趁机偷走，证据取得方式不合法。

其二，被告当时闲着无事，随手写了张借条，因疏忽忘了撕掉，实际并未向原告借款，证据内容并不真实。

总之，该借条不具有证据的合法性和真实性，缺乏证据能力，提请法庭不予采纳。

就这个案件而言，如果原告坚持说借条是被告亲手交给他的，而且借款数额并不大，被告很难推翻借条的合法性、真实性，则被告败诉的风险较大。

下面摘录的是《裁判文书制作指南》① 所归纳的六类质证意见：

(1) 无异议，对证据的真实性、合法性与关联性均没有争议。

(2) 是否属于新的证据异议（证据资格异议），认为证据的提供超过了举证期限，是失权证据。

(3) 真实性异议，认为证据非原件、原物或与原件、原物不符。

(4) 关联性异议，认为待证事实与本案争议的事实不相关。

(5) 合法性异议，认为证据的形式、来源不符合法律规定或者认为证人、向当事人提供证据的人与该当事人存在利害关系等。

(6) 证明力异议，认为对方提供的证据没有证明效力，不能证明对方的证明目的或者证明力较弱。

---

① 应勇主编：《裁判文书制作指南》，人民法院出版社 2007 年版。

对于这个质证意见模板，我归纳了以下四个方面的问题。

其一，对证据的“三性”没有争议，不代表无异议，只有对证明力大小也无争议，才算完全无异议。文中遗漏了关键的证明力大小问题。

其二，依照现行《民事诉讼法》的规定，逾期举证，未必证据失权，除非当事人故意或重大过失逾期举证，并且该证据与案件基本事实无关。《裁判文书制作指南》写在2012年《民事诉讼法》修改前，不算错，我把它作为问题列出，是为了引起大家的注意。

其三，证人或者向当事人提供证据的人与当事人是否存在利害关系，该因素直接与证据的真实性相关，不是证据合法性的审查因素。文中错将利害关系作为合法性异议理由。

其四，认为对方提供的证据没有证明效力，不能证明对方的证明目的或者证明力较弱，质证异议只有结论没有理由，缺乏说服力。为什么证据没有证明效力或证明效力较弱，应当进行适当的说理。

此外，如果对证据的真实性无异议，对于关联性、合法性有异议，质证时就直接提异议部分，最好不必说对真实性无异议，除非法庭要求对真实性作出表态。这样质证的好处是，一旦庭后发现该证据真实性实际存在问题，还有解释的余地，因为在庭上没有对真实性明确表示无异议。

质证意见相当重要，我想再举一例加以巩固。原告起诉被告返还借款，原告举证了银行转账凭证。被告认可收到款项，但辩称不是借款。对于这份银行转账凭证，如何质证？

按照刚才所讲的质证次序，第一步，先判断证据能力，包括从关联性、合法性、真实性三方面判断。借款，尤其是大额借款，往往通过银行转账，故转账凭证具有证明借款事实的可能，关联性应无问题。转账凭证是银行出具给原告的，原告合法持有，合法性显然并无问题。被告对原告提交的转账凭证的真实性往往不持异议，因为转账凭证的真伪很容易核实查清，本案被告也认可收到该笔款项，故真实性没有任何问题。这是从证据能力的角度进行的分析。

第二步，判断证据的证明力大小，即对真实性和相关性进行判断。转账凭证能够证明原告已经将款项交付给了被告，但与待证事实即借款合意之间缺乏紧密联系，其证明力很小，无法证明款项的性质。这是从证明效力的角度进行的分析。

第一步和第二步有着严密的逻辑关系，不能颠倒，也不能互换，这两步犹如任督二脉，非常重要，是剖析证据的要义。经过这样的分析判断，质证意见应当是：对证据的证明力有异议，该银行转账凭证对证明借款合意相关性很弱，证明力很小，不能证明涉案款项是借款。

证明力大小的判断，有时还依赖于民事实体法规范。依照《民间借贷规定》第 16 条的规定，在原告提供银行转账凭证的情况下，其对双方之间借款合同关系的存在完成了初步举证责任，此时，被告抗辩主张原告的转账系偿还双方之前借款或其他债务的情况下，被告应当对其主张提供证据证明。

按照最高人民法院的思路，银行转账凭证对借款事实有初步证明力。《民间借贷规定》第 16 条带有法定证据制度的色彩，预先对银行转账凭证的证明力加以设置。这条规定广受诟病，不少地方法院“我行我素”，并不依照第 16 条判案，但我们如果是原告的诉讼代理人，依然可引用此条规定驳斥对方的质证异议。

关于质证意见，我们还可以举个比较典型的例子来展开分析。山东省临沂市中级人民法院审理的“王某明与孙某丽、孙某明买卖合同纠纷案”［（2014）临商终字第 99 号］是最高人民法院2015年12月公布的一起合同纠纷典型案例。

基本案情是：2011年开始，王某明陆续向福隆板材厂（业主为孙某丽）送板皮，货款由孙某丽支付。2012年4月1日王某明又送来板皮，孙某丽兄弟孙某明出具了收货条，载明，夹心皮，货款236,000元。2012年4月14日、10月17日，孙某丽向王某明银行卡存款54,000元、1万元。王某明只认可1万元是偿付涉案货款，认为另54,000元是偿付以前的货款。2013年9月27日，王某明诉至法院，要求两被告支付所欠货款226,000元及利息。

这起案件的争议焦点比较明朗，54,000元是否用于偿还涉案货款？一审说理如下：

> 原告主张54,000元的转款并非偿付涉案所诉的欠款，但未提交相关证据予以证实，因此，合计金额为64,000元的转款应当在王某明所诉欠款总额中予以扣除。

二审说理以下：

> 银行存款凭条是银行向存款人出具的证明银行与存款人之间双方发生交易业务凭据，不是由上诉人王某明向被上诉人孙某丽出具的收款条，该存款凭条只能证明存款人孙某丽于2012年4月14日向王某明银行卡存款54,000元的事实，不能证明该笔存款的用途即是否偿还了货款，更不能证明该笔存款是用于偿还了哪笔货款中的欠款，即银行存款凭条本身不能证明与本案中的货款存在关联性，被上诉人在提供银行存款凭条后，仍需继续提供证据证实该银行存款凭条与本案货款存在关联

性，此时，举证责任不发生转移，即不应由上诉人举证证明之前发生了业务，该此存款是偿还了之前的货款，从而要求上诉人提供之前的债权凭证，因此时之前的债权凭证因偿付完货款而销毁，法院若要求债权人举证之前的债权凭证会对债权人造成非常大的举证困难，对债权人不公。一、二审期间，孙某丽仅提供了银行存款凭条，未能继续举证该银行存款凭条与本案货款存在关联性，故该证据不符合民事诉讼证据的客观性、合法性、关联性中关联性的要求，故，本院对该证据不认定是本案的有效证据，孙某丽以此次存款要求冲减总货款理由不成立，本院不予采信。

另外，被上诉人孙某丽认可与王某明在2011年开始即发生多次买卖板皮业务关系，存在本次银行存款是偿付了之前货款的可能性，孙某丽采用银行汇款只取得银行出具的存款凭条，在存款后不及时更改其与上诉人之间的债权凭证这种交易方式，是造成孙某丽举证困难的重要原因，由此带来的后果，应自行承担。

就二审对银行存款凭条的认证而言，至少带来以下问题的思考。

问题一：银行存款凭条是否具有证据的关联性？

问题二：如有关联性，其证明力大小如何，能否足以证明待证事实？

由于篇幅有限，我们作一个简单的分析。

第一步，分析关联性。证据只要存在证明待证事实的可能，就足以构成具有关联性的理由，法律并不要求这一证据须有较大的证明力。银行存款凭条具有证明支付涉案货款的可能，至少无法排除这种可能，还是有点证明力的，故不能说银行存款凭条不具有关联性。可二审对银行存款凭条的关联性没有予以认定，未免不对。

第二步，分析证据证明力大小。该案中，被告并未认可之前尚有货款拖欠原告，在原告没有提供证据证明之前尚有货款未了结的情况下，根据一般社会生活经验判断，被告提供银行存款凭条证明该款用于支付涉案货款，非但具有证明力，而且证明力很大，能够证明待证事实的存在。

总而言之，二审对证据的裁判整体上值得商榷。我拿此案例和个别法官讨论过，他们和我持同样的态度，力挺一审认证及判决结果。

深入分析，如果被告认可拖欠原告之前的货款，或者该事实原告能够提供证据证实，则被告的证据虽具有关联性，但与待证事实之间相关性很弱，证明力不足。按照合同法原理，在债务人对同一债权人负有数笔债务的情况下，应当按照债务到期的先后顺序抵充。这样的话，原告关于用于支付之前货款的质证异议遂成立。

概括一下，质证意见包括：是否逾期举证导致证据失权，证据的关联性、合法性、真实性及证明力大小。

三、质证的方式

所谓质证，是指当事人、诉讼代理人及第三人在法庭的主持下，对对方当事人及第三人提出的证据就其关联性、合法性、真实性及证明力大小予以说明和质辩的过程。因此，常规的质证是在开庭审理的法庭调查阶段，一方当事人在法庭上出示证据，另一方当事人进行质证。

有时，当事人在法庭审理前的准备阶段或者法庭调查、询问过程中，已经对另一方提交的证据发表过质证意见，视为已经质证，以避免重复质证。当事人嗣后不能以未质证为由，否定证据的合法性。

质证的方式如同证人作证的方式，适用直接言词原则。直接言词原则包括直接原则和言词原则。直接原则是指法官必须与诉讼参与人直接接触，直接审查有关案件事实材料和证据；言词原则是指法庭审理必须以口头陈述的方式进行，法官以口头的形式进行询问、调查，当事人、诉讼代理人及其他诉讼参与人也需口头陈述、质辩。

但是，如果当事人要求以书面方式发表质证意见，人民法院在听取对方当事人意见后认为有必要的，可以准许。人民法院应当及时将书面质证意见送交对方当事人。这是《民事诉讼证据规定》第 60 条第 2 款规定的内容，该规定新增了书面质证方式，满足了司法实践的需求。条文规定是听取对方当事人意见，而非征得对方当事人同意。当事人不同意以书面方式质证，法庭认为有必要，仍然可以准许。我认为，采取书面方式质证，应针对一些争议不大的非关键性证据；对于争议较大的重要证据，不宜以书面方式质证。

最后需要强调的是，质证意见务必做到观点明确、语气利落、表达简练。对对方所出示的证据有无异议，哪方面有异议，不能含糊不清；语气要干脆利落，不能犹犹豫豫，异议的理由要言简意赅地表达出来，切忌长篇累牍。我还是那句话：能用一个字表达的，就不要用两个字；能用一句话概括的，就不要用两句话。

第四讲

推　定

民事诉讼中，经常要运用到推定。例如，对于有关身份及权利的登记，一般认定登记的即为真实的；当事人在工作时间内、工作区域内的行为为职务行为；动产的占有者为所有人；夫妻一方为家庭日常生活需要（衣食消费、日用品购买、子女抚养教育、老人赡养等家庭日常消费）所负的债务，原则上为夫妻共同债务；私文书证由制作者或者其代理人签名、盖章或捺印的，推定为真实等。

推定不是证据，而属民法的技术性概念，是根据法律规定，或根据已知事实和日常生活经验法则，而推知和确定另一不明事实的存在，并允许对方当事人举证推翻的一种证明规则。按其形式，分为法律推定和事实推定。法律推定，是指根据法律明文规定所进行的推定。事实推定，系根据已知事实和经验法则所进行的推定。由于推定的事实并未由证据来证明，并且基础事实和推定事实之间虽然存在高度盖然性，但并无必然的关系，所以允许对方当事人提供反证予以推翻。对方当事人可以就基础事实提出反证，也可以对推定事实提出反证，还可以提供证据证明基础事实和推定事实并不存在因果关系或者逻辑关系。因此，证据法中的推定均是可以反驳的推定，又称相对推定。

本讲只涉及事实推定，会列举一些相关案例，以助大家理解。

一、相关术语比较

1. 推定与假定

推定不同于假定。假定指的是一种对过去没有、现在也不存在的某种事实进行猜测的思维形式。假定是一种不需要任何前提条件的假设，属于思维的范畴，因而不具有法律效力，法庭应当绝对避免借助假定处理案件。推定则是认定事实的特殊方法，一旦被采用即产生一定的法律效果，因而它的适用范围和适用条件均需受到限制。假定只有经证实才能被肯定，推定只有经反证才能被推翻。在刑事侦查阶段常常适用假定，推定多适用于法庭的事实认定。因此，推定与假定有本质的区别。

2. 推定与推测

推定是否就是推测？

我们先了解一下推测的含义。所谓推测，是指基于客观上某些偶然因素或主观上的联想而对有关事实所作出的臆断。由此可见，与推定所相同的是，推测也基于一定的前提事实，甚至推测也基于一定的经验事实，但这种经验事实的盖然性极低。推测与推定的最大不同是，推测在很大程度上带有主观猜测的成分，推测需要事后印证才能证明属实。因此，在涉及法律程序的事实认定上，应当忌用推测。正因如此，《民事诉讼证据规定》第 72 条第 1 款规定，证人作证时，不得使用猜测、推断或者评论性语言。与推测相比，推定在相当程度上含有客观上的真实性、可能性，不需要因推定而受益方的证明即认定为属实，除非对方提出充分反证才被认定为并非属实。

3. 推定与视为

推定和视为有何区别？我认为最主要的是法律效果不同。对于依据推定得出的结论事实，允许当事人提供反证予以反驳。只在对方当事人举不出反证或者举出的反证不足以反驳结论事实的情况下，才能以此事实作为判决的根据。“视为”，也属民法技术性概念，但它具有绝对的法律效力，属立法上的拟制。依据法律关于“视为”的规定所作出的事实认定，不允许当事人提供反证加以反驳。如《民法典》第621条关于买受人检验标的物异议通知的规定，买受人在约定检验期限怠于通知出卖人的，视为标的物的数量或者质量符合约定，出卖人不负担物的瑕疵担保责任。

二、典型案例评判

通过上文三组概念的比较分析，相信大家对推定这个概念有了初步的了解。下面，我挑选了实践中较有代表性的七则案例，通过案例来进一步认识事实推定。

1. 邮件是否收到的推定

第一个案例是关于邮件是否收到的推定问题。案情如下：甲、乙双方签订了一份房屋租赁合同，乙未按约支付租金，甲催讨未果后，于2012年12月3日按照合同约定的通信地址以国内特快专递方式向乙邮寄了解除合同通知书。甲于2013年2月15日提起诉讼，并提交了房屋租赁合同、解除合同通知书留底、当地邮局出具的邮政特快专递服务（Express Mall Service，EMS）邮寄凭证等证据。乙辩称并未收到解除合同通知书，甲认为乙理应收到该通知书，但提供不了乙签收的快递单。

此案中，甲、乙双方在事实上的争执点为，被告乙是否收到原告甲于2012年12月3日向其邮寄的解除合同通知书。原告无法提供乙签收的快递单，没有直接证据证明被告已经收悉，但能否根据间接证据，结合日常生活经验进行推定？

对此，我们可以借鉴最高人民法院在类似问题中的司法见解。最高人民法院民二庭于 2003 年 6 月 12 日针对河北省高级人民法院请示所作出的《关于债权人在保证期间以特快专递向保证人发出逾期贷款催收通知书但缺乏保证人对邮件签收或拒收的证据能否认定债权人向保证人主张权利的请示的复函》中指出："债权人通过邮局以特快专递的方式向保证人发出逾期贷款催收通知书，在债权人能够提供特快专递邮件存根及内容的情况下，除非保证人有相反证据推翻债权人所提供的证据，应当认定债权人向保证人主张了权利。"

最高人民法院在该复函中采用了事实推定。一般情况下，基于对邮政行业邮政服务正常化的合理信赖，只要通知按照对方的地址，以符合常识的正常方式发出，应当可以推定该邮件到达对方，此系证据的推定的证明力。对方否认收到的，应当提供足以反驳的相反证据（若按照举证责任分配理论中的近距离规则，也应当由其负责举证）。原告甲向法院提交的证据中，包括房屋租赁合同、邮局出具的 EMS 邮寄凭证，房屋租赁合同载有被告乙通信地址等信息。如果经核对，邮寄凭证上的收件人姓名、地址等信息与房屋租赁合同上载明的信息相符，据此可推定，该邮件在合理的期限内已经到达被告乙。被告乙否认收到通知，应当由其负责举证。如其举证不能，原告甲的事实主张就成立。

假设我调整一下事实，原告甲如果委托顺丰、中通等民营物流企业寄送，能否推定出一样的事实？

我认为，顺丰、中通等民营物流企业运行比较规范，服务质量并不比邮政快递差；尤其像顺丰快递，口碑好，如果没有出现特殊情况，作同样的推定未尝不可。但最高人民法院并不这样认为，它在（2015）民申字第 134 号判决中指出，顺丰公司并非邮政局，仅是一般快递公司，涉案银行应提供邮件回执等证据证明邮件已经到达债务人，但该银行并未提交，不能产生诉讼时效中断的效力。

我再调整一下事实，原告甲不是以特快专递方式邮寄，而是以挂号信方式邮寄，能否顺利地推定解除合同通知书已到达被告乙？

这就很难推定。因为采用挂号信方式邮寄，邮局提供的挂号信单据上并不显示邮寄地址，在原告甲是否写对邮寄地址无法确认的情况下，前提（基础）事实和推定事实之间也就不存在高度盖然性，无法满足民事诉讼证明标准的要求。所以我们平时发律师函时，应采用特快专递，不要用挂号信方式邮寄。对于特快专递，首选邮政 EMS，因为它毕竟是官方的，证明力要比民营企业的高。如果一定要用挂号信邮寄，重要的函件可委托公证机构公证邮寄过程（证据保全公证），这样就避免双方为邮寄地址、邮寄内容发生争执。

继续调整一下事实，原告甲很粗心，忘了在邮政快递单上填写文件名称，即未注明所寄函件为解除合同通知书。乙辩称：函件收到，但甲所寄函件并非解除合同通知书。事实还能否推定？理由何在？

我们认为，虽然不能完全、绝对地排除原告所寄函件为其他函件甚或空白纸，但这种可能性毕竟微乎其微。根据经验法则，原告主张该事实的真实性要远远大于被告主张事实的真实性，故可以推定原告关于解除合同通知书已到达被告。如果根据庭审调查，原、被告之间不存在其他业务往来，则推定更加牢靠。对此，被告可提出相应的反驳，此时证明必要性发生转换，即由被告提出相反证据，以证明其所收到的函件并非原告举证的函件留底。换言之，无论被告收到原告何种内容的函件，这些函件上通常都有原告的签名或印章，可供法庭核查之用或者在必要时采用司法鉴定的方式加以确认。因此，被告声称其所收到原告的函件并非解除合同通知书，但又不提供相应的函件加以印证，自可认定被告的抗辩主张不能成立。

回到题例，基于被告对房屋租赁合同及拖欠租金的事实没有异议，根据《民事诉讼证据规定》第 10 条第 1 款第 4 项的规定，法庭可根据上述已知事实和日常生活经验法则，作出原告向被告所发出的函件为解除合同通知书的事实推定。

2. 无法直接证明欠款金额的推定

第二个案例是关于无法直接证明欠款金额的推定问题。原告张某在租赁经营江苏省滨海县滨海港镇美越冷冻厂期间，被告曹某坚经常来该厂购冰块。2005 年 11 月 12 日，被告出具一张欠条给张某，内容为“欠冰钱 1. 800 元整”。诉讼中，原告认为，欠条上的“1. 800 元”系“1,800 元”的误写，实际上是指被告欠其冰款 1800 元。被告则认为，欠条上的“1. 800 元”意思是 1. 8 元，而非 1800 元。一审和二审法院均认为，按一般常理，被告作为原告经常购货的老客户，为欠 1. 8 元立欠据显然不符合常理；并且按照会计记账习惯，“1. 800 元”应当理解为 1800 元；加上被告未能提供欠 1. 8 元的证据，故被告以欠条上所写的“1. 800 元”就是 1. 8 元之说不能成立，不予采信。判决支持原告的诉讼请求。

本案中，原告提供的证据有所缺陷，从而不能百分之百证明待证事实。在此情况下，法庭根据生活经验法则就已知事实进行推论，最终认定案件事实。根据生活经验法则推定事实，系法官的一种自由心证，必须遵循一定的规则：（1）基础事实真实可靠；（2）基础事实与推定事实之间具有高度盖然性联系；（3）对方当事人没有对推定事实提出反证或者反证不成立。由于推定所涉及的基础事实与推定事实之间并不具有必然性，推定的结论未必百分之百正确，而只是一种高度盖然性，赋予当事人反驳推定的权利，一旦对方当事人反证成功，法庭就不能认定推定事实。

法官推定“1.800 元”是1800 元而不是1.8 元，运用了两个日常生活经验，即生产经营一般不发生小额书面欠据和会计记账书写习惯。这两个日常生活经验都是众所周知并经过反复验证的科学事实，社会公众对此已基本达成共识，很少有异议，而且根据这个经验足以推出被告欠款1800 元这个事实。这个推定结论与原告所主张的事实相同，所以原告不承担举证责任。被告否认该推定事实，这是对依经验法则推定事实的反证过程，应当承担举证责任。因被告未能履行必要的举证责任，故应承担败诉的法律后果，法庭为此支持原告的诉讼请求。

3. 离婚案件中家庭暴力的推定

第三个案例是关于离婚案件中家庭暴力的推定问题。离婚案件中，涉及家庭暴力的举证比较困难，如果女方提供了门诊病历、医疗费票据和报警记录，指认男方存在家庭暴力，但遭男方否认，法庭能否认定男方有施暴行为？

家庭暴力往往发生在家里，比较隐蔽，所以很难会有证人证言的证明。司法实践中，应注重间接证据的作用，在通过间接证据组成的证据链能够基本认定加害人的暴力行为时，可以实行证明必要性移转，即加害人主张自己没有实施暴力行为的，应当举出证据加以证明，否则应承担不利的诉讼后果。当然，证明必要性移转不是随便适用的，其前提必须是提出主张的当事人已经提供了相当的证据，这些证据虽然不足以完全证明，但在很大程度上能够证明对方施暴行为的存在。这里还涉及法官自身的素质问题，即如何根据经验对“自由心证”进行合理的运用。本案中，女方提供了门诊病历、医疗费票据和报警记录，结合经验法则可以证明家庭暴力的事实，完成了高度盖然性的证明，然后证明必要性移转至另一方。男方否认但无反证的，法庭可以推定其为加害人，认定家庭暴力的存在。

4. 房屋买卖中房款是否已经支付的推定

第四个案例来源于国家法官学院毕玉谦教授的《民事证据案例实务问题解析》，是关于房屋买卖中房款是否已经支付的推定。房屋买卖比较常见，尤其房价涨跌波动比较大的时候，往往纠纷也比较多。这个案例对认识事实推定很有启发。

张三、李四所签订的房屋买卖协议约定，张三的一处房产以30 万元出售给李四。合同签订后，李四当即将房款 20 万元交付给张三，张三随即将房屋交付给李四。当时双方口头约定其余 10万元日后再支付，买卖合同对余款的交付期限并未作出约定，也未对何时办理过户手续作出约定。合同签订两年后，张三、李四到登记机构办理了房产过户手续。之后的一天，张三找李四讨要10 万元房款，遭到李四拒绝。于是，张三向法院提起诉讼，要求李四支付所欠 10 万元房款。在庭审中，李四辩称当初所欠 10 万元房款在办理过户手续之前已经支付给了张三，否则张三不可能同意办理过户手续。对于张三在收到李四房款后打下的收据，李四称其在办理房产过户手续后便没有继续保存，现已无法提供。李四还称，在办理完房产过户手续后，他不可能一辈子都保存这些收据，来防备张三随时再向其讨要房款。早知如此，他会一直保存这些收据，甚至死后由其子女继续保存这些收据，以防备张三的子女再来讨要这笔早已支付的房款。

李四关于 10 万元房款已经支付的事实主张是否可信？为什么？以下是毕老师给出的解析理由：

张三与李四签订合同后，李四当即将房款 20 万元交付给张三，张三随即将房屋交付给李四。可见，李四当初向张三交付20万元房款仅获得房屋使用权这种对价。此时，李四如果要求张三协助办理过户登记手续，张三可以李四尚未支付全部房款为由享有抗辩权。反之，在李四已向张三支付所欠剩余房款之后，李四再要求张三办理过户登记手续，则具有法律上的正当性。

本案中，在合同签订并且房屋交付发生两年后，才发生了张三、李四办理房产过户手续的事实。在李四未向张三支付剩余10万元房款或者双方并未将此债务作出特别安排（如由第三人提供担保或者另行签订10万元的还款协议）的条件下，居然发生张三自愿将房屋过户到李四名下的事实，这是令人难以置信的。因为张三完全可以在两年前接受李四支付20万元房款并向李四交付房屋的同时或者在此之后的合理期限内办理这一房屋过户手续，而不必等到两年之后。

另外，作为一种换位思考，假如法院一味要求被告李四提供其已向张三支付剩余10万元房款的证据，而置李四所购房屋已经登记过户至其名下的事实于不顾，这实际上是在迫使房屋买受人即便在获得房屋所有权之后还不得不无限期地保存付款凭据，以防止出卖人随时向其追索债务。这无异于荒唐地授予出卖人享有对买受人长期保存付款凭证的核查权，一旦发现买受人不能出具相关付款凭据，便随即享有可重复性的追索权。在法律上，这样做对买受人是显失公平的，因为它显著而不恰当地增加了买受人的交易风险和交易成本。

根据经验法则，在民间进行的房屋买卖交易中，如果在书面合同上没有特别约定——即使当买受人在未交付全部房款的情形下，出卖人也应为买受人办理房屋过户手续—— 一旦出卖人为买受人办理房屋过户手续，就意味着买受人已向出卖人支付了全部房款。在本案中，房屋过户手续已经办妥，之后，张三再向李四主张房款，不合情理。因此，应按照经验法则认定李四在房屋办理过户手续之前已向张三支付全部房款。

我将毕老师的解析作了简要的归纳。根据经验法则（或者作为一种日常交易习惯），在民间进行的房屋买卖交易上，如果书面合同上没有特别约定（即使当买受人在未交付全部房款的情形下，出卖人也应为买受人办理房屋过户手续），只有在买受人交付全部房款之后，作为交易上的一种对价关系，出卖人才有可能为买受人办理房屋过户手续。本案中，房屋过户手续已办妥，之后，张三向李四主张房款不合情理。同时，双方所签订的房屋买卖合同也并未约定与通常交易习惯相违背的特殊规定，因此，应按照经验法则并根据通常交易习惯推定李四在房屋办理过户手续之前已向张三支付全部房款。对此，李四暂时卸除其证明负担，证明必要性转移至张三一方。如果张三提供的反证能够使推定事实处于真伪不明的状态，那么就能够达到推翻推定事实的效果，在此情况下，应当作出对张三有利的事实认定。

5. 借款“证明”存在违背交易习惯的情节与推定

第五个案例是关于借款“证明”存在违背交易习惯的情节与推定。甲请求法院判令乙返还其借款 4 万元，提供证据“证明”一份，其内容为：乙分两次从甲处借款 4 万元（分两次描述），后有乙的签名。现在乙不否认其签名，但主张“证明”的前半部分（第一次借款）系甲在其签名后又加上去的（注：从表面看来，整份“证明”的布局比较合理，但若去掉乙主张加上去的前半部分仍显合理）。

对于被告乙指控原告甲对该份借款“证明”进行部分伪造这一抗辩主张，法庭如认为有可能通过专业鉴定得出相应结论，可告知对此抗辩主张负有证明责任的被告乙提出鉴定申请。如果查明，无法通过专业笔迹鉴定得出相应的结论，法庭自可通过其他证据调查方式，如要求原告就此现象作出合理的解释，并根据交易习惯（或者经验法则）对案件事实作出判定。

在原告甲向被告乙支付借款后，按照交易习惯，载有被告乙签名的借款“证明”将交由原告甲所持有，故在客观上，原告甲的确存在对其掌控下的这份借款“证明”所涉及的内容进行擅自添加的可能；并且按照交易习惯，除非存在例外或者特殊情节，否则在特定的债权人与债务人之间所发生的特定数额的借款事实，不可能在同一份借款“证明”上分两次书写，这种做法与日常生活中人们所遵循的习惯严重不符。鉴于被告乙根据这份借款“证明”已明确承认其曾经向原告甲借款一次、其数额为 2 万元的事实，如果原告甲无法通过证据证明由其所持有的这份借款“证明”存在违背交易习惯的情节确有其合理之处，法庭则可据情作出支持被告乙抗辩主张的事实推定，即被告乙应向原告甲支付借款 2 万元，而不是 4 万元。

6. 借款案中欠款金额的推定

第六个案例也是借款纠纷中的推定问题。甲与乙因债权债务纠纷而发生诉讼，债权人甲提供了债务人乙所立的一张借据，上面写道：“乙借甲 5000 元。”该借据下有乙的签名并注明年月日。在这张借据下方乙又写道：“乙还借款 4000 元。”对同一书证由于出现理解上的问题，进而得出两种完全相反的结论，甲主张乙共借其款 9000 元，而乙称仅借款甲一笔款项，计 5000 元，后来还了 4000 元，并在该借据上予以注明。

从该借据上的两句话，很难具体判断究竟是乙欠甲 9000 元，还是乙已还甲 4000 元，仍欠 1000 元。但是，借据作为唯一能够决定当事人之间债权债务关系的证据，应当为其设定符合情理的认定适用规则，以便在审理案件时有章可循。我们不妨先抛开本案这一情节来考虑有关问题。按照日常生活上的习惯，发生在民间的金钱借贷关系，出借人通常要求债务人书写字据，借以表明债权债务关系的存在。当债务人归还所借款项时，其通常要求收回原有借据，借以消灭原有的债权债务关系。当债务人分期偿还债务时，在一般情形下，债务人往往要求债权人出具相应款项的收条，以此来证明所还款项。

本案中，作为债务人的乙既然称其已还甲 4000 元，而未采取由债权人甲出具收条的通常做法，反而称其在借据上所陈述的是已还款 4000 元的意思表示而并非再次借款 4000 元之意。这违背通常的习惯性做法，也有违作为借据凭证的本质属性，因为作为借据而言，其主要职能在于表达一方于某年某月某日借另一方特定款项的意思表示，并且该种借据通常由债权人持有。所以，债务人如将所还款项仅记载于借款凭据上，在通常的理念下不利于债务人实际持有该种凭据，以对抗债权人对其主张债权的（诉讼）请求。因此，这种做法通常不为债务人采用，这主要是考虑到自己在债权债务关系中所处的具体地位以及所持该种凭证的利害关系。因此，我们认为，对这种有违情理和不合通常所遵循的债权债务发生与消灭惯例的做法，可据此推定债务人所称在借款凭据上标明已还款 4000 元的事实主张不能成立。

7. 电话是否催讨货款的推定

第七个案例是关于电话是否催讨货款的推定，关乎诉讼时效，比较典型。2001 年 11 月，玉安公司因为生产需要向凯威厂购买了 PVC 硬片，货款为 28,022.40 元。凯威厂依照玉安公司的要求将生产好的商品送至其公司。此后，玉安公司支付了凯威厂20,022.40元货款，余款8000元便一直拖延不还。2006年12月，凯威厂将玉安公司告上法庭，要求其支付余下货款8000元。面对凯威厂的请求，玉安公司承认自己确实欠付8000元，但拒绝还款，理由是：原告从2004年开始就没有再向其主张过还钱，现在已经超过诉讼时效，其有权不还。对此，凯威厂立即向法庭提交了一份电话申请表和电话查询单，要求作为证据证明其公司的业务员多次向玉安公司催款，并且2006年9月就开始催款。被告辩称，原、被告之间并非仅有本案这笔债务，双方一直通过电话联系业务，但电话的内容不清楚，电话号码说明不了什么问题。法院审理后认为，原、被告的买卖合同关系成立，凯威厂提供电话查询单，可以证明凯威厂与玉安公司联系过，故采信凯威厂主张的电话内容是凯威厂向玉安公司催讨货款，凯威厂的债权没有超过诉讼时效。据此，法院判决玉安公司向凯威厂支付所欠货款8000元。

这个案例也来源于毕玉谦教授的《民事证据案例实务问题解析》一书，作者是这样解析的：

> 这是因为在日常社会生活中，一方当事人向另一方当事人采用电话联系的方式主张债权不失为商业上的一种惯常便捷做法，属于一种众所周知的事实。鉴于被告玉安公司对双方之间长期以来经常采用电话方式联系业务的事实不持异议，并且有原告凯威厂提供电话查询单为据，这些事实均可作为法庭采用事实推定的已知事实（基础事实），并且根据债权人在与债务人保持经常联系过程中不可能不催讨到期债务这一日常经验法则（在此可表述为具有可能性大于不具有可能性的概率。民事诉

讼通常情况下应当满足高度盖然性证明标准，但在个别情形下，对于举证特别困难的案件，为减轻当事人的证明负担，维护当事人的权利，仅要求较高的盖然性即可），法院可据此作出相应的事实推定。

另外，从目前我国在诉讼时效制度上所应体现的公共政策导向来看，最高人民法院民二庭负责人就《关于审理民事案件适用诉讼时效制度若干问题的规定》答记者问中指出，由于诉讼时效中断、中止制度的立法目的在于保护权利人权利，因此，在适用上述制度时，如果存在既可以作有利于权利人的理解也可以作有利于义务人的理解的情形，那么，在不违背基本法理的基础上，应作有利于权利人的理解。在两种可能性同时并存的情况下，即既不能完全排除原告凯威厂在此期间确实向被告玉安公司催讨过这笔债务的可能性，也不能完全排除原告凯威厂在此期间确实并未向被告玉安公司催讨过这笔债务的可能性，法庭也应作出有利于债权人的推定。

法庭最后运用推定作出对被告玉安公司不利的事实认定，即由被告玉安公司对双方长期以来通过电话联系并未涉及催要与交涉该笔8000元货款事实承担证明责任，即提出反证的责任。毕教授的解析视野宏阔，分析细致，但其提出对于举证特别困难的个案，为减轻当事人的证明负担，仅要求较高的盖然性即可，此言缺乏法律依据。在实体性事实中，高度盖然性是最低的证明标准，不能降格。作为诉讼律师，我们要善于运用事实推定来解决诉讼中出现的对某些事实难以或者无法证明的问题，降低或减轻当事人的举证难度，推进诉讼的顺利进程，更好地维护当事人的利益。

减轻举证负担的技术或方法，除推定外，还包括第一讲中的证明度降低、第二讲中的举证责任倒置及后文的拟制自认、证明妨碍等。这些诉讼法上常用的技术或方法，需要融会贯通。

第五讲

自　认

事实推定属于相对免证的事实，本讲为诉讼上的自认，也属于相对免证的事实。一方提出事实主张，另一方的态度无非四种：承认，否认，沉默，不置可否。本讲将提及其中的三种。

首先要说的是，一方当事人在诉讼过程中，或者在证据交换、询问、调查过程中，或者在起诉状、答辩状、代理词等书面材料中，对于己不利的事实明确承认的，另一方当事人无须举证。除非一方当事人在法庭辩论终结前依法撤销自认，才不免除另一方当事人的举证责任。

一、自认与认诺

自认，顾名思义，是对自己不利事实的承认，主要体现在民事诉讼中。在刑事诉讼中，自己承认并陈述犯罪事实叫自白，但广义上也把自白归入自认。自认不包括对诉讼请求的承认，对诉讼请求的承认，民事诉讼理论上称为认诺，实际上是对权利的自认。《法国民事诉讼法》第 408 条对认诺的法律后果作出了概括：“认诺对方当事人之诉讼请求，即宣告承认其请求有依据并舍弃诉权。”

自认和认诺的区别为：前者是对事实的承认，后者是对权利的承认；自认并不一定会导致败诉，而认诺是对对方诉讼请求的全部或部分承认，一定会导致败诉或部分败诉。当然在许多场合，对事实的承认，其后果就是对权利的承认。程序法上还有许多概念虽只有一字之差，但含义完全不同，比如前几讲涉及的反驳与反诉、推定与推测等。

另外，在诉讼过程中，法庭往往主持调解或当事人自行组织和解，为缓和矛盾或力求纠纷顺利解决，当事人会作出一些让步。若达成调解协议或者调解、和解不成，当事人在此过程中的让步是否产生诉讼中自认的效力？原《民事诉讼证据规定》第67条明确将其排除在自认的范围之外，“不得在其后的诉讼中作为对其不利的证据”。2015年《民诉法解释》第107条坚持同样的立场，只是在文字上稍作修润，“不得在后续的诉讼中作为对其不利的根据”。我认为，因为调解、和解所作的让步，是让步方为求平息争端而作出的假定或附条件的退让，并不意味着调解协议、和解协议中的事实就是事实，与自认者在诉讼中对事实的主动承认具有本质的区别，这种让步当然不得作为自认。

为了区别诉讼上的自认和诉讼调解中的让步，试举一例。这个案例选自《民事证据收集、举证、审查》一书，号称“宣讲权威、典型案例、评析精辟、指引规范”，但我对这个案例的专家评析意见持保留意见。

案子的来龙去脉是这样的：杨某经营一家超市，经常从王某处进货。双方建立了长期的供货关系，因此，约定对货款每年结算一次。2011年，由于超市的效益不好，杨某拖欠王某的货款迟迟未予结算。王某曾多次上门追讨货款，均被杨某借故推托。双方因此发生争议。2012年4月，王某向法院提起诉讼，要求杨某支付拖欠的货款。法院受理后召集原、被告双方进行庭前调解。调解过程中杨某对原告诉求未提出异议，但提出货物有质量问题，要求扣减货款1万元，如原告同意扣款，其同意支付货款。原告认为有质量问题的货物被告已退还，不同意扣减，双方未能达成协议。庭审中，被告杨某否认自己拖欠原告货款。原告王某则认为杨某在调解中已经承认拖欠货款的事实，请求法庭判决其支付货款。王某对其主张的事实未能提供证据。下文系某法律专家的评析意见：

> 《民事诉讼证据规定》① 第8条第1款规定："诉讼过程中，一方当事人对另一方当事人陈述的案件事实明确表示承认的，另一方当事人无需举证。但涉及身份关系的案件除外。"根据上述法律规定，自认具有如下特征：（1）自认必须发生在诉讼过程中，只有诉讼过程中的自认才能产生相应的法律后果；（2）自认是一方当事人对另一方当事人陈述案件事实的承认；（3）自认必须是明确表示的；（4）自认必须具有合法性。在本案中，被告杨某在调解中未对原告王某的诉求提出异议，其在调解中提出的原告货物存在质量问题要求扣款1万元，该陈述是被告为达成调解协议而要求原告作出的让步，并非为达成调解协议而作出的妥协或让步，故被告杨某虽是在调解中所作的陈述，但不能适用《民事诉讼证据规定》② 第67条"在诉讼中，当事人为达成调解协议或者和解的目的作出妥协所涉及的对案件事实的认可，不得在其后的诉讼中作为对其不利的证据"的规定。综上所述，被告杨某在调解中的陈述已构成自认，其虽在庭审中否认欠原告货款，法院仍可依据其在调解中的陈述

① 此处指代原《民事诉讼证据规定》。——作者注
② 此处指代原《民事诉讼证据规定》。——作者注

判令被告偿付原告货款。

对此，我有两点反对理由。

其一，民法理论将当事人的意思表示分为两种：一种是明示，乃以言语、文字或当事人了解的符号等方法直接表示其意思；另一种是默示，以举动或使人推知的方法间接表示意思。意思表示的方式，除法律特别规定应明示为之外，明示与默示效力并无差异。但沉默，只有在法律有规定、当事人有约定或者符合当事人之间的交易习惯时，方可视为意思表示。本案中，被告杨某对原告王某主张的事实只是未提出异议，没有明确表示承认，不符合“自认必须明确表示”即须明示的意思表示要件。被告的这种举止也称不上默示，只能算是沉默，沉默原则上并非意思表示。

其二，对于被告在调解中提出原告货物存在质量问题要求扣款1万元，该陈述是被告为达成调解协议而要求原告作出的让步，并非为达成调解协议而作出的妥协或让步，对于专家该点评析意见，我表示赞同。原告如果同意扣款，在其后的庭审中也不得作为原告对质量问题的自认。同理，即使被告对原告主张的欠款事实明确表示承认，这种承认完全可能系被告为了达成调解而妥协或让步的结果。在现实生活中，当事人在调解过程中认可对方的主张有各种各样的原因，如为了避免引起更大的麻烦或者承担更多的赔偿责任。将案中情形认定为自认，当事人将不敢调解，有违立法本旨。对于这一关键问题，专家评析意见没有顾及，从而结论失之偏颇。

基于上述两点理由，我认为，被告杨某在调解中的陈述并不构成诉讼上的自认。鉴于被告在庭审中不承认拖欠原告货款，并且原告对其主张的事实未能提供证据，法庭正确的判法是：驳回原告的诉讼请求。

需要特别注意的是，《民事诉讼证据规定》修改时，已删去原第 67 条，但第 89 条有类似规定。第 89 条第 1 款规定：“当事人在诉讼过程中认可的证据，人民法院应当予以确认。但法律、司法解释另有规定的除外。”第 2 款规定，当事人对认可的证据反悔的，参照 2015 年《民诉法解释》第 229 条的规定处理。这条规定涉及的是证据反悔问题。2015 年《民诉法解释》第 229 条规定：“当事人在庭审中对其在审理前的准备阶段认可的事实和证据提出不同意见的，人民法院应当责令其说明理由。必要时，可以责令其提供相应证据。人民法院应当结合当事人的诉讼能力、证据和案件的具体情况进行审查。理由成立的，可以列入争议焦点进行审理。”当事人对已认可的证据反悔的，要看其能不能作出合理的说明，必要时还可责令当事人提供相应的证据，《民事诉讼证据规定》第 89 条赋予法庭自由裁量的余地。

修改后的《民事诉讼证据规定》是否全面否定了 2015 年《民诉法解释》第 107 条？目前尚未见到最高人民法院的权威说法，《民诉法解释》第 107 条的命运目前并不明朗。但从《民事诉讼证据规定》的立法体例来看，第 107 条应该还能适用。

二、诉讼外自认

自认按其形式，可分为诉讼上自认和诉讼外自认。对于诉讼外自认，我曾代理过一起共有纠纷案。在该案件中，妻子陈某起诉离婚，并要求分割夫妻共同财产即三间立地房屋。杨某不同意离婚，并辩称该房屋属于包括子女在内的家庭共有财产。这三间立地房屋的房产证上登记所有人为杨某，共有人为陈某。法院判决不准离婚后不久，杨某、陈某到婚姻登记机构协议离婚，离婚协议约定该三间立地房屋归杨某所有，杨某折价补偿陈某。

杨某后来没有兑现离婚协议，杨某的两个儿子和女儿便委托我起诉其父母，要求法院确认父母签订的离婚协议中的房产分割条款无效，依法分割家庭共有财产。子女的理由是，该房产是包括原告在内的家庭共有财产，而非父母两人的共同财产，主要证据是杨某之前在法院离婚诉讼中的陈述。

杨某在庭上解释，之所以在法院如此陈述，当时是为了让妻子少分财产。陈某的解释是，其为小学文化，无法分清夫妻共同财产和家庭共有财产，何况房产证上只有夫妻两人的名字，加上委托代理人虽是法律工作者，但业务水平不行，当时也误以为是夫妻共同财产。子女实际对这三间房屋都有贡献，如今咨询律师后才知道应该属于家庭共有财产。陈某的这番解释，也算合情合理。

被告杨某聘请了两位律师，提出，杨某之前在法院庭审中的陈述，法院并未作出认定，依法不属于自认，不产生免除原告举证的效力，三原告主张房产系家庭共有财产，依据不足。

我以如下理由加以驳斥被告律师的观点：自认依场合，可分为诉讼上自认和诉讼外自认。诉讼上自认依法可产生免除举证的效力，诉讼外自认法律没有明文规定，学理上一般认为，由法庭结合其他事实认定其证明效力。被告杨某在前案中的陈述，虽然不能成为本案中的诉讼上自认，但毕竟是在庄严的法庭上作出的，并且杨某对其“翻供”所作的解释并不合理，故这种自认有别于一般的诉讼外自认，可产生诉讼上自认的类似效果，否则有违“禁反言”原则，是法律所不允许的。

在这里顺便讲一下“禁反言”这一术语。在诉讼证明领域，“禁反言”主要是指同一当事人对同一案件事实的陈述应当前后一致，禁止前后矛盾。大体上可将禁反言分为直接禁反言和间接禁反言。

直接禁反言是指在同一案件的诉讼程序中，禁止同一当事人对同一案件事实作出前后矛盾的陈述。间接禁反言则要求在前后不同案件中，提出同一案件事实的同一人应当作出一致的主张或陈述。我在此案中提出被告杨某的言行违反“禁反言”原则，理论上可归类为违反“间接禁反言”原则。

这个案件经过长达一年半左右的时间审理，法院于2012年12月才作出一审判决，认证中采纳了我方的质证理由，支持了我方关于房产系家庭共有财产的主张，判令离婚协议中的房产分割条款无效，杨某折价补偿三原告100余万元房款。对于这起案件，我自以为代理比较成功，后将代理词归入拙著《激情与梦想》之中。

诉讼上自认的其中要件是，自认的内容须指对于已不利的事实的承认，并且须在本案诉讼过程中向本案审判法官明确作出。请注意，《民事诉讼证据规定》第3条对2015年《民诉法解释》第92条的“法庭审理”作了扩大，规定为“诉讼过程”中，特别指出在证据交换、询问、调查过程中所作的于己不利的陈述，也认定为自认。在诉讼程序之外或者在其他诉讼案件中的自认，或者在本案程序中向第三人或其他法官作出，均是诉讼外自认。诉讼外自认与诉讼上自认效果不能等同。需要留意的是，对于当事人在诉讼外自行协商中任何一方作出的让步，不得作为诉讼外的自认考虑。

这个案件告诉我们，当事人在前案诉讼中的“自认”，虽然并不当然成为后案诉讼上的自认，但可以产生类似诉讼上自认的效果。

三、典型案例评判

接下来，我和大家分享四个案例，这四个案例基本能够代表自认在审判实践中的疑难问题。案例评析部分大多是专家学者的观点，我会结合《民事诉讼证据规定》《民诉法解释》作适当的补充或评价。

1. 共同被告中一人自认，效力是否及于其他被告

钱某和李某同为某企业职工，由于单位效益不好，两个人决定自谋出路。经协商，钱某和李某租用了单位一间门面房，开了一家日杂商店。一年后，李某退出，日杂商店由钱某独自经营。2013 年 8 月，两人所在单位向法院提起诉讼，称：钱某和李某租用单位的门面房从事经营活动，至今未向单位缴纳租金，请求判决两人支付拖欠的租金。

钱某在答辩中称：当初两人自谋出路，租用单位的门面房搞个体经营，不再要求单位承担两人的工资和其他福利待遇，单位同意免去两人的租金。现单位要求缴纳租金，与约定不符，不同意其诉讼请求。李某在答辩中则称：自己已经退出经营，转做其他生意，与单位不存在房屋租赁关系，租金应当由钱某缴纳。

当事人双方都未能提供租赁协议或者其他证据证明自己的主张。在庭审过程中，单位的代理人提出，李某在答辩中已经承认有租金的约定，原告方不需要再举证证明，请求法院确认该事实。钱某坚持自己的主张，并认为李某承认有租金存在，是其个人行为，与自己无关。李某未出庭参加审理。

共同被告中李某的自认，效力是否及于钱某？

正确处理该问题，要认清自认的性质，即自认是一种证据形式还是一种诉讼行为。自认，是民事诉讼当事人对他方主张的不利于自己的事实不予辩驳而加以承认，肯定其真实性的一种行为。自认是一种意思表示，即当事人将自己的心理活动的内容表现于外部的一种诉讼行为。

在这里，要注意自认与当事人陈述的区别。当事人陈述，是当事人对于案件事实的自我陈述，带有很大的主观性，出于对自身利益的考虑，其既可以承认某些事实，也可以否认某些事实，还可以不置可否、左右推诿。自认从本质上讲，依然属于当事人陈述的范畴，是当事人对于争议事实的承认，是对于己不利的事实陈述为真。因此，自认是狭义范围、后果严重的当事人陈述。

关于民事诉讼行为的法律效力，《民事诉讼法》第 55 条第 2 款有明确的规定："共同诉讼的一方当事人对诉讼标的有共同权利义务的，其中一人的诉讼行为经其他共同诉讼人承认，对其他共同诉讼人发生效力；对诉讼标的没有共同权利义务的，其中一人的诉讼行为对其他共同诉讼人不发生效力。"上列条文中关于对诉讼标的有或无共同权利义务的表达，学者称为必要共同诉讼和普通共同诉讼。

既然自认是一种诉讼行为，根据上述法律规定，在普通共同诉讼中，一人的自认仅对其自己有效，对其他共同诉讼人始终没有法律效力。在必要共同诉讼中，一人的自认须经过其他共同诉讼人的认可，才对其他共同诉讼人发生法律效力，因为它作为一种不利于己方的处分行为，不应对全体共同诉讼人发生效力。

在司法实践中，以下情形为必要的共同诉讼：（1）以挂靠形式从事民事活动，当事人请求由挂靠人和被挂靠人依法承担民事责任的，该挂靠人和被挂靠人为共同诉讼人。（2）在劳务派遣期间，被派遣的工作人员因执行工作任务造成他人损害的，以接受劳务派遣的用工单位为当事人。当事人主张劳务派遣单位承担责任的，该劳务派遣单位为共同被告。（3）个体工商户在诉讼中，营业执照上登记的经营者与实际经营者不一致的，以登记的经营者和实际经营者为共同诉讼人。（4）个人合伙的全体合伙人，在诉讼中为共同诉讼人。（5）企业法人分立的，因分立前的民事活动发生的纠纷，以分立后的企业为共同诉讼人。（6）借用业务介绍信、合同专用章、盖章的空白合同书或者银行账户的，出借单位和借用人为共同诉讼人。（7）因保证合同纠纷提起的诉讼，债权人向保证人和被保证人一并主张权利的，人民法院应当将保证人和被保证人列为共同被告。保证合同约定为一般保证，债权人仅起诉保证人的，人民法院应当通知被保证人作为共同被告参加诉讼。（8）无民事行为能力人、限制民事行为能力人造成他人损害的，无民事行为能力人、限制民事行为能力人和其监护人为共同被告。（9）在继承遗产的诉讼中，部分继承人起诉的，人民法院应当通知其他继承人作为共同原告参加诉讼；被通知的继承人不愿意参加诉讼又不明确表示放弃实体权利的，人民法院仍应当将其列为共同原告。（10）原告起诉被代理人和代理人，要求承担连带责任的，被代理人和代理人为共同被告；原告起诉代理人和相对人，要求承担连带责任的，代理人和相对人为共同被告。（11）共有财产权受到侵害，部分共有权人起诉的，其他共有权人应当列为共同诉讼人。（12）用人单位分立为若干单位的，其分立前发生的劳动争议，由分立后的实际用人单位为当事人。具体承受劳动权利义务的单位不明确的，分立后的单位均为当事人。（13）原用人单位以新的用人单位和劳动者共同侵权为由提起诉讼的，新的用人单位和劳动者列为共同被告。（14）劳动者在用人单位与其他平等主体之间的承包经营期间，与发包方和承包方双方或者一方发生劳动争议，依法提起诉讼的，应当将承包方和发包方作为当事人。（15）未办理营业执照、营业执照被吊销或者营业期限届满仍继续经营的用人单位，以挂靠等方式借用他人营业执照经营的，应当将用人单位和营业执照出借方列为当事人。

本案中，李某与钱某合伙经营日杂商店，属必要共同诉讼人。李某虽然承认了有租金存在的事实，但钱某作为必要共同诉讼人对此不予认可，所以李某的自认对钱某没有约束力。

也许有人会问，李某的自认对其自己是否有效？进而言之，法庭能否根据李某的自认判决其支付拖欠的租金？

我认为，这一结论与必要共同诉讼可分为“固有的”和“类似的”两种类型密切相关。在德国、日本等国以及我国台湾地区的民诉理论中，必要共同诉讼又分为固有的必要共同诉讼和类似的必要共同诉讼。前者是指对作为诉讼标的的法律关系，各个共同诉讼人必须合一确定，并且各个共同诉讼人一同起诉或应诉时当事人才适格的必要共同诉讼。如近亲属依据《民法典》第1051条请求法庭宣告婚姻无效，应以夫妻双方为共同被告，当事人才适格；养父母或成年子女以诉讼方式解除收养关系时，养父母作为共同原告或共同被告，当事人才适格。后者是指对作为诉讼标的的法律关系，各个共同诉讼人既可一同起诉或应诉，又可分别起诉或应诉，但一旦选择一同起诉或应诉，法庭对共同诉讼人的诉讼标的就必须合一确定的必要共同诉讼。这类共同诉讼典型的如股东派生之诉、撤销股东会之诉等，不需要由每个股东作为原告当事人才适格。

在我国，关于必要共同诉讼的立法比较简单。《民事诉讼法》第55条第1款规定：“当事人一方或者双方为二人以上，其诉讼标的是共同的，或者诉讼标的是同一种类、人民法院认为可以合并审理并经当事人同意的，为共同诉讼。”我国《民事诉讼法》目前未对这两类共同诉讼作出区分，但诉讼理论界认为有区分的必要。

在固有的必要共同诉讼中，全体共同诉讼人应视为一方，只有全体共同诉讼人均承认才构成法律意义上的自认。回到前述设问，个人合伙的全体合伙人，在诉讼法上为共同诉讼人。由此可见，合伙人均作为固有的必要共同诉讼人参加诉讼。在钱某没有承认租金的情况下，李某的承认不构成自认。作为原告方，李某、钱某两人所在的单位仍然要举证证明有租金约定的事实，若举证不能，法庭应当驳回其对李某的诉请。

2014 年第 12 期《最高人民法院公报》刊载了上海市长宁区人民法院审理的一起民间借贷纠纷案。原告赵某起诉被告项某返还借款 20 万元并支付利息，法庭追加被告的妻子何某作为第三人参加诉讼，之后原告同意将第三人作为共同被告。庭审中，被告项某对借款事实无异议，被告何某认为原告主张的借款事实不存在。法庭审理后认为借款有疑点，违背常理，遂判决驳回了原告的全部诉讼请求。判词中一段说理是："基于两被告的婚姻状况以及利益冲突，被告项某对赵某借款的认可，显然亦不当然地产生两被告自认债务的法律效果。"有意思的是，判词中还有这么一句："至于项某个人对涉案借款的认可，因其与原告之间对此并无争议，其可自行向原告清偿，法院对此不予处理。"

大家对法院的判决结果有无意见？

在夫妻共同债务诉讼中，债权人既可以将配偶一方作为被告，也可以将配偶夫妻作为被告，故而夫妻共同债务诉讼并非固有的必要共同诉讼，应属类似的必要共同诉讼。在此类共同诉讼中，其中一人的自认虽然对其他共同诉讼人不发生效力，但对其自认者本人仍然有效。依我浅见，在无法查明原告赵某与被告项某是否为恶意串通的情况下，法庭应当根据被告项某的自认，判决其个人返还借款。

但需注意的是，《民事诉讼证据规定》第 6 条第 2 款规定："必要共同诉讼中，共同诉讼人中一人或者数人作出自认而其他共同诉讼人予以否认的，不发生自认的效力。其他共同诉讼人既不承认也不否认，经审判人员说明并询问后仍然不明确表示意见的，视为全体共同诉讼人的自认。"该规定没有进一步区分固有的必要共同诉讼与类似的必要共同诉讼，我认为存在缺陷。

2. 依据对方陈述主张而对方称陈述有误时，举证责任能否免除

第二个案例是，金某与宋某是好朋友，2002 年 8 月，金某为开饭馆向宋某借款 4 万元。双方约定：借款期限 1 年，利息 20%。2004 年年底，宋某向法院提起诉讼，要求金某归还借款。在起诉状中，宋某陈述：金某曾于 2003 年 12 月归还借款 2 万元，现尚拖欠借款本息 3 万元。金某辩称：自己曾于 2003 年 11 月归还宋某借款本息 3 万元，后又于 12 月归还借款 2 万元。全部借款已经归还完毕。对 2003 年 11 月的还款，金某提供了证据，但对 12 月的还款未提供相应的证据予以证明。在庭审过程中，宋某承认金某曾于 2003 年 11 月归还借款本息共计 3 万元，同时提出自己在起诉状中所说的 2003 年 12 月还款 2 万元，是指此次还款，但由于自己记忆错误，对还款的金额和时间表述不准确。金某坚持宋某已经承认该事实，自己不需要再举证证明。

在本案中，宋某在起诉状中所作的金某于 2003 年 12 月还款 2 万元的事实是否属于自认？如属于自认，则金某可以免除对该事实的举证责任，除非宋某依法撤销自认；如不属于自认，则金某仍然要对该还款事实承担举证责任。

有专家认为，对被告金某所主张的其于 2003 年 11 月归还借款本息 3 万元的事实，宋某予以认可，构成自认，对该部分事实，金某不需要承担举证责任。宋某在起诉状所述的金某曾于 2003 年 12 月还款 2 万元的事实，不构成自认，对该部分事实，金某仍然要承担举证责任。主要理由是，宋某在起诉状中所作的陈述不是针对金某的主张作出的，缺乏构成自认的前提条件。

我认为，这涉及对自认的理解问题。狭义上说，自认是对于对方提出的不利于己的事实予以承认，即对于对方主张事实的承认。但从《民事诉讼证据规定》第3条第2款来看，自认的范围包括起诉状、答辩状、代理词，是指对于己不利事实的承认，并无须对方主张的前提条件，故应从广义上来理解自认概念。宋某在起诉状中陈述金某于2003年12月还款2万元，金某没有异议，应当构成自认。宋某提出12月的还款即11月这笔还款，只因自己记忆错误，对还款的金额和时间表述不准确，难以称得上自认是在重大误解情况下所作的，无法撤销原先起诉状中的自认。

也有专家认为，金某作为债务人，理应保存清偿债务的证据，在金某不能对该事实提供充分证据的情况下，显然存在其利用宋某的错误陈述，谋取不法利益的可能，因此，对金某主张的2003年12月还款的事实不应确认。我不赞同此种观点。对2003年11月的3万元还款，金某提供了证据，但对12月的还款未提供相应的证据。如果金某无法提供2003年11月还款3万元的证据，宋某是否依然这么解释？同样地，本案并不排除因为金某提供了还款3万元的证据，宋某才改口称起诉状陈述有误的可能。这个案件告诉我们，撰写起诉状、代理词等诉讼文书，务必字斟句酌。对于不是十分有把握的事实，尤其是对己不利的事实，要留有余地，避免自认带来的麻烦。

3. 担保人承认自己是借款人，是否属于自认

第三个案例是，孙某向银行借款5万元，约定借期4个月，严某为孙某提供连带责任担保。借款到期后，孙某未还款，严某也未履行保证责任。银行向法院起诉，要求孙某偿还本息，严某承担连带偿还责任。庭审时，孙某经合法传唤拒不到庭，而严某辩称：此款系我所借，但目前资金紧张，请求分期给付，并请求驳回原告对孙某的诉讼请求。

担保人严某的承认是否属于自认？让我们一起来分析一下。

首先，严某的承认并非针对对方当事人的陈述而作。作为被告，其在审理中的承认必须与对方当事人的陈述保持一致，也即自认的内容须与对方当事人的事实主张相一致。本案中，原告银行所陈述的是严某为第一被告孙某担保，严某的身份是保证人，但严某却说自己是本案的借款人，这与原告银行的陈述发生了偏差，不符合“自认的内容须与对方当事人的事实主张相一致”的要件。

其次，严某的承认效力不及于第一被告孙某。严某的承认改变了原告陈述的事实，由于其陈述自己是借款人，看起来对第一被告有利，但由于第一被告并未出庭，严某这种似乎有利于第一被告的承认并未得到其认可，很可能违背了孙某的意思，故严某承认的效力并不必然及于孙某。

最后，严某的承认很可能损害了原告的利益。如果法庭确认严某的承认为自认，则严某将以借款人的身份承担偿还本息的义务，而第一被告孙某则会因此摆脱被告的身份，因为借款人与保证人之间并不必然存在位置互换的关系。法庭如果确认其为法律意义上的自认，则本案将由两个被告承担还款责任转为一个被告承担还款责任，一旦严某不履行或不能履行义务，则原告的利益会因此受到损害。

通过以上分析，我们可以得出结论：虽然第二被告严某的承认系诉讼中作出且不利于己方，但因其与原告的陈述不一致并可能损害原告的利益，故不属于法律意义上的自认，而属于新的事实主张。严某应就该事实主张举证，不能举证或证据不充分的，法庭应不予采纳。

4. 附条件的承认，是否属于自认

第四个案例是关于附条件的承认问题。附条件的承认，是指当事人对对方当事人陈述事实的承认，建立在将来不确定事实之上。如原告起诉被告返还借款，被告表示只要原告能提交借据原件便承认借款事实。此时，被告是附条件的承认。有些律师代理被告，也会采用此技巧。

一种观点认为，附条件的认可实际上是不承认，其对对方当事人的陈述并未承认。这种附条件的承认并未起到免除对方当事人举证责任的效力，不能以自认对待。

另一种观点认为，一方当事人基于各种考虑，可能会附条件地承认某一事实，所附条件有可能是合理的，也有可能是不合理的，不能一概否认自认的适用。如我国台湾地区“民事诉讼法”第 279 条第 2 款规定，当事人于自认有所附加或限制者，应否视有自认，由法院审酌情形断定之。

《民事诉讼证据规定》第 7 条对于附条件或有限制的承认，规定法院综合案件情况决定是否构成自认，其实是采纳了第二种观点。回到题中案例，被告提出只要原告能提供借据原件，借款就是真实，法庭应当充分运用发问、询问等证据调查手段，运用经验法则和逻辑推理规则决定是否构成自认。

需要留意的是，律师采用附条件的自认作为诉讼策略时，应向当事人披露风险，切莫自作主张。

实践中，我们还要注意将附条件的自认与部分自认区分开来。自认的内容与对方当事人主张的事实相一致，可以是全部一致即完全自认，也可以是部分一致即部分自认，在“一致”或“自认”的范围内，免除对方当事人的举证责任。

比如，原告提出 2015 年 3 月 8 日借给被告 18 万元逾期未还，起诉被告要求返还，但是原告并未向法庭提供任何证据。在法庭上，被告向法官承认，自己在 2015 年 3 月 8 日确向原告借过款，但只借了 10 万元。此案中，被告的自认便为部分自认，法庭根据此自认，只能判决被告返还原告 10 万元借款。至于被告没有承认的 8 万元，原告应当提供证据加以证明。原告提供不出证据，法庭当然不予支持。

如果被告答辩，2015 年 3 月 8 日，自己确实向原告借款 18 万元，但本人已于2016 年 9 月向原告归还了其中的 10 万元，现只欠原告 8 万元，由于自己和原告是朋友，所以当时也没有让原告出具收条。会不会有律师认为，被告的自认属于附条件自认？

被告承认向原告借了 18 万元，属于被告作出的完全自认，由此而完全免除原告的举证责任。至于被告在作出完全自认的同时主张已归还其中的 10 万元，属于提出了一个新的事实主张，是一种独立的抗辩或防御方法，并非一种附条件自认。对此，被告应当提供证据证明自己新的事实主张。被告举证不能，原告的诉请当然成立。

但是，如果有人看过《最高人民法院新民事诉讼证据规定理解与适用》（上）第 125 页第 2 段，就有可能对我上述分析论证提出批评。书中是这样说的：

> 如甲起诉称其向乙出借款项 10 万元，现金交付，没有签订书面合同，也没有出具借条等书面凭证，乙尚未偿还；乙虽然承认甲向其出借 10 万元，但已经偿还，因借款时无书面凭证，还款时亦无书面凭证。对于乙对事实的承认，应当将其承认借款的事实和主张已还款的事实视为不可分割的整体，法院不能仅截取乙认可借款的事实作为乙的自认，从而将还款的举证证明责任分配给乙，而是要整体看待乙的承认，即乙并没有单独承认借款事实，乙承认借款事实的前提是其已经还款，故甲虽然无须证明其向乙出借了款项，但还可能需要承担乙并未还款的证明责任。

这是一种附条件的自认或限制自认吗？我不这样认为。我将此案例和有些学者进行探讨，多数人的观点和我一样，此案至少不属于典型的附条件自认或限制自认的情形。

四、拟制自认

接着讲一下拟制自认。案件事实的发现，主要来源于利益对立的当事人之间所开展的诉答与抗辩，但如果一方当事人以消极沉默的形式使案件事实因缺少对抗而出现真伪不明时，消极沉默方经审判人员说明并询问后仍不明确表示意见的，视为对该事实的承认。这就是拟制自认。所谓的“视为”，为法律上的拟制，不允许当事人通过反证的方式予以推翻。因此，当事人在法庭上若闭口不言，尤其对于己不利的事实不置可否，可能导致非常严重的法律后果。

拟制自认规定在《民事诉讼证据规定》第 4 条，在诉讼上表现为一方当事人的沉默行为，它并不属于《民事诉讼法》第 66 条所规定的“当事人的陈述”这一证据种类。对这一点需要有正确的认识。

拟制自认需具备两个条件：一是一方当事人对另一方当事人主张的于己不利事实既不承认也不否认，即不置可否；二是经审判人员对沉默的后果予以说明和询问后仍不明确表示肯定或否定，即仍不表态。

话说回来，不是一方当事人对另一方当事人主张的于己不利的事实都须作出承认或者否认的表示，如果当事人确实不知道或不记得，就不能强人所难，不构成拟制自认。如何判断当事人是否确实不知道或不记得？《德国民事诉讼法》第 138 条第 4 款规定，对于某种事实，只有在它既非当事人自己的行为，又非当事人自己所亲自感知的对象时，才准许说“不知道”，否则要承担自认的不利后果。我国台湾地区“民事诉讼法”第280条第2款规定，当事人对于他造主张之事实，为不知或不记忆之陈述者，应否视同自认，由法院审酌情形断定之。上述规定，可供我们借鉴。如女方起诉要求离婚，男方对于女方陈述的分居时间沉默不语或者回答不记得，一般认为符合拟制自认的构成条件，法庭可以女方陈述认定分居时间。

当事人对对方当事人陈述的沉默不能直接产生自认的后果，而是在审判人员履行了释明义务之后继续沉默方可产生拟制自认的后果，也即审判人员的说明和询问是拟制自认成立的必要条件。审判人员的“说明”主要指对当事人沉默的法律后果的说明；“询问”主要指审判人员就另一当事人陈述的真实性而向当事人进行核对和发问。诉讼代理律师向当事人的说明和发问不成立拟制自认。在庭审发问环节，有时遇到对方当事人比较刁滑，不正面回答我方可发问，我方可向法庭郑重提出，该事实是对方当事人亲历所为或者应当知道的事实，须正面作出回答，然后提请主审法官向其说明并询问，目的是想达到拟制自认的效果。因此，掌握拟制自认原理对我们办案很有用处。

请特别注意，拟制自认只针对当事人，诉讼代理人不适用。诉讼代理人对对方主张的事实表示沉默，可能出于不了解案情，法庭若将该沉默视为自认，则与法庭查明案件事实、作出准确判断的最终目的不符。因而，对诉讼代理人不适用拟制自认。

五、撤销自认

自认能否撤销？答案是可以的。但撤销自认有时间和事由的限制，具体规定于《民事诉讼证据规定》第9条第1款。撤销自认的最后时间节点，与原《民事诉讼证据规定》第8条第4款规定的一样，均为法庭辩论终结前。但撤销事由与此前的规定不尽相同。此前原《民事诉讼证据规定》规定了撤销自认的两种情形：一种是经对方当事人同意，另一种是自认是在受胁迫或重大误解情况下作出且与事实不符。《民事诉讼证据规定》对于受胁迫或重大误解而撤销自认的情形，删除了“与事实不符”的条件要求，即放宽了当事人撤销自认的条件，不再要求当事人举证证明自认的内容与事实不符，这是一项重大变化。

对比原规定，《民事诉讼证据规定》对撤销自认有删、有增。删的部分为上述内容，增的部分见第 9 条第 2 款。法院准许当事人撤销自认的，应以口头或书面的形式作出裁定。需要留意，该裁定属于《民事诉讼法》第 157 条第 1 款第 11 项规定的其他需要裁定解决的事项，同时根据《民事诉讼法》第 157 条第 2 款规定，此类裁定不许上诉。《民事诉讼证据规定》之所以要求法庭对于撤销自认作出裁定，是为了强调自认规则的严肃性和重要性，防止当事人视自认为儿戏，庭审中反复无常。

特别需要提醒的是，《民事诉讼证据规定》还有一项内容与我们息息相关，那就是第 5 条对诉讼代理人代理权限的推定。除授权委托书明确排除诉讼代理人的自认权限外，推定诉讼代理人有自认权限，不论该自认是否导致承认对方诉请。在此之前，诉讼代理人虽有自认的权限，但对于自认会导致实质上承认对方诉请的，必须要求取得当事人的特别授权。这就要求诉讼代理人在今后的执业活动中，对于案件的关键事实，尤其是可能影响诉请成立与否的事实，必须要有清醒的认识，以免一旦不慎自认，给当事人带来不可逆的损失。当然，最为稳妥的做法是，如系一般授权代理，在授权委托书中载明排除诉讼代理人有自认的权限。

最后我谈一下不受自认约束问题。原《民事诉讼证据规定》仅规定身份关系不适用自认，最典型的是离婚案件，夫妻双方虽然对婚姻关系及子女身份陈述一致，但法庭仍然会要求原告提供结婚证、出生证等涉及身份关系的证据。《民诉法解释》和《民事诉讼证据规定》扩大了排除自认的事由，对于涉及国家利益、社会公共利益，有恶意串通损害他人合法权益可能，依职权追加当事人等程序性事项等应由法院依职权调查的事实，均规定不适用自认。《民诉法解释》《民事诉讼证据规定》还规定，自认的事实与已经查明的事实不符的，法院不予确认。这是对的，因为法庭裁判案件，不能以虚构的事实为基础。但这里仅规定与已查明的事实不符，自认无效，似乎存在漏洞。对于自认的事实明显有悖常理的，法院也应不予确认。

第六讲

经 验 法 则

我在《漫谈律师如何成长、成才》一文中，提出律师要注重法学理论、职业道德、社会伦理、个人情商四种素养，短文于2015年7月24日发表在微信公众号“中国律师”上。其中的社会伦理素养，是指律师要兼备社会常识和道德伦理，要有一定社会经验的积累。为什么强调这个？因为法律人对案件进行判断的标准有两类知识：一类是法律基本原理；另一类是社会生活经验，也即所谓的常识、常理、常情。

我们先回顾一下若干法律条文。

《刑诉法解释》第88条第2款规定：“证人的猜测性、评论性、推断性的证言，不得作为证据使用，但根据一般生活经验判断符合事实的除外。”

《办理死刑案件证据规定》第5条第1款、第2款规定：“办理死刑案件，对被告人犯罪事实的认定，必须达到证据确实、充分。证据确实、充分是指：……（五）根据证据认定案件事实的过程符合逻辑和经验规则，由证据得出的结论为唯一结论。”

《行政诉讼证据规定》第54条规定：“法庭应当对经过庭审质证的证据和无需质证的证据进行逐一审查和对全部证据综合审查，遵循法官职业道德，运用逻辑推理和生活经验，进行全面、客观和公正地分析判断，确定证据材料与案件事实之间的证明关系，排除不具有关联性的证据材料，准确认定案件事实。”

《民事诉讼证据规定》第 85 条第 2 款规定：“审判人员应当依照法定程序，全面、客观地审核证据，依照法律的规定，遵循法官职业道德，运用逻辑推理和日常生活经验，对证据有无证明力和证明力大小独立进行判断，并公开判断的理由和结果。”

条文中的一般生活经验、经验规则、日常生活经验，虽用词不同，但指的是经验法则。大多数教科书是这样定义的：经验法则是指人们从生活经验中总结和归纳的关于事物因果关系或事物状态的知识。

经验法则在我国三大诉讼领域均有相应的规定，但它是一个高度抽象的概念，有人比喻它像幽灵一样在法律中四处徘徊。由于生活的基本规则是由常识、常理、常情组成的，有时候，经验法则转换“画皮”，以常理、情理等面目出现。例如，根据《刑诉法解释》第 93 条第 1 款第 8 项的规定，对被告人的辩解内容应当着重审查是否符合案情和常理，有无矛盾。最高人民法院《民间借贷规定》第 18 条罗列了民间借贷虚假诉讼的判断标准，其中第 2 项规定“出借人起诉所依据的事实和理由明显不符合常理”。不符合常理，意味着违背经验法则。根据经验法则判断，就是判断作出这样的理解或认定是否符合人们的常识、常理、常情等经验性知识。这样来理解经验法则，不至于空洞无际。

一、常识、常理、常情

我们得了解常识、常理、常情这三个概念。何为常识？按《现代汉语词典》的解释，常识是指普通的知识，分为生活常识、科学常识、政治常识等。举一些简单的例子，水往低处流，吸烟有害健康，人都会死亡，细菌可以通过空气传播，这些都属于常识。

《民事诉讼证据规定》第10条中规定，对于自然规律、众所周知的事实，当事人无须举证证明。也许有人会问，常识与自然规律、众所周知的事实之间有无区别?

我认为，常识与自然规律之间有时会发生竞合。比如，水往低处流，人都会死亡，这既是常识，也是自然规律。此时，我们应当优先适用自然规律，以免除己方的举证责任，因为自然规律不允许对方当事人提供反证。

常识与众所周知的事实之间也存在交叉现象，但不完全相同。比如，汽油是易燃物品是众所周知的事实，也是生活常识，但汽油的着火临界温度则为科学常识或经验法则，而非众所周知的事实；每天有24个小时是众所周知的事实，也是一个生活常识，而每隔19年时间将多出1秒则是科学常识或经验法则；吸烟有害健康是众所周知的事实，但吸烟有害健康的机理则是科学常识或经验法则。

如上文所述，众所周知的事实与生活常识基本相当，可以作同一理解。对于某一事实是否为众所周知的事实或是否为生活常识的判断，一般依靠法官的内心确信，但当事人可以提供相反证据予以反驳。

何为常理?常理是指通常的道理，这是《现代汉语词典》的释义。比如，亲戚好友生病住院，我们应该去看望他。为什么要去看望?因为按照常理。如果说常识是显而易见的知识，则常理是需要一定的思考或分析才能形成的知识。

何为常情?《现代汉语词典》的解释是指通常的心情或情理。比如，“慕富贵者，人之常情也”［（明）赵弼《赵氏伯仲友义传》］，意思是羡慕荣华富贵，这是人们通常具有的心情。相比较而言，常理侧重于理性，常情侧重于感性。

由此可知，常识、常理、常情这三个概念既有联系，也有区别，只是我们不太在意。下面作一简要的区分：常识，是一般人所理应拥有的知识，即普遍的社会生活知识（基本知识）；常理，是一般人所明晓的事理，即普遍的社会生活道理（基本道理）；常情，是一般人所怀有的情感，即普遍的社会生活感情（基本感情）。常理、常情，有时统称为情理。

常识、常理、常情归根结底就是合理性问题。“合法不合理”——在社会生活中，尤其在司法实践中，会经常听到这样的说法：“合法不合理”，即合法但不合乎常识、常理或常情。

常识、常理、常情在办案中有什么作用？根据我的总结，主要有以下几个方面的积极意义。

二、法解释之功能

1. 正确理解法律概念的基础

尽管每个人的职业、家庭出身、宗教信仰、教育程度、财产状况等不完全一样，对法律规范的认识、理解和运用程度也不完全一样，但无论如何，有一点是共通的，那就是一个人的成长，离不开对日常生活知识的掌握、生活经验的积累。常识、常理、常情不但是每个人认识社会的基础，也是正确理解和适用法律的基础。曾经有人说过：“法律就是经过立法机关修辞的生活常识。”美国联邦最高法院大法官霍姆斯有句“法律的生命不在于逻辑，而在于经验”的至理名言，在我国法律界广为传诵。法律人不了解社会、通达人情、洞明世事，没有一定的社会经验，在办案中就难以作出正当的判断。

以轰动一时的“麻某旦案”为例。2001 年 1 月 8 日晚，陕西省泾阳县蒋路乡派出所民警与聘用司机来到该乡一家美容美发店，将正在看电视的 19 岁少女麻某旦带回派出所讯问，要求麻某旦承认有卖淫行为。麻某旦拒绝指控后，受到威胁、恫吓、猥亵、殴打并被背铐在篮球架杆上。非法讯问23小时后，2001年1月9日，泾阳县公安局出具了一份治安管理处罚裁决书，该裁决书以“嫖娼”为由决定对麻某旦拘留15天，少女麻某旦在裁决书中被写成了“男”。

为证明清白，麻某旦自己去医院做了检查，证明自己还是处女。2001年2月9日，咸阳市公安局有关人员将麻某旦带到医院，医院再次证明麻某旦是处女，咸阳市公安局遂撤销了泾阳县公安局的错误裁决。此后，麻某旦将泾阳县、咸阳市两级公安局起诉至法院，要求赔偿精神损失费500万元。2001年5月19日，咸阳市秦都区人民法院一审判决赔偿74元。

2001年12月11日，陕西省咸阳市中级人民法院经过审理，判令泾阳县公安局支付麻某旦违法限制人身自由两天的赔偿金74.66元，加上医疗费、交通费、住宿费以及180天的误工费共9135元整，同时驳回麻某旦要求的500万元精神伤害赔偿和公安局在媒体上公开道歉等诉讼请求。受害者麻某旦在上海经过多名心理、精神病学专家的“旅游快乐疗法”治疗后，身心逐步得到康复。与此同时，上海浦东一家国有公司正式录取麻某旦为公司的员工。为此麻某旦还特意改换姓名，开始她的全新生活。

对于“麻某旦案”，人们之所以觉得泾阳县公安局的处罚决定荒唐，是因为“女性”绝不可能是“嫖娼”这种违法行为的主体，这就是一种生活常识。

在司法实践中，借助常识、常理、常情正确理解和适用法律的案例并不鲜见。如有这样一个案例，林某将房屋出卖给江某，双方签订了房屋买卖合同，后来双方为买卖房屋是否包括门窗发生争执。林某说，其只将房屋卖给江某，并没有将门窗卖给江某。江某说，房屋当然包括门窗，既然没有约定出卖房屋不包括门窗，则门窗当然在内。

我国《民法典》没有规定物的整体和部分之间的法律规则。从法理角度看，物的构成部分即物之成分可分为必要组成部分与非必要组成部分。必要组成部分不能分离，不得独立作为物权的客体，房屋的栋梁、石墙均属之；非必要组成部分，可单独作为物权的客体。关于必要组成部分与整体之间的关系，在法律上的规则是：在当事人没有其他另行约定时，必要组成部分随同整体移转。

门窗属于房屋非必要组成部分，但认定买卖房屋不包括窗门合不合理？按照买卖合同的原理，买卖合同的标的物应当符合其通常的用途。何为通常的用途？房屋是供人居住生活的，有门窗能够采光、通风、保护安全是居住使用的必要条件，这是不言而明的基本见识，无须在合同中另行约定。因此，我们可以认为，林某关于买卖房屋不包括门窗的主张，违背了起码的生活常识，没有正确地理解和适用法律，不能支持。

2. 对法律行为进行合理性解释

我曾办理过一起民间借贷案。被告系原告的侄子，文化程度较低。被告向原告借款，借条上写着：今借到壹佰元（注：不是规范的佰字，写得有点像佰，有点像万字加单人旁）。后双方家庭发生纠葛，原告起诉到法院，要求被告归还借款1万元。被告辩称，万字没有大写，自己只向原告借款100元。法院支持原告诉请。被告上诉，二审维持原判。

亲戚间为区区100元立借条，虽然不能排除这种可能，但这种可能性微乎其微；佰、仟都有单人旁，万字加单人旁错写极有可能。因此，从社会经验来看，被告对争议字的解释有违常理，该字的真实意思应解释为万。

梁慧星老师在一次讲座中举过一个案例。被告向原告出具欠条，确认欠原告货款 146,000 元，同时在欠条上注明：2002 年 10 月 19 日止所有货款已经结清。此后，被告向原告支付 45,000 元，尚欠 101,000 元未付。在诉讼中，被告主张：欠条上注明“所有货款已经结清”，说明被告所欠货款已经全部付清，请求法庭驳回原告的诉讼请求。原告反驳：欠条上注明“所有货款已经结清”，是指已经结算清楚，而不是货款已经付清。而且，被告不可能事后又向原告支付 45,000 元。

梁老师说，这个案件可以用社会生活经验进行推定。按照社会生活经验，如果债务人付清了全部欠款，应当向债权人索回欠条，或者当面销毁欠条，或者要求债权人出具收条，而不是在欠条上注明已经付清全部欠款字样，再将欠条交付债权人保管；并且被告的主张与被告后来向原告支付 45,000 元的事实不符，既然货款已经全部付清，为什么后来又支付 45,000 元？法庭支持了原告的诉请，判决书写道：被告主张货款已经全部付清的抗辩，违背常理，不予采纳，判决被告偿还 101,000 元欠款。所谓违背常理，就是违背社会生活经验。

“结清”到底是什么意思？双方对合同条款的理解有争议，原告认为结清是指结算清楚，被告认为结清是指结算付清。所以我认为本案涉及合同条款的解释问题，而不单是事实推定的问题。既然货款已经结算付清，被告为何还向原告出具欠条？此举显然反常；更反常的是，出具欠条后被告又向原告支付了45,000 元。很显然，被告对“结清”二字的解释不合常理或情理，不应采信。

我国《民法典》第 466 条第 1 款规定，当事人对合同条款的理解有争议的，应当依据《民法典》第 142 条第 1 款关于有相对人的意思表示的解释，应当按照所使用的词句，结合相关条款、行为的性质和目的、习惯以及诚信原则，确定意思表示的含义的规定，确定争议条款的含义。理论上和实践中称为文义解释、整体解释、目的解释、习惯解释、诚信解释规则。第一个案件可以运用习惯解释和公平解释规则。亲戚间为区区 100 元打借条，不符合交易习惯，也不合理；佰、仟都有单人旁，万字加单人旁错写很有可能，将该字解释为万，具有一定的合理性。

我国《民法典》没有规定公平解释规则，但学者们认为，诚信解释规则中当然包含有公平解释之意。所以，我们可以将公平解释规则理解为诚信解释规则下的具体解释规则。丹宁法官说过，“如果从字面解释合同条款将导致不公平或不合理的结果时，你就必须用你的全部技巧——一个艺术家的技巧，避免这种不公正、不合理结果的出现”。这就是公平解释的含义。对于第二个案件，我们谴责被告对合同条款的解释不合常理或情理，其实不自觉地运用了公平解释规则。此外，公平解释规则下有一个“不利于合同起草方的解释”或“不利于表意人的解释”规则也可适用于本案。当“结清”既可作结算清楚，又可作结算付清两种解释时，应采取对起草方或书写方不利的解释。“所有货款已经结清”这几个字是债务人书写的，应对其作不利的解释。

3. 价值判断和利益衡量的考量因素

法官分析案件的过程离不开技术性，但其又不仅仅是一个技术性的过程，在分析案例的过程中应当凸显法律思维的作用。美国著名法学家博登海默曾经说过：“如果法官只是个法律工匠，只知道审判程序之方法和精通实体法的专门规则，那么他还不能成为第一流的法官。”因此，法官必须是一个成熟的社会人，洞悉社会，在分析、处理个案时，不仅熟知法律，还需要考虑各种社会关系、群体利益，对适用不同法律规范所体现的不同价值进行恰当的判断和利益的平衡，作出适当的裁判。这句话虽然是说给法官听的，当然也适用于其他法律人。

所谓价值判断，是指在裁判过程中根据一定的价值取向以判断争议所涉及的利益，实现法律所追求的公平正义。法律的价值是多元的，但最高的价值还是公平正义，在需要价值判断的时候，最根本的判断标准，就是应当看其最终是否符合公平正义的价值。

有这样一个案例，儿子自己挣钱买了一套房子，父亲离婚后没有地方住，便来投靠儿子。后因父子关系不睦，儿子便起诉让父亲搬走。一审法官从保护所有权的角度出发，认为儿子享有房屋产权，判决父亲限期搬出。

这样判决有无问题，是不是觉得合法但不合理？

在民事案件中，法理与人情不可能截然排斥，司法裁判说到底是一种人情良知的判断，“法不容情”并非绝对。“一个称得上良善的司法裁判应当尽可能做到法、理、情的统一。”在审判实践中经常会遭遇价值判断和利益平衡问题，判决父亲限期搬出房子，合法性似乎没有问题，但至少在社会伦理上说不过去，不符合常理、常情。这个时候，我们就应当进行恰当的判断和利益平衡，寻找否定原告诉讼请求的理由。

这个案件上诉到了中级人民法院，二审法官通过解释“子女对父母有赡养义务”的法律规定和对“公序良俗”原则的理解，保护了父亲随儿子居住的权利，取得了法律效果与社会效果的有机统一。

三、证据法上之功能

1. 对证据真实与否进行评价

美国大法官卡多佐的名言“最经常与争议相连的不是法律而是事实”指出司法实践中日常遇到所谓疑难案件大多是事实、证据存疑的案件，而证据的判断、事实的认定离不开经验法则。无论是法官、检察官、警官还是律师，在验证某一假设事实能否站得住脚时，常识、常理、常情就起到重要的检验作用。一个假设事实要想经得起验证，它首先得遵循常识、常理、常情，符合大多数人的日常生活经验。

还是以“麻某旦案”为例。麻某旦在询问笔录中承认自己卖淫，嗣后她翻供，说自己是被逼承认的，实际上没有卖淫。经医生检验，麻某旦是处女。若她从事卖淫行为，怎么会是处女？也许有人会说，卖淫未必就要发生性关系，但这种情形毕竟是例外。从认证的角度来看，麻某旦在询问笔录中的自认，明显有违生活常理，故难以采信。

20 世纪美国历史上最受公众关注的辛普森杀妻案中，陪审团之所以认定辛普森无罪，其中一个重要因素是警方提供的重要的证据——血手套，明显小于辛普森的手，无法顺利地戴到辛普森手上。陪审团认为，一个人是不可能戴一双明显小于自己手的手套的。所以，依据生活常识，结合其他证据，裁定辛普森无罪。

某仲裁委员会受理过这样一个案件：刘某经营烟酒副食品生意，因需要资金，多次向李某借款。刘某边借边还，在 2011 年 10 月 15 日双方进行结算时发生纠纷。原因是：李某拿出刘某出具的借条上表明刘某借了李某 25,000 元而未归还，而刘某则提出已于 2010 年 8 月 15 日归还李某 25,000 元，并且在原借条的左下角予以注明。双方为此争执不下，于是要求仲裁。李某出示借条原件进行举证时，该借条有几条明显的折痕，左下角缺损，有几个字的地方稍微有注水的痕迹。李某解释由于刘某拒绝还款，他将借条折叠后长期放在裤后袋或衣袋中以便催讨，导致借条被汗水浸湿而缺损。

仲裁庭审理后认为：按照生活常识，借条折叠后放在衣袋或裤袋里，汗水也只能慢慢地渗透，这样，借条第一层达到糜烂的程度，汗水必然要渗进借条的第二层甚至第三层，可是，本借条除缺损部分外，其他地方基本保持完好。李某对借条缺损原因的解释不符合常理，没有说服力，难以令人置信。李某是借条的持有人，没有妥善保管，导致借条缺损，现对借条的缺损又无法自圆其说，应承担不利后果。因此，仲裁庭对刘某提出的已归还李某 25,000 元的事实予以确认。

再举一个典型案例，最高人民检察院提请抗诉的（2016）最高法民再 207 号案。梁某国先后向王某江支付了 509.50 万元，对该 509.50 万元的性质，梁某国称其应视为归还的本金，理由是双方未书面约定利息。王某江则主张，双方约定利率为月息 2.5 分，该 509.50 万元中有 467.50 万元系归还的利息，其余 42 万元系多付的利息且已退还梁某国。再审判决认为，梁某国从王某江处取得巨额借款并长期使用而不支付利息，明显不符合常理，故应认定双方之间存在支付利息的约定。

这里再介绍《裁判的经验与方法》上提到的“周某栋诉江东农行储蓄合同纠纷案”。原告周某栋在农业银行营业厅用卡取钱时，因卡被人调换，周某栋到营业厅挂失，营业员要求周某栋提供卡号或者存折号。周某栋因记不清，只告诉了营业员身份证和密码，被营业员拒绝。后周某栋赶到开户行挂失的时候，才知道卡里的存款被人分 4 次盗取。原告提供的证人（自己雇用的摩托车司机）证明自己在提出挂失请求的时候，农行营业员让其去开户行挂失，这是造成迟延挂失的原因。被告的营业员却出示彭某玲的证言，证明其已经及时提醒周某栋在分理处挂失，但周某栋拒绝。法院在分析证据的时候指出：在借记卡被盗，卡内存款随时有丢失风险的情况下，如果彭某玲的证言属实，周某栋何必舍近求远地办理挂失手续，故不能采信这个与常理相悖的证言。

上述案例的重要意义在于，审查判断当事人的陈述及证人证言是否真实可靠，应当分析其内容是否符合常理。如果当事人的陈述或者证人证言的内容明显不符合常理，又没有作出合理的解释，则证据的真实性存在疑问，或者虚假的可能性极大，不应采信。我国台湾地区 1980 年台上字第 771 号判例即谓："法院依调查证据结果，虽得依自由心证判断事实之真伪，但其所为之判断如与经验法则不符时，即属于法有违。"经验法则就是寻找当事人陈述、证人证言中违背常识、常理、常情的地方。

2016 年 9 月 19 日，最高人民法院公布了"上诉人上海欧宝生物科技有限公司与被上诉人辽宁特莱维置业有限公司案"二审民事判决书［（2015）民二终字第 324 号］，该案被称为最高人民法院认定虚假诉讼第一案。此案由时任最高人民法院审判委员会专职委员、第二巡回法庭庭长胡云腾亲任审判长。

在裁判文书的说理阶段，法官详细阐明了对当事人在诉讼前后的诸多违背常理行为的分析，并对本案当事人是否存在恶意串通损害他人合法权益进行了精辟的分析。判决书全文洋洋洒洒 15,000 多字，归纳了两个焦点问题：一是两个公司之间是否有关联关系；二是双方之间是否有真实借款。对于关键的第二个焦点问题，靠什么来分辨真假？法官进行了情理的推断，从七个方面来证明借款关系的不真实：借款合意形成过程、借款的时间、借款的数额、资金往来、循环转款问题、借款用途与合同相悖、诉讼与执行中的行为与日常经验相悖。比如合意的形成，当事人记不清订约的具体时间、过程、金额，法院认为于理不合。其中最不合理的是第七个方面，欧宝公司起诉特莱维公司，向它追索欠款期间，仍给它划款。倘若不是串通一气，进行虚假诉讼，则难以用常情常理来解释。即使当事人抗辩为防控风险，欧宝公司就委派人员进入特莱维公司进行监督，也完全不能解释这种行为的合理性。一审法院辽宁省高级人民法院就是主要以这条理由认定虚假诉讼的。二审在此基础上，又全面审查了双方自身及交易过程的方方面面。

2. 对意见证据是否排除进行检验

《民事诉讼证据规定》第 72 条第 1 款规定："证人应当客观陈述其亲身感知的事实，作证时不得使用猜测、推断或者评论性语言。"《行政诉讼证据规定》第 46 条规定："证人应当陈述其亲历的具体事实。证人根据其经历所作的判断、推测或者评论，不能作为定案的依据。"《刑诉法解释》第 88 条第 2 款规定："证人的猜测性、评论性、推断性的证言，不得作为证据使用，但根据一般生活经验判断符合事实的除外。"

以上条文规定的是意见证据排除规则，即意见证据不能作为定案证据。意见证据是指证人将自己的判断意见和推测作为证言的内容。《民事诉讼证据规定》和《行政诉讼证据规定》对意见证据绝对排除，但《刑诉法解释》不是绝对排除意见证据，而是采取了区别对待的原则，即特定情况下的证人意见证言也可作为诉讼证据。应当说，《刑诉法解释》对此的规定比《民事诉讼证据规定》《行政诉讼证据规定》更加科学合理。

例如，证人称，"原被告之间签订的买卖合同合法有效""被告人的行为是正当防卫"，这种有关法律判断的意见证据，不应当采纳。如果证人的意见根据一般生活经验判断符合事实，就具有可采性。又如，在一起交通肇事案中，与被告人同向行驶的司机李某作证称，当时其以每小时 70 公里的速度行驶，被告人驾车从后面高速超车。李某听到被告人摩托车发动机声音很大，推测被告人当时驾驶速度约每小时 80 公里。这种推测性的意见不违背常识，具有经验上的合理性，可以采纳。

再如，一起非法经营案中，曾出售盗版光盘给被告人的音像店店主王某作证称，被告人常常到他店内购买盗版光盘。有几次被告人以光盘质量不好为由要求调换，王某告诉被告人，以这种低价购买的只能是盗版光盘，质量都不好。王某据此称，被告人知道自己购买的是盗版光盘。法庭据此认定被告人主观上明知购买并出售的是盗版光盘。该案中，证人王某提供的最后一句证言，虽属于意见证言，但符合常理，可作为证据使用。

由此可见，证人基于直观感觉作出的猜测性、推断性、评论性的判断意见，在符合常识、常理、常情的情况下，也应作为证据使用。

3. 作为事实推定的中介

推定分为法律推定和事实推定。法律推定是法律明文规定的推定，如《民法典》第 544 条规定："当事人对合同变更的内容约定不明确的，推定为未变更。"《民事诉讼证据规定》第 10 条第 1 款第 4 项规定，根据已知的事实和日常生活经验法则推定出的另一事实，当事人无须举证证明。《行政诉讼证据规定》第 68 条第 1 款第 5 项规定，根据日常生活经验法则推定的事实，法庭可以直接认定。这两条讲的是事实推定。结合日常生活经验进行推理，就是根据常识、常理、常情直接认定，无须当事人举证，从而减轻当事人的举证责任。

例如，从艳阳高照，我们可以推定是白天，因为太阳不可能出现在晚上，这是一个众所周知的事实。但是侵权行为发生时有人穿着短裙，能不能证明当时是夏季？为什么？因为冬季也有女性穿短裙，要证明当时是夏季，还需要拿出其他事实，比如除了超短裙，她还穿着凉鞋，上身只穿着 T 恤等。

为什么根据社会生活经验可以直接推定出案件的事实？这是由于法律源于社会生活，法律目的在于规范社会生活，故而法律精神与社会情理息息相通，情理蕴含于法律之中。正因为法的社会性，在英美判例法体系中，主要通过陪审团的多数来决定案件的是非曲直，判断事实的真相。

依据经验法则作出事实推定在民商事案件审理中经常遇到。台州市曾发生过一起医疗事故。医生做手术时将纱布留在病人的肚子里，病人多年肚子疼痛，遭受了长期的痛苦。后来经过 B 超等检查，发现肚子里有一块纱布，动手术把纱布取了出来。于是病人起诉原先做手术的医院，要求赔偿一笔精神损害抚慰金，法院支持了该诉求。纱布都已经取出来了，此时还需要证明医院有过错吗？医院将纱布落在病人的肚子里当然具有过错，这是显而易见的常识。英美法系称为“不证自明”或“事实本身说明过失”，大陆法系称为“表见证明”“大致的推定”。

《民法典》第 539 条规定，债务人以明显不合理的低价转让财产，影响债权人的债权实现，债务人的相对人知道或者应当知道该情形的，债权人可以请求法院撤销债务人的行为。债权人行使撤销权，须具备受让人知道该转让行为对债权人造成损害。受让人是否知道，属于主观心理状态，债权人难以举证证明，受让人也无须对此进行反证，应当由法官结合案件具体情形，依照一般社会生活经验进行判断。按照一般社会生活经验，任何人转让财产，如果相对方不是自己的亲戚朋友，都不太可能以明显不合理的低价转让，唯相对方是自己的亲戚朋友时，才有可能。因此，如果查明受让人是债务人的亲戚朋友，则按照社会生活经验，应当认定受让人知道对债权人造成损害，《民事诉讼证据规定》谓为“根据日常生活经验法则推定”。

下面这个案件刊载在 2003 年的《人民法院报》，一审、二审对损害事实的认定角度完全不同，值得探讨。

原告汪某国委托被告李某枢对其所购新房进行装潢，木工许某峰，油漆工汪某远、汪某亮到房内居住，在睡觉前烤火取暖。次日下午，原告来到新房内发现三名装潢工均一氧化碳中毒死亡。原告提起诉讼，要求被告按房屋购买时价款赔偿房屋损失、装潢损失及精神损害抚慰金。一审法院认为：根据我国理性人的一般心理规律，在一房屋中发生自杀、他杀或者其他类似重大事件，该房将被视为“不祥之地”。依据市场经济自身价值规律，该房屋在实物形态上虽没有受损之处，但该房屋会让购买人回避而导致该房屋市场价值降低。据此，应认定对原告的房屋产生了重大损害。二审则认为，被上诉人汪某国购置本处房屋是准备居住的，三名装潢工人在汪某国尚未启用的新购房屋内非正常死亡，房屋的实物形态虽然未遭到损害，但根据民风民俗及公众的一般心理，此房将被视为“不吉”，必然导致房主在使用此房时产生心理障碍，造成其精神上的痛苦，直接对被上诉人汪某国形成了精神损害，对此种直接的精神损害如不予补偿则有违公正。

损害是所有侵权损害赔偿的必备要件，没有损害则没有赔偿。令人玩味的是，一、二审法院对“损害”的理解截然相反。一审肯定财产损害，否定精神损害；二审否定财产损害，肯定精神损害。学理上认为，以加害行为侵害的客体不同，财产损害可以划分为侵害财产性权利造成的损害与侵害财产利益造成的损害（纯粹经济损失，如车辆、房屋贬值损失）。在我看来，二审对“财产损害”概念的理解过于狭窄，脱离社会基本的常识、常理、常情，为本人所不采。从社会学解释方法来看，一审对“财产损害”的理解，也要比二审更能被人接受，预测社会效果更好。“损害”究竟应当如何理解，考验着法律人的智慧。我认为，一审法院依照日常生活经验，对“损害”作出了符合社会大众的解释，丰富了这一概念的内涵。

浙江省高级人民法院主办的《案例指导》（2014年卷）中刊载的“卢某奇诉临海市美尼特电动车辆制造有限公司产品责任纠纷案”涉及电动车（警示说明）缺陷与损害后果之间有无因果关

系问题，我对该案判决有一点不同的看法，现提出来供大家讨论。

2012 年 4 月 1 日，卢某奇购买美尼特公司生产的“可人”牌电动车一辆。同年 11 月 10 日，卢某奇驾驶该车辆在宁波市北仑区某小区附近路段，与同方向前方行人邹某阳发生碰撞，造成邹某阳死亡。事故发生后，卢某奇拨打“120”电话后离开现场，于次日中午向公安机关投案。经检测，卢某奇驾驶的“可人”牌电动车最高时速和整车重量分别为 35km/h 和 91kg，均不符合电动自行车通用技术标准，该车被认定为两轮轻便摩托车。

交通事故认定书认为卢某奇未取得机动车驾驶证驾驶车辆，对前方交通情况注意不足造成事故后驾车逃逸，其行为违反了《道路交通安全法》的相关规定，其过错是导致事故发生的主要原因，应承担主要责任。2012 年 12 月 12 日，卢某奇与受害者家属协商，达成协议，约定受害者家属因事故造成的合理损失合计为 750,235.50 元，卢某奇承担 70% 的责任，即赔偿约 525,164 元。

卢某奇于 2013 年 1 月 7 日向宁波市北仑区人民法院提起诉讼，以美尼特公司违规生产不符合国家标准的电动车为由，请求判令美尼特公司赔偿损失 525,164 元。

宁波市北仑区人民法院审理认为：美尼特公司生产的“可人”牌电动车最高车速和整车重量均远远超出最高时速不大于 20km/h 和整车重量不大于 40kg 的电动自行车国家标准，被公安机关认定为机动车，显然存在严重的质量缺陷。美尼特公司没有为消费者提供合格、安全的产品，设计超速、超重，与事故的发生及卢某奇责任的承担有一定的因果关系。卢某奇未取得机动车驾驶证驾驶机动车，对前方交通情况注意不足，没有按照操作规范安全驾驶、文明驾驶、谨慎驾驶，是造成事故发生的主要原因，并且在事故后驾车逃逸，更加重了责任的负担，对损害的发生有重大过错，可以减轻美尼特公司的民事责任。据此，判令美尼特公司赔偿卢某奇经济损失525,164元的25%，计131,291元。

美尼特公司提起上诉，理由是：即使涉案车辆存在产品质量问题，即最高时速和重量不符合国家制定的相关标准，还应审查损害后果与质量问题是否存在因果关系。交通事故认定书并未显示是因卢某奇超速导致事故发生，也并非因为质量问题引起刹车制动失灵。

宁波市中级人民法院审理认为：虽然没有直接证据表明涉案电动车警示说明上的缺陷直接造成了本案事故的发生，但考虑到涉案电动车的最高时速大于20km/h、整车重量大于40kg，从普通人的知识经验判断，涉案电动车存在的产品缺陷显然增加了发生事故的可能性，因此可以认为该缺陷与本案事故发生之间具有一定的因果关系。宁波市中级人民法院提出：若法院不认定其产品缺陷与损害后果之间具有因果关系，将明显与侵权行为法律制度追求公平的理念相悖，可能形成恶劣的社会导向，亦与普通民众的常理、常识、常情不符。

因果关系的判断，是侵权责任案件审理中最重要、最难的问题。梁慧星教授认为，我国侵权责任案件裁判实务和学说中所谓"因果关系"，仅指决定侵权责任是否成立的"事实因果关系"，至于损害赔偿范围，则是由立法和司法解释直接规定赔偿项目和计算标准，并无采用"相当因果关系"的余地。故在判断"事实因果关系"时，应就事论事地判断加害行为是否在事实上造成损害，仅依据"无彼则无此"公式，而不涉及政策考量和价值判断。案中电动车的产品缺陷与事故之间是否成立"事实因果关系"，无须依据政策考量和价值判断。法官在此处运用经验法则，未免操之过急。

在此，我还想说说彭宇案。彭宇将在公交车站受伤的老太太送到医院，并缴纳了医疗费200元。老太太指控是彭宇下车时将她撞倒的，彭宇支付的200元是赔偿款；彭宇辩解自己没有撞人，是见义勇为，200元是借款，不是赔偿款。彭宇有无与老太太发生碰撞及款项的性质，成为法庭争议的焦点。南京市鼓楼区人民法院最后认定原告系与被告相撞后受伤，并认定200元是赔偿款。

本案判决后引发轩然大波。2014年7月25日，最高人民法院发布了“许某鹤与王某芝道路交通事故人身损害赔偿纠纷案”等四起侵权纠纷典型案例。案例发布后，最高人民法院民一庭负责人就案例所涉相关重大问题回答了记者提问，认为“前几年的彭宇案，从一审的证据看，彭宇确实与原告发生了碰撞，一审判决在证据评价和事实认定上并无错误，在审理结果上也并无不当，但为何会引起争论？一个重要的原因就是一审判决没有正确理解和运用生活经验推理”。被最高人民法院民一庭负责人批评的“判决没有正确理解和运用生活经验推理”应该指的是判决书上的这一段：

> 如果被告是见义勇为做好事，更符合实际的做法应是抓住撞倒原告的人，而不仅仅是好心相扶；如果被告是做好事，根据社会情理，在原告的家人到达后，其完全可以言明事实经过并让原告的家人将原告送往医院，然后自行离开，但被告未作此等选择，其行为显然与情理相悖。
>
> 原、被告素不认识，一般不会贸然借款，即便如被告所称为借款，在有承担事故责任之虞时，也应请公交站台上无利害关系的其他人证明，或者向原告亲属说明

情况后索取借条（或说明）等书面材料。但是被告在本案中并未存在上述情况，而且在原告家属陪同前往医院的情况下，由其借款给原告的可能性不大；而如果撞伤他人，则最符合情理的做法是先行垫付款项。被告证人证明原、被告双方到派出所处理本次事故，从该事实也可以推定出原告当时即以为是被被告撞倒而非被他人撞倒，在此情况下被告予以借款更不可能。综合以上事实及分析，可以认定该款并非借款，而应为赔偿款。

法院在彭宇案一审判决中错误地运用经验法则进行事实推定，宣示了一项被认为是“做好事没好报”的法则。后因社会强烈质疑，二审法院以调解方式了结此案。随后，媒体相继密集地报道了在全国各地上演的不同版本“彭宇案”，接踵而来的是令人不寒而栗的一系列“见死不救”的报道。在这类事件的报道和评论中，几乎无一例外地链接或指向了彭宇案。彭宇案审判的影响如此深远，不仅令当事人自己和本案法官始料不及，也着实让整个司法界陷入思考。

值得研究的是，一些国家的法律规定，关于支付或提议支付或允诺支付因伤害所致医疗费、住院费或类似费用的证据，对证明伤害赔偿责任而言，无可采性。该排除规则有时被称为“善人规则”。此类规定是为了鼓励救死扶伤的人道主义精神，使实施救援者不会因自己的救助行为而变为日后对自己不利的证据。

4. 判断证据证明力是否达到证明标准

2022 年《民诉法解释》第 108 条第 1 款规定：“对负有举证证明责任的当事人提供的证据，人民法院经审查并结合相关事实，确信待证事实的存在具有高度可能性的，应当认定该事实存在。”这是关于证明标准的规定，最高人民法院将该条内容解释为高度可能性（高度盖然性）的证明标准。当证据的证明力达到证明标准时，法官就应当认定待证事实存在，将其作为裁判的依据；反之，则应当认定待证事实不存在或者真伪不明。

《民事诉讼证据规定》第 85 条第 2 款规定："审判人员应当依照法定程序，全面、客观地审核证据，依据法律的规定，遵循法官职业道德，运用逻辑推理和日常生活经验，对证据有无证明力和证明力大小独立进行判断，并公开判断的理由和结果。"由此可见，判断证据证明力的大小，证据的证明力是否达到证明标准离不开经验法则。同样的证据，由于社会经验不同，甲法官可能认为证明力很大，达到证明标准；乙法官可能认为证明力较小，达不到证明标准。河南省高级人民法院出台的《刑事案件事实认定与法律适用指引手册》第 6 条讲的就是经验法则在事实认定中的作用，该条规定："运用证据认定案件事实，要考虑常识常理常情。证据能力的有无及证明力的大小，需要结合法律规定和常识常理常情来判断。"

下面以《民间借贷规定》第 16 条为例。《民间借贷规定》第 16 条规定："原告仅依据金融机构的转账凭证提起民间借贷诉讼，被告抗辩转账系偿还双方之前借款或者其他债务的，被告应当对其主张提供证据证明。被告提供相应证据证明其主张后，原告仍应就借贷关系的成立承担举证责任。"

很多人质疑该条内容，包括我在内。银行的转账凭证只能证明款项交付的事实，怎能证明款项的性质？这种证据的证明效力并没有达到证明标准，但司法解释却对此予以肯定。

江西省景德镇市中级人民法院审理了一起类似案件［（2015）景民四终字第 17 号］。2011 年 8 月 22 日，冯某妹交付万某能 10 万元现金，还通过李某账号转给万某能 4 万元，李某账号转给万某能的 4 万元，是冯某妹向李某借来的。冯某妹称这 14 万元是借给万某能的，万某能称这是冯某妹赠他与陈某慧结婚生活所用。

对此，判决书有这样一段说理：根据日常生活经验法则，若冯某妹与万某能之间系赠与关系，冯某妹不可能向李某借款用于赠与。当事人对反驳对方诉讼请求所依据的事实应当提供证据加以证明，万某能未提供任何证据证明本案经济往来系赠与关系，故根据证据优势原则，冯某妹与万某能的经济往来应认定为借贷关系。

这个案件有个情节，李某转给万某能的 4 万元是冯某妹向李某借来的。冯某妹与万某能没有特别关系，冯某妹借钱赠送给万某能，确实不太符合生活常理。此案中，法官运用经验法则，认定银行的转账凭证等达到证明标准，能够证明借贷事实。

再举一例，在一个民事案件中，原告起诉要求被告支付拖欠的货款。被告承认欠款事实，但提出已超过诉讼时效，不同意付款。为此，原告向法庭提交了向被告催讨货款的挂号信凭证。被告则认为，他虽然收到了挂号信，但该信函并没有催讨货款的内容，而是一张什么字也没有写的空白纸。对此，法官如何审查判断？根据什么理由判断？

在这种情况下，法官应当认定原告主张的待证事实为真实，其理由就是社会生活中的经验常识或生活常理。虽然不能排除原告寄出的挂号信装的是一张白纸的可能性，但就社会经验来看，原告主张的真实程度远远高于被告主张事实的真实性。依据经验法则和高度盖然性的证明标准，应认定原告主张的事实真实。对于这类案件，过去基本上判决原告败诉，理由是挂号信只能证明原告向被告邮寄过信函，但不能证明信函的内容是催讨货款。目前，法官一般不会这么认定了。

2013 年 12 月，最高人民法院民三庭原副庭长王闯在中国人民大学法学院做买卖合同司法解释讲座时，介绍了他负责审理的一起锅炉买卖合同纠纷案件。案件概要是：

> 某国有企业（买方）与某中外合资企业（卖方）签订锅炉买卖合同。合同关于价款明确约定，将来结算价款时，应以国家指导价为准。缔约时国家指导价尚未出台，锅炉交付之后，国家指导价出台了。双方按照指导价结算，买方欠卖方2500万元。卖方催款，买方拒付欠款，理由是诉讼时效已过。该案在一审法院的主要争议焦点是诉讼时效是否已过？卖方主张其已多次催款，主张了权利。主要有三组证据。第一组证据：催款电话记录。但买方否认接到过电话。第二组证据：发送催款传真。但买方抗辩说没有收到任何传真。第三组证据：24张火车票，即卖方的副总经理、财务科长、项目科长等三人8次前往买方处催款。此外，还有住宿的发票以及礼品发票等。

买方说，这些证据只能证明卖方来过其所在城市，但不能证明其向我主张权利，也许卖方在这个城市还有其他的业务伙伴或可能有亲戚朋友。一审法院比较纠结，无论是电话还是传真，很难确认。对于24张车票，如果认证，应该认证哪一张？一审法院权衡之后，认为诉讼时效已过，判决驳回卖方的诉讼请求。卖方不服，上诉至最高人民法院。

王闯庭长坦言，合议庭成员也比较纠结，认为卖方的三组证据的确比较弱，但经过庭审又认为其并未怠于行使权利。卖方举出三组证据，相当于出了三招。其中，前两招，买方否认接到电话和传真；由于否认无须举证，这两招不好用。但对于第三招，即24张火车票，买方说，这些证据只能证明卖方来过买方所在城市，但不能证明卖方向买方主张权利，也许卖方在这个城市还有其他的业务伙伴或者可能有亲戚朋友。买方的说法已经不是简单地否认了，而是一种抗辩，即虽然否认卖方向其索要欠款，但指出另外一个事实即卖方在买方所在城市可能有其他业务伙伴或亲友。对于这个抗辩的事实，即存在其他业务伙伴或者亲友的事实，买方作为抗辩方必须举证证明，否则应当推定卖方向买方 8 次索要欠款。当然，买方并未举证证明卖方在该城市有其他业务伙伴或亲友。因此，在举证责任方面，卖方与买方的举证较量结果是卖方证据占优，因此卖方胜诉。当然，这仅仅是从举证责任分配这种法律技术角度来衡量，其实，让我们认定诉讼时效没过的因素还有，别人欠了自己 2500 万元，自己不要？这符合交易常理吗？因此，从正常的交易常情和规则来看，我们可以推出，债权人不索要欠款是不正常的，其催款才是正常的企业交易行为。因此，法院在判断时，判断结论应当与企业交易常情相符，而不应得出相反的结论。

按照常规，火车费、住宿费是无法证明催讨货款的事实，被告的质证理由是成立的，但因为欠款数额巨大，原告不可能不催讨，并且被告也未举证证明原告到其所在地还有其他业务等，最高人民法院最终认定原告的证据具有高度可能性，具有较大的证明力，此处运用了经验法则。

事实上，无论是案件事实的认定，还是法律的理解、解释，以及利益的衡量等，都需要法律人以生活的经验为基础，结合社会人情、世道、事理等因素作出综合性的判断。常识、常理、常情的理解或通透，需要法律人长期的体会、感悟与实践。

本讲对经验法则的介绍没有限于证据规则的角度，还包括许多其他方面的内容，是想让大家对经验法则有一个全面的了解。

第七讲

举 证 期 限

讲民事证据规则，举证期限是绕不开的。最早设定举证期限制度的是原《民事诉讼证据规定》。要求当事人在举证期限内提交证据，从微观上讲，是防止一方当事人证据突袭，有利于法庭对诉讼争点问题进行整理；从宏观上讲，是在程序安定性理念指导下的法律真实的证明要求和诉讼效率原则的具体体现。

关于举证期限问题，从实务的角度来看，以下三个问题相对重要。

一、延长举证期限及于双方

一方当事人申请延长举证期限是否及于未申请的另一方当事人？进一步地说，法庭应一方当事人的申请准许其延长举证期限，该延长的举证期限是否当然适用于未提出申请的另一方当事人？

这个问题曾经很有争论。从强化当事人的举证责任、提高诉讼效率的角度出发，既然另一方当事人没有申请延期举证，表明其接受法庭为其指定的举证期限，何况延长举证期限是依当事人的申请进行的，法庭并不主动延长举证期限，因而原则上讲，所延长的举证期限应当只适用于申请方，并不必然适用于非申请方，这样保证了程序的稳定性。

但设立举证期限的另一个目的是保障当事人“攻防武器”平等，防止“突袭诉讼”，加上目前我国的举证时限制度尚不完善，当事人彼此的举证意识和证据知悉程度不够高，如果申请方利用延长的举证期限提交了对非申请方在举证期限内根本无法预测到的新证据进行突然袭击，而非申请方的举证期限已经届满，则对非申请方而言，显失公平。在此种情形下，法庭有必要对非申请方在举证期限届满后提供的证据进行审查，如果其提供的证据是针对申请方提供的新证据而提出的反驳证据，就应当认定为申请方延长的举证期限也适用于非申请方。

这两种观点似乎各有一定的道理。2003 年 1 月，最高人民法院颁布了《〈关于民事诉讼证据的若干规定〉文书样式（试行）》，共计 31 种文书样式，第 3 种文书样式是《准许延长举证期限申请通知书》，在这个文书样式的下面，有两行关于文书样式说明的黑体字。具体为：一是该通知书适用于原《民事诉讼证据规定》第 36 条的情形。二是延长举证期限系延长双方当事人的举证期限，而非仅针对一方当事人。该通知书应当同时送达双方当事人。这一说明对我们非常重要。尽管在实践中，我们申请延长举证期限，法庭往往不出具《准许延长举证期限申请通知书》，但不能漠视这一说明的作用。如果对方申请延长举证期限而我方不知情，对方在庭审时提交了举证期限延长后的证据，我们可以向法庭提议，要求给予我方合理的举证期限以提供反驳证据。

2008 年 12 月，最高人民法院下发了《关于适用〈关于民事诉讼证据的若干规定〉中有关举证时限规定的通知》（法发〔2008〕42 号），其中第 6 条是关于当事人申请延长举证期限问题的规定：“当事人申请延长举证期限经人民法院准许的，为平等保护双方当事人的诉讼权利，延长的举证期限适用于其他当事人。”2015 年《民诉法解释》第 100 条第 2 款吸收了法发〔2008〕42 号通知的精神，明文规定“延长的举证期限适用于其他当事人”。2019 年修正的《民事诉讼证据规定》第 54 条也作了类似规定。所以，只要一方申请延长举证期限获准，也就延长了未申请方的举证期限。作为诉讼律师，我们应当熟练掌握这些规则。

二、不受举证期限约束的情形

原则上，当事人应当在法庭指定或者双方协商确定的举证期限内提交证据，当事人在举证期限内不提交的，视为放弃举证权利；但在某些特殊情形下，法律允许当事人在举证期限届满后提交证据。这些特殊情形包括哪些？

1. 提供反驳证据不受举证期限约束

举证期限届满后，一方当事人对另一方当事人已经提供的证据申请提供反驳证据的，法院可以酌情再次确定举证期限，不受原举证期限的限制。其实，在 2015 年《民诉法解释》第 99 条第 3 款规范出台之前已有先例，最高人民法院《商事审判指导》总第 29 辑（2012 年第 1 辑）第 171 页即有相关案例。

顺便谈及，准确地说，“反驳证据≠反证”。有人常将反证误认为是反驳证据的简称。反驳证据是一方当事人针对对方所提证据，而提供的用以证明该证据不具有关联性、合法性和真实性的证据，是对证据的反驳。反证的目的是证明对方当事人主张的事实不真实，不是对对方证据的反驳。举个例子，原告向法庭提供了一份盖有某机关单位公章的文件，被告在举证期限届满后向法庭提交了也是该机关单位出具的证明材料，证明材料表示虽然文件上的公章是真实的，但该机关单位从未印发过此文件。此时，被告提供证明材料是用来反驳原告提交的文件不具有真实性，为反驳证据，不是反证。

2. 补正证据不受举证期限限制

补正证据，应该是指瑕疵证据的补正。比如，提交的摘录件上，只加盖了制作单位或保管单位的印章，没有摘录人和其他调查人员的签名或盖章；提交的情况说明，只有单位印章和负责人签名，没有经办人的签名或盖章，等等。如果当事人在举证期限届满后提供证据用以补正其已经提供的证据的来源、形式等方面的瑕疵，就不能以超过举证期限为由排除其证据能力，法庭可以酌情再次确定举证期限。

举个例子，最高人民法院在“王某涛与辽宁宝立房产开发有限责任公司民间借贷纠纷案”［（2015）民一终字第353号］中指出，举证时限针对主要证据发挥作用，而不适用于有关补强证据，因此，根据2015年《民诉法解释》第99条第3款关于“举证期限届满后，当事人对已经提供的证据，申请提供反驳证据或者对证据来源、形式等方面的瑕疵进行补正的，人民法院可以酌情再次确定举证期限，该期限不受前款规定的限制”的规定，一审法院可以再次组织双方进行质证，此举不属于违反法定程序的情形。

最高人民法院表示举证期限不适用于补强证据，此言差矣。何谓补强证据？其是指用以确认或证明另一主要证据事实的真实性，以补充增强其证明力的证据，又称为“佐证”或“旁证”。换言之，证据本身在来源、形式等方面没有瑕疵，只是真实性存疑或证明力不足，需要其他证据补强，这与证据本身存在瑕疵是两码事。“补强证据≠补正证据”，故而，准确地说，举证期限不适用于补正证据，并非补强证据。

3. 有些“新的证据”可不受举证期限约束

我常遇对方律师逾期举证，其以“新的证据”为由要求法庭予以采纳。实际上，原《民事诉讼证据规定》当中的“新的证据”的含义与《民诉法解释》当中的“新的证据”截然不同。就《民诉法解释》而言，当事人逾期提供的证据均为“新的证据”。应该说，反驳证据究其性质也属于“新的证据”。

对于“新的证据”，《民诉法解释》的基本态度是：看当事人逾期举证的主观过错程度。当事人因一般过失、轻过失逾期提供证据的，法庭应当接纳，但要对当事人予以训诫。当事人因故意或重大过失逾期提供证据的，要根据证据重要与否进行区分。

一是该证据与案件基本事实无关的，作为“失权”不予接纳。证据提供与否，都不影响法庭对案件主要事实的认定，不予接纳，自不待言。

二是该证据与案件基本事实相关的，作为“失权的例外”而予以接纳，但法庭要对当事人训诫、罚款。罚款数额结合当事人是故意还是重大过失、导致诉讼迟延的情况、诉讼标的金额等因素确定。

对于“新的证据”，唯独一种情形法庭不予接纳，即当事人因故意或重大过失逾期提供且与案件基本事实无关。由此可见，我国民事诉讼构建了一个“以证据不失权为原则，以证据失权为例外”的举证期限制度。

4. 当事人因客观原因逾期提供的证据，视为未逾期

此情形规定在2022年《民诉法解释》第101条第2款，限于“客观原因”，具体包括：(1) 2022年《民诉法解释》第94条第1款规定的3种情形，即证据由国家有关部门保存，当事人及其诉讼代理人无权查阅调取的；涉及国家秘密、商业秘密或者个人隐私的；当事人及其诉讼代理人因客观原因不能自行收集的其他证据。(2) 当事人在一审举证期限届满前申请法院调查取证而未获准许。(3) 当事人在一审举证期限届满后或庭审结束后，发现新的证据等。当事人因客观原因逾期提供的证据，视为未逾期，允许提供。

5. 对方当事人对逾期提供证据未提出异议的，视为未逾期

此情形也规定在2022年《民诉法解释》第101条第2款。有些律师一旦遇到举证期限届满就不提供证据了，这种观念需要纠正。对于逾期提供的证据，无论出于何种原因逾期举证，只要对方当事人不提异议，就视为未逾期，这体现了当事人主义的诉讼理念。

审判实践中，仍存在轻程序的现象，法庭对举证期限的把握并非十分严格，往往对一方逾期提供的证据不向对方释明，加上对方律师对举证期限也不十分在意的话，就不会提“证据失权”方面的异议，故会对举证方带来意想不到的效果。所以，不管逾期不逾期，只要是有利于自己的证据就应举。

6. 申请鉴定不受举证期限约束

原《民事诉讼证据规定》第25条第1款规定：“当事人申请鉴定，应当在举证期限内提出。符合本规定第二十七条规定的情形，当事人申请重新鉴定的除外。”如果单纯从字面上理解，当事人应当在举证期限届满前提出鉴定申请，举证期限届满后便不能申请鉴定。实践中，不少法官就是这样理解并适用的。

但一味要求当事人在举证期限内申请鉴定显然是不合适的，因为需要通过鉴定加以确认的某一争议事实可能发生在举证期限届满后，或者当事人在举证期限届满后对反驳证据的真实性要求鉴定。因此，不排除举证期限届满后当事人提出鉴定申请的必要性。

2022年《民诉法解释》第121条第1款中规定：“当事人申请鉴定，可以在举证期限届满前提出。”“可以”是任意性规范用词，意味着要求当事人尽可能地在举证期限内提出鉴定申请，并非只能在举证期限内提出鉴定申请。

我赞同最高人民法院民事诉讼法修改研究小组编著的《〈中华人民共和国民事诉讼法〉修改条文理解与适用》一书中所表达的观点：

> 当事人在举证期限内申请鉴定是原则，但也不能绝对化理解。审判实践中，许多鉴定申请是针对当事人在庭审中出示的证据原件而提出的，在未组织证据交换的情况下，另一方当事人并不能确认复印件的真实性，尤其是一方当事人提交的证据复印件质量并不清晰的情况下，这都会影响到另一方当事人对证据真实性的辨别，从而只能在质证过程中对原件辨别之后才考虑申请鉴定与否。如果硬性要求申请人在庭审前的指定期限内提出鉴定申请，有点脱离诉讼正常进行的客观实际，也有违诚实信用原则的要求。

还有一个值得宽恕的因素，当事人由于法律认知较弱等，对鉴定事项负有举证责任未必有清楚的认识，甚至包括我们这些专业的法律人也需要法庭的释明。浙江省高级人民法院在其发布的《关于规范民商事案件中法官释明的若干规定（试行)》（自2009年12月1日起施行）第28条第1款对此问题作出了规定："在案件审理中，对案件的审理结果明显会起到决定作用的事项需要鉴定、评估、审计，但当事人未提出申请的，法官应当明确对该事项负有举证责任的当事人，并告知其在人民法院指定的期限内无正当理由不提出鉴定申请或者不预交鉴定费用或者拒不提供相关材料，致使该争议事实无法通过鉴定结论予以认定的法律后果。"

浙江省高级人民法院的这项规定没有僵化理解鉴定申请期

限，值得提倡。请大家注意，《民事诉讼证据规定》对2015年《民诉法解释》第121条作了一些改动，该规定第31条第1款中规定，“当事人申请鉴定，应当在人民法院指定期间内提出，并预交鉴定费用”。用“指定期间内”取代了“举证期限届满前”。同时，该规定第30条增加了法院对鉴定事项的释明义务和指定期间义务。这样一来，再也不用为要不要申请鉴定及何时申请鉴定担忧了。

图8是对这一节的内容作出的小结。

- 举证期限的例外
  - 反驳证据
  - 补正证据
    - 补正来源瑕疵的证据
    - 补正形式瑕疵的证据
  - 新的证据
    - 一般过失逾期提供的证据—训诫
    - 故意或重大过失逾期但与案件基本事实相关的证据—训诫、罚款
  - 客观原因逾期提供的证据
  - 对方对逾期提供未提异议的证据
  - 申请鉴定

图8　举证期限的例外情形

三、变更诉讼请求与举证期限

有些人易将举证期限与变更诉讼请求挂钩在一起，主要是深受原《民事诉讼证据规定》第34条第3款的影响，该款要求当事人增加、变更诉讼请求或者提起反诉，应当在举证期限届满前提出。准确地说，举证期限系对当事人举证而言，非针对当事人变更诉讼请求而言，当事人超过举证期限变更诉讼请求并不违法。为此，2015年《民诉法解释》第232条作了与之前不同的规定：“在案件受理后，法庭辩论结束前，原告增加诉讼请求，被告提出反诉，第三人提出与本案有关的诉讼请求，可以合并审理的，人民法院应当合并审理。”

细心的律师已经发现，该条解释与原《民事诉讼证据规定》第 34 条第 3 款有所不同：一是只涉及增加诉讼请求，未提到变更诉讼请求；二是增加诉讼请求的时间确定为法庭辩论结束前。实务中，大家对增加诉讼请求与变更诉讼请求的含义有不同的理解。依我之见，广义上的变更诉讼请求有两种情况：

一种是质变。比如，原主张民间借贷关系，后主张不当得利；原主张合同无效，后主张合同有效。法律关系性质或民事法律行为效力发生改变，往往需要变更诉讼请求，替代原有的诉讼请求，这是一种质的变化。

另一种是量变。比如，原诉讼请求仅要求被告恢复原状，后追加一项诉请，要求被告赔偿损失；原诉讼请求有两项，原告自愿撤回一项诉请；原要求被告支付违约金 38 万元，后增至 58 万元；原要求被告赔偿损失 9 万元，后降低为 5 万元。诉讼标的没变，变的是多了或少了一项诉请，变的是请求数额的增加或减少，这是一种量的变化。

狭义上的变更诉讼请求仅指质变，量变是指增加、减少诉讼请求。无论诉讼请求发生质变还是量变，只要在法庭辩论终结前，法庭均应当准许，并可以根据案件的具体情况重新指定举证期限。我们不妨看一下《民事诉讼证据规定》第 53 条：

> 诉讼过程中，当事人主张的法律关系性质或者民事行为效力与人民法院根据案件事实作出的认定不一致的，人民法院应当将法律关系性质或者民事行为效力作为焦点问题进行审理。但法律关系性质对裁判理由及结果没有影响，或者有关问题已经当事人充分辩论的除外。
>
> 存在前款情形，当事人根据法庭审理情况变更诉讼

请求的，人民法院应当准许并可以根据案件的具体情况重新指定举证期限。

《民法典合同编通则解释》第3条第3款也涉及重新指定举证期限问题：当事人主张合同无效或者请求撤销、解除合同等，人民法院认为合同不成立的，应当依据《民事诉讼证据规定》第53条的规定将合同是否成立作为焦点问题进行审理，并可以根据案件的具体情况重新指定举证期限。

总之，大家思想中不要再有“超过举证期限变更诉讼请求违法”的顾虑。

有个案例可以参考，该案是“林某儒等与林某灼等股权转让合同纠纷案”［（2015）民二终字第176号］。最高人民法院审理后认为：

《民事诉讼法》第51条[①]规定，原告可以放弃或者变更诉讼请求。被告可以承认或者反驳诉讼请求，有权提起反诉。该条规定并未将原告诉讼请求变更时间限于举证期限届满之前。举证期限系对当事人举证的时间限定，而非对一审程序中的原告变更诉讼请求的时间限定，故林某儒、鑫海公司以林某灼超过举证期限变更诉讼请求为由主张程序违法，于法无据，本院不予支持。

最高人民法院在该判决书中讲得非常明白，变更诉讼请求与举证期限无关。

① 此处是指2012年《民事诉讼法》。

第八讲

当事人的陈述

当事人的陈述是证据的法定种类之一，这在《民事诉讼法》和《行政诉讼法》中均有明文。刑事诉讼有自身的特点，不宜对当事人陈述作出笼统的规定，故《刑事诉讼法》就被害人陈述和犯罪嫌疑人、被告人供述和辩解作了分类规定。在德国、日本等大陆法系国家民事诉讼法上，是将当事人的陈述作为补充性的证据，不作为独立证据看待。利他陈述可以认定为自认，免除对方当事人的举证责任；利己陈述一般只作为证明对象，不作为证据。

需要注意的是，这里所讲的当事人，是广义的当事人，包括有独立请求权的第三人和无独立请求权的第三人。附带民事诉讼中的当事人也属于这里所讲的当事人。

一、当事人的陈述限定在诉讼过程中

当事人的陈述是否限定在诉讼过程中？我国法律未予明确，证据法学界则有不同理解。

有学者主张，当事人在案件发生过程中、诉讼开始前，或者诉讼开始后但不在法庭上所作的陈述也属于当事人陈述，尽管是一种非正式陈述。例如，在一起交通事故发生后，汽车司机承认其在错误的一侧行车道上行驶，而且没有发出适当的信号。在诉讼过程中，对方当事人或者听到该陈述的证人，便可引用这段陈述作为证明司机所述事实的证据。

也有学者主张，当事人的陈述在性质上属于诉讼行为的范畴，而任何诉讼行为都必须向法院作出才能发生效力。所以，当事人不在审判者面前或者不是指向审判者所作的陈述，即使可能与案件事实有关，可能是其他类型的证据，也不构成当事人的陈述。比如，当事人相互之间在诉讼过程中的书面或口头交涉，其中的内容如果与案件事实有关，那也只能以书证或其他证据形式提供给法院，而不属于当事人的陈述。

在我有限的阅读范围内，无论是全国人大常委会法制工作委员会编写的《中华人民共和国民事诉讼法释义》，还是相关证据法教材、著述，都赞同后一种主张。当事人的陈述是指案件的当事人向法院提出的关于案件事实和证明这些事实情况的陈述，只能限定在诉讼过程中。

当事人在本案诉讼过程外所作的对“不利己案件事实”的陈述或承认，若没有被法庭生效判决所确认，在本案诉讼中将被作为“诉讼外自认”。诉讼外自认能否作为判决的根据，尚需经过证据调查程序进行质证和判断。例如，被告对第三人陈述曾向原告借款一事，被第三人偷录下来。后来，原告对被告提起返还借款之诉，在诉讼中原告向法庭提交了上述录音磁带。此案中，被告对借款事实的陈述，是在诉讼外向第三人（并非本案审判法官）作出的，不属于当事人的陈述，属于“诉讼外自认”，在证据上表现为视听资料。记载这一自认的录音磁带，若要作为认定案件事实的根据，则需要通过质证程序来认定其是否具有证据能力和证明力。

二、当事人陈述的内容未必均属当事人的陈述

当事人的陈述作为一种独立的民事诉讼证据，它只能限定在诉讼过程中。那么，当事人在诉讼过程中陈述的内容是否都属于当事人的陈述？

我想不一定。在司法实践中，当事人所作陈述往往不仅涉及对案件事实的认识，还包括诉讼中其所发表的关于事实认定、证据采用和法律适用的意见等。后者均属于法律层面的问题，而不属于事实层面的问题。必须明确的是，若当事人陈述的不是事实层面的内容，则该内容不能作为认定案件事实的根据，不能归入证据意义上的当事人的陈述。

简单来说，当事人的陈述限于当事人在诉讼过程中所作的对案件事实的陈述即事实性陈述，不包括当事人对于非案件事实的陈述即非事实性陈述。比如，在刑事案件中，犯罪嫌疑人、被告人检举揭发其他同案犯或非同案犯与本案无关的犯罪行为，则应将其检举揭发的内容作为证人证言，而不应将其视为口供或犯罪嫌疑人、被告人的供述。

民事诉讼的目的，是致力于对于真实性的调查，因此，“当事人应当就案件事实作真实、完整的陈述”，《民事诉讼证据规定》第 63 条第 1 款首次规定了真实完整（陈述）义务，这是《民事诉讼法》中诚信原则的当然要求。《民事诉讼证据规定》第 63 条第 2 款还规定：“当事人的陈述与此前陈述不一致的，人民法院应当责令其说明理由，并结合当事人的诉讼能力、证据和案件具体情况进行审查认定。”这是关于禁反言的规定，也是民事诉讼诚信原则的具体要求。在诉讼证明领域，“禁反言”主要指同一当事人对同一案件事实的陈述应当前后一致，禁止前后矛盾。当事人对案件事实陈述前后反复，如果不能合理说明“翻

供”原因或其陈述与在案证据矛盾，法庭应当采信其此前的陈述。

三、诉讼代理人的陈述

在司法实践中，大量的民商事案件当事人委托诉讼代理人后，往往不出庭参加诉讼，开庭审理时，对案件事实的陈述、法庭调查中对证据的质证、法庭辩论等均由诉讼代理人进行。

诉讼代理人的代理权限分为两类：一类是一般授权，另一类是特别授权。对特别授权的范围，《民事诉讼法》第 62 条第 2 款作了明确的规定，即代为承认、放弃、变更诉讼请求，进行和解，提起反诉或者上诉，必须有委托人的特别授权。否则，不能行使此范围内的权利。对一般授权的权限范围，法律未有明文规定。我的理解是，特别授权事项以外的诉讼行为，应属于一般授权的范围，无须特别授权，一般诉讼代理人即可行使。

诉讼代理人对于案件事实的陈述可分为三种：第一种是对案件事实的有利陈述。第二种是对案件事实的不利陈述。比如，起诉状载明被告欠款 10 万元，原告诉讼代理人庭审中陈述被告欠款 10 万元后又向原告支付了 3 万元。第三种是对案件事实的中性陈述，谈不上有利还是不利。我一度认为，《民事诉讼法》规定诉讼代理人有权调查收集证据、可以查阅本案有关材料、进行法庭辩论，该项权利的行使必然涉及对案件事实的陈述。诉讼代理人不是代言人，诉讼代理人在授权范围内所为的意思表示，均由当事人承担法律后果。所以，即便是一般授权，诉讼代理人对案件事实的陈述，亦视为当事人对案件事实的陈述。

回过头来想想，这个结论不够严谨。对于第一种、第三种情形，将诉讼代理人的陈述视为当事人的陈述问题不大。对于第二种情形，诉讼代理人的陈述已构成自认，因为自认包括两种：一种是自己陈述于己不利的事实，另一种是对对方陈述的于己不利事实的明确承认。

原《民事诉讼证据规定》第 8 条第 3 款考虑到民事诉讼代理制度的目的、代理权限的不同及代理人对案件事实的承认涉及当事人对实体权利的处分问题，对诉讼代理人的自认给予了必要的限制，即对于自认直接导致承认对方诉请的情形，必须要求获得当事人的特别授权，除非当事人在场对代理人的承认不作否认表示。因此，按照旧规的精神，一般授权代理人的自认不应视为当事人的自认。

由于实践中存在诉讼代理人以一般代理为由，嗣后否认在法庭上所作的陈述或承认，不利于诉讼活动的正常推进，最高人民法院在制定《民事诉讼证据规定》第 5 条时对此予以了规制，即对于诉讼代理人的自认，不再考虑是否经过特别授权，除授权委托书明确排除代理人没有自认权限外，推定诉讼代理人有此项权限。这是一个重大变化。因此，按照该条规定，一般授权代理人的自认原则上视为当事人的自认。

由此引申出的一个问题是，如果授权委托书已经排除诉讼代理人的自认权限，但当事人在场对诉讼代理人的自认不作否认表示，是否视为自认？

我认为，代理人在诉讼过程中的自认超出了授权委托书的授权范围，当事人应当当场予以纠正或否认，因为代理人的自认已经涉及对当事人实体权利的处分。如果当事人对代理人超越自认的事实采取消极沉默的态度，足以使法官确信代理人的自认完全是当事人自己真实的意思表示时，当事人对代理人自认的沉默将直接导致自认的成立，当事人要承担因自认产生的一切后果。应当特别强调的是，当事人对对方当事人陈述的沉默不能直接产生自认的后果，而是在法官履行了释明义务之后继续沉默方可产生拟制自认的后果。

以下几个条款尤其值得一提，即《民事诉讼证据规定》第64～66条。其中第64条第1款规定："人民法院认为有必要的，可以要求当事人本人到场，就案件的有关事实接受询问。"上述条款沿袭于2015年《民诉法解释》第110条，只是2015年《民诉法解释》第110条规定，"在询问当事人之前，可以要求其签署保证书"，《民事诉讼证据规定》第65条第1款改为"人民法院应当在询问前责令当事人签署保证书并宣读保证书的内容"。

在司法实践中，有的民商事案件当事人怕自己说漏嘴，露出破绽，往往自己不出庭，委托诉讼代理人参加诉讼。诉讼代理人对案件事实通常避重就轻，或者对于己不利事实干脆一问三不知。此时，我们应当要求法庭责令对方当事人本人到庭就案件有关事实接受询问。在不少案件中，我时常援引《民诉法解释》第110条，郑重要求法庭责令对方当事人本人到庭，有如愿以偿的，也有事与愿违的。但凡如愿以偿的，都有意外收获，有的当事人与诉讼代理人不一样，禁不起追问，很容易露馅。自《民诉法解释》第110条规定以来，我基本上没有遇过对方代理律师要求我方当事人本人出庭。所以，提请大家重视《民事诉讼证据规定》第64条，要善于运用。

四、专家辅助人的陈述

除诉讼代理人所作的陈述原则上可视为当事人的陈述外，2022年《民诉法解释》第122条第2款还规定，具有专门知识的人在法庭上就专业问题提出的意见，视为当事人的陈述。随着纠纷中专业化、技术化因素的增多，对于一些事项，即使是具有律师身份的诉讼代理人，也未必具备这种专业知识，因此聘请某些领域的专家成为当事人或诉讼代理人的助手就显得极为必要。专家辅助人作为当事人的诉讼辅助人，其在法庭上的活动视为当事人的活动，故其对专业性问题的陈述也属于证据种类中的当事人的陈述。

需要明确的是，申请专家辅助人出庭不能参照申请证人出庭这套程序。因为诉讼过程中涉及的专业性问题，需要在诉讼程序的推进过程中才能渐次明确，因此对于专家辅助人出庭的申请，无须在举证期限届满前提出。但需要注意的是，2022 年《民诉法解释》第 122 条第 1 款规定当事人申请一至两名专家辅助人出庭的，应当在举证期限届满前提出。根据《民事诉讼证据规定》第 99 条第 2 款的规定，对专家辅助人的询问参照适用关于询问证人的规定，而当事人申请证人出庭作证，《民事诉讼证据规定》要求在举证期限届满前提出，故《民事诉讼证据规定》与《民诉法解释》对专家辅助人出庭的申请时间并无两样。浙江省高级人民法院《关于专家辅助人参与民事诉讼活动若干问题的纪要》（浙高法〔2014〕100 号）第 5 条要求当事人申请专家辅助人出庭，应当在举证期限届满前 10 日或者申请鉴定人出庭作证时一并提出，申请时限过于苛刻。

专家辅助人是由当事人申请出庭，这就意味着专家辅助人是为申请方服务的，其地位并非中立，而是有较强的偏向性，因此对其不适用回避制度。专家辅助人提供的是意见证言，不是感知证言，因此专家辅助人还可以旁听庭审。但专家辅助人不得参与对鉴定意见质证或就专业问题发表意见之外的庭审活动，故在法庭对鉴定意见质证及专业问题调查结束后，其应当退出审判区。

除诉讼代理人、专家辅助人的陈述可视为当事人的陈述外，还有无其他诉讼参与人的陈述可视为当事人的陈述？

有。请大家看《生态环境侵权民事诉讼证据规定》第 23 条：

> 当事人就环境污染、生态破坏的专门性问题自行委托有关机构、人员出具的意见，人民法院应当结合本案的其他证据，审查确定能否作为认定案件事实的根据。
>
> 对方当事人对该意见有异议的，人民法院应当告知提供意见的当事人可以申请出具意见的机构或者人员出庭陈述意见；未出庭的，该意见不得作为认定案件事实的根据。

该条将当事人就环境污染、生态破坏的专门性问题自行委托有关机构、人员出具的意见，参照专家辅助人制度，将其视为当事人的书面陈述。如果另一方当事人不持异议，适用自认规则。如果另一方当事人有异议，法庭应当告知提供该专业意见的一方当事人申请有关机构或者人员出庭陈述意见；未出庭的，该意见不得作为认定案件事实的根据。

五、慎重对待对方当事人的陈述

对当事人陈述进行质证或答辩时，应当慎重对待，避免造成于己不利的后果。有学者举过这样的例子：在一起离婚案件的审理过程中，原告主张分割被告名下的 50 万元存款。其实，原告根本不知道被告是否真的有这 50 万元存款，更不知道存在哪个银行，而只是根据双方的实际生活情况推测出可能有 50 万元存款。这种做法，我在代理离婚案时也经常采取。但是，被告在答辩中，却称那 50 万元存款是其向朋友、同事借来准备出国用的。被告的这一答辩等于认可了其名下有 50 万元的事实。

在民事诉讼法庭调查阶段，一般会安排发问环节。此案中，原告委托的律师不动声色，遂向被告发问了三个问题：（1）在被告名下的这 50 万元是向哪些人借来的？（2）有无借条，如果有，借条何时出具的，这些借条现在何处？（3）出借人以现金还是以银行转账方式借的款，现在这些钱存在哪个银行？被告根本没有想到原告委托的律师会问得这么详细，完全乱了方寸，只得承认这50万元不是借的。最后，这个案件以被告作出让步调解结案了。

由于当事人与案件的处理结果有直接的利害关系，其陈述的内容通常难以确保其真实性、全面性，往往在真实的陈述中掺入虚假的成分，并始终带着有利于陈述者的主观性和片面性。因此，对当事人的陈述，法庭不能轻易相信，需要结合其他证据去伪存真。正是基于当事人陈述的特点，我国《民事诉讼法》第78条第1款规定："人民法院对当事人的陈述，应当结合本案的其他证据，审查确定能否作为认定事实的根据。"《民事诉讼证据规定》第90条第1项特别指出，当事人的陈述不能单独作为认定案件事实的根据。

上述一案中，原告主张被告名下有50万元存款，只是原告单方面的陈述，并无提供其他相关证据印证，如果被告不予认可，则原告的主张将无法得到法庭的支持。被告如此答辩，虽然不是完全自认（完全自认是既承认50万元存在又承认属于夫妻共同财产），却是对事实的部分自认（自认50万元存在但提出这是借款不是夫妻共同财产），那么，被告对自己的借款主张需要举证。这对被告来说就非常不利。

六、预备性答辩

讲到这里，顺便说一下"预备性答辩"问题。甲与乙签订了房屋买卖合同，甲是买受人，乙是出卖人，乙因房价上涨不卖了，拖着不交房，甲要求乙：（1）继续履行合同，交付房屋；（2）按照合同约定支付违约金。很多律师针对对方主张的违约和高额的违约金，往往在答辩时称自己没有违约。但是如果法庭认定你方违约该如何处理？违约金过高，应该提出要求法庭调整。很多当事人甚至有的律师也会有顾虑，这样是否就承认自己违约了，其实不是，这就是“预备性答辩”，这样做能更好地维护己方的利益。我们代理案件要讲究防线，第一道防线为我方没有违约，或者合同无效；接下来，即使我方违约了，合同有效，我方也认为对方诉请的违约金过高，这是第二道防线。

“预备性答辩”在离婚案中运用较多，我们代理被告方时往往先陈述夫妻感情没有破裂，不同意离婚，然后提出如果法庭认为夫妻感情破裂，判决准予离婚，则被告要求对子女抚养、财产等问题如何处理的答辩意见。

“预备性答辩”在刑事案件中也可灵活运用。辩护律师可否为被告人既作无罪辩护，又作量刑辩护？常有人提出这个疑问，个别法官、律师认为不行。也有刑辩大咖建议被告人聘请两名辩护律师，一个作无罪辩护，另一个作量刑辩护，认为这样就不会矛盾了。

我的意见是同一辩护人就完全可以这样辩，只是我们在发表量刑辩论时要灵活转换话锋。比如这样说：我们坚信被告人是无罪的，如果法庭不采纳我们的无罪辩护意见，则被告人也具有以下从轻或减轻处罚的情节。甚至可以更简洁地说：即使被告人的行为构成犯罪，也可以对其从轻或减轻处罚。这样的“预备性答辩”，何尝不可？

2015 年 9 月 16 日，最高人民法院、最高人民检察院、公安部、国家安全部、司法部联合印发《关于依法保障律师执业权利的规定》（司发〔2015〕14 号），其中第 35 条规定：“辩护律师作无罪辩护的，可以当庭就量刑问题发表辩护意见，也可以庭后提交量刑辩护意见。”

2017 年 11 月 27 日，最高人民法院发布了《人民法院办理刑事案件第一审普通程序法庭调查规程（试行）》（法发〔2017〕31 号），第 44 条规定：“被告人当庭不认罪或者辩护人作无罪辩护的，法庭对定罪事实进行调查后，可以对与量刑有关的事实、证据进行调查。被告人及其辩护人可以当庭发表质证意见，出示证明被告人罪轻或者无罪的证据。被告人及其辩护人参加量刑事实、证据的调查，不影响无罪辩解或者辩护。”

中华全国律师协会于 2017 年 9 月 20 日印发的《律师办理刑事案件规范》（律发通〔2017〕51 号）第 118 条指出：“辩护律师做无罪辩护的案件，法庭辩论时，辩护律师可以先就定罪问题发表辩论意见，然后就量刑问题发表意见。”

律师作无罪辩护时又可作量刑辩护被最高司法机关明文肯定，并且被写入全国律协办案规范，还有什么值得顾虑的呢？

第九讲

书　证

证据可分为实物证据和言词证据。实物证据是指以客观存在的实体物品作为待证事实表现形式的证据，包括书证、物证、视听资料、电子数据和勘验笔录。言词证据是以证人、鉴定人和当事人对案件事实的陈述内容来揭示案件真相，证人证言、鉴定意见和当事人陈述被统称为言词证据。

本讲为实物证据中的书证，主要探讨七个问题。

一、书证的载体

书证作为各种诉讼活动中使用最广泛的证据之一，其证据功能的发挥乃是依靠文字、图形、符号等所表达的思想内容来证明案件事实。因此，书证不一定是书写的文字，可以表现为图形、符号等。如伪造的货币此时就属于书证。

宽泛地讲，书证不仅包括打印、书写于纸张上的文字记录，照片、录音录像、存储于计算机磁盘等电子介质上的数据电文均可以归属于书证的范畴。《民事诉讼法》将录音、录像等作为视听资料，存储于电子介质上的数据电文作为电子数据，成为独立的证据类型，因此，书证应从狭义上理解，即指视听资料和电子数据之外的以其记载的内容来证明案件事实的资料。

由于书证是以其记载的内容发挥事实证明作用的证据形式，纸质的文件当然是其最主要的载体，常见的书证如合同文本、信函、电报、传真、图纸、图表等各种纸质文件。但其他非纸质的物品，如刻有文字或图案的竹木、金属、石碑等，性质上也为书证，故书证并不限于纸质文件。

千万要注意，不能将书面形式的材料与书证等同起来。书面形式的材料不一定都是书证。如果一份书面材料记录的是证人陈述，那它就是书面证言；如果记录的是鉴定过程和结果，那它就是鉴定意见；如果记录的是现场勘验经过和结果，那它就是勘验笔录。

书证虽是以记载的内容来证明案件事实，但内容是否合法并不影响其可采性。这一点很容易引起误解。进言之，即使书证的内容不合法，但该书证仍然能被作为证据使用。如反动标语、淫秽书刊，其内容显然违法，但正是此违法内容能够证明当事人有印发反动标语、出版淫秽书刊的事实存在。

二、复印件的性质及质证

讲复印件之前，先讲复制件。复制件，是指通过对原件或原物进行拍照、复印、打印、扫描、备份等方式形成的图文资料。按照学理上的分类，复制件属于传来证据，单独不能作为认定案件事实的根据。实际上，复印件、照片、影印件和抄录本均可统称为复制件。复印件只是复制件的一种，复制件的外延要大于复印件。

实践中大家比较关心的一点是，对书证复印件可否拒绝质证？

依照《民事诉讼证据规定》第61条的规定，对书证进行质证时，除出示原件确有困难并经人民法院准许出示复制件、原件已不存在但有证据证明复制件与原件一致两种情形外，当事人应当出示书证的原件。由此可见，一方当事人要求对方当事人出示书证原件是一种诉讼上的权利。2022 年《民诉法解释》第 111 条第 1 款列举了提交原件确有困难的五种情形，分别为：（1）书证原件遗失、灭失或者毁损的；（2）原件在对方当事人控制之下，经合法通知提交而拒不提交的；（3）原件在他人控制之下，而其有权不提交的；（4）原件因篇幅或者体积过大而不方便提交的；（5）承担举证证明责任的当事人通过申请人民法院调查收集或者其他方法无法获得书证原件的。其中的第 1 种情形可谓对《民事诉讼证据规定》第 61 条第 2 项的类型化，第 2 ~ 5 种情形可谓对第 61 条第 1 项的类型化。

按照《最高人民法院新民事诉讼法司法解释理解与适用》中的阐释，提交书证原件确有困难共分为上述五种，均指存在客观原因的情形，并且无兜底条款。除此五种情形外，书证复制件不具有证据能力，应当被排除[①]。从我的执业经历来看，从未遇到法庭要求当事人对无法提交原件的原因作出解释，其实是不对的。当然，如果要求解释原因，基本上都可以“书证原件遗失、灭失或者毁损”进行应答。书证复制件不具有证据能力的情形不太可能存在。

按照《民事诉讼证据规定》第 61 条第 2 项的意图，书证原件已不存在的，当事人出示证据应当包括两个方面：一是复制件；二是能证明复制件与原件一致的证据。如果没有旁证，仅出示复制件，是不能作为证据使用的。如同《公安机关办理刑事案件程序规定》第 65 条规定的那样，书证的复制件，经鉴定证明为真实，或者以其他方式确能证明其真实的，可以作为证据使

① 参见最高人民法院民法典贯彻实施工作领导小组办公室编著：《最高人民法院新民事诉讼法司法解释理解与适用》，人民法院出版社 2022 年版。

用。书证的复制件不能反映原件及其内容的，不能作为证据使用。

我不接受这样的观点。欠缺原件的书证复印件，其本身仍然是一种证据，只是一种需要补强的证据，即有其他证据予以印证（如对方当事人承认）时具有完全的真实性，没有其他证据印证时真实性无法确认。因此，不能与原件核对无误的复印件，其证明力虽然受到影响，但在提交原件确有困难的情形下，仍具有证据资格。以有无证据证明复制件与原件一致来决定书证复制件的证据能力，并不足取，《民事诉讼证据规定》第 61 条第 2 项似乎多余。

实务中遇到一方提交的书证复印件，另一方是否可以拒绝质证，不能一概而论。

如果属于当事人出示原件确有困难的情形，复印件具有证据能力，法庭当然应予准许，另一方不可拒绝质证，否则视为其放弃了质证的诉讼权利。

如果不属于出示原件确有困难的情形，复印件不具有证据能力，法庭不应准许；即使法庭准许出示复印件，另一方也可拒绝质证，并且不会产生证据法上不利的后果。

在书证复印件具有证据能力的情况下，鉴于《民事诉讼证据规定》第 90 条有关于无法与原件核对的复制件，虽然不能单独作为认定案件事实的根据，但是可以和其他证据结合使用的意旨，若有其他证据证明复印件与原件相符，可以确认书证复印件的形式真实性，然后进一步对其内容真实性予以考察；若没有其他证据印证该书证原件确实存在过，则该复印件真实性无法判别，证明力较小，无法采信。然而，在行政诉讼中，如果当事人提供不出原件，对方当事人对复印件不予认可，又无其他证据印证，依照《行政诉讼证据规定》第 57 条，则应认定该复印件不具备真实性。严格来说，证据真实性无法判别，与证据不具备真实性还是有区别的。

三、复写件的性质及效力

把复写纸夹在两张或几张纸之间书写所形成的文书，叫复写件。例如，商场售货员用复写纸开具的第二联、第三联发票，就是复写件。关于书证复写件的属性，《民事诉讼证据规定》及《民诉法解释》未置一词，学理上观点纷呈，实务中也是无章可循。

一种观点认为，复写件属于书证的复制件，在法律上属于传来证据，需要其他证据佐证才能证实相应的事实，不能作为原始证据直接认定事实；除非某复写件被当事人事后签名或加盖印章加以确认，可视为当事人对该复写件所表达的文字内容的真实性予以认可，该复写件才具有原件的效力。

另一种观点认为，复写件属于原件，是原件的一式多份中的一份，与复制件具有本质的不同。复写件与原件产生于同一过程，只是为了其他用途而利用此方式一次性制作多份；但无论是几份，其制作是一个行为，即原始制作行为，原始制作行为制作出的材料应该是原件。

在我看来，复写件不是原件。原件是指由文书制作单位或个人所签发或制作的最初签字定稿的原本或者加盖印章与原本具有同一效力的主送文本；复写件是经过媒介复写纸而形成的，没有制作人或制作单位的最初签章，不具有原件的特征。

复写件也不是复制件。复制件是在已有原件的基础上以扫描、复印等方式制作的，非直接来自原始出处，间接来源于案件事实，是传来的证据；复写件与原件同步完成，反映的是文书内容的原始状态，直接来源于原始出处或直接来源于案件事实，应属于原始证据，并非传来证据。

实务中，在没有相反证据的情况下，复写件应与原件具有同等的效力。当事人如对复写件中笔迹的真实性提出异议，复写件通常可以作为适格的检材进行鉴定。我检索到的北京市顺义区人民法院（2013）顺民初字第4790号、南京市秦淮区人民法院（2013）秦民初字第1989号、台州市椒江区人民法院（2013）台椒商初字第1329号、福州市中级人民法院（2018）闽01民终3591号民事判决书，都认定复写件具有检材的适格性，而复印件原则上不可以作为适格的鉴定检材。

需要注意的是，原件属于原始证据，但原始证据未必是原件，复写件就是典型例子。另需注意的是，对于原始证据与传来证据的划分标准，学界存在不同理解。那么原始证据和传来证据是否为人们平常所说的“第一手证据”和“第二手证据”？

原始证据和传来证据并不等同于人们平常所说的“第一手证据”和“第二手证据”。“第一手证据”一般是指自己亲自收集来的证据，“第二手证据”则指别人代为收集来的证据。因此，“第一手证据”可能是原始证据，也可能是传来证据；“第二手证据”可能是传来证据，也可能是原始证据。例如，当事人亲自收集来的与案件有关的合同复印件，属于“第一手证据”，却是传来证据。相反，当事人让他人代为收集的合同原件，属于“第二手证据”，却是原始证据。因此，我们不能简单地把原始证据和“第一手证据”等同起来，也不能简单地把传来证据和“第二手证据”等同起来。

四、单位证明材料的性质

单位出具证明材料在民事诉讼中比比皆是，如在离婚案件中，当事人找所在的村委会出具证明，证明夫妻在家常发生争打。这份证明材料是书证还是证人证言？实践中见仁见智。

书证分为公文书证和私文书证。公文书证是公共管理机关在行使公权力的过程中基于权限所制作的文书。私文书证是指公文书证之外的文书。村委会出具村民夫妻感情方面的证明材料，并非属于公文书证，因为这样的证明材料，不是村委会在职权范围内形成的。

在本书增订版中，我提出，村委会对其持有的档案材料可以在复制件上加盖公章，以证明与原件一致；村委会可证明某村民已离开户籍所在地多少时间以上；村委会可证明某村民的身份信息。这样的证明内容属于村委会的职权。2020 年 2 月，民政部、国家发展改革委等六部门联合发布《关于改进和规范基层群众性自治组织出具证明工作的指导意见》（民发〔2020〕20 号），在附件《不应由基层群众性自治组织出具证明事项清单（第一批）》中明确了亲属关系、居民身份信息、婚姻状况、居民就业状况、居民个人档案、居民财产等 20 种证明事项，基层群众性自治组织不应出具。所以，我原先的提法需要更正。

村委会出具村民夫妻感情方面的证明材料，不符合 2022 年《民诉法解释》第 114 条对公文书证的规定，它是否属于私文书证？

书证具有具体明确的思想内容，往往是在当事人实施民事行为的过程中形成的，记载了民事法律关系发生、变更或消灭的过程，其根本特征在于其客观性，由此决定了其一般不是为特定诉讼制作的，而是形成于某一特定诉讼活动开始之前，或者是在与特定诉讼活动不相关的情形下形成的。

表 1 是民发〔2020〕20 号文件附件。

表1　不应由基层群众性自治组织出具证明事项清单（第一批）

序号	证明名称	办事途径
1	亲属关系证明	居民办事事项涉及的相关部门可通过与公安、民政、卫生健康等部门信息共享方式进行核对，或由居民据实提供居民户口簿、结婚证、《出生医学证明》等予以证明，证件材料遗失的由相关部门予以补办；曾经同户人员间的亲属关系，历史户籍档案等能够反映，需要开具证明的，公安派出所在核实后应当出具（不动产登记情况、公证办理情况除外）
2	居民身份信息证明（户籍证明）	居民办事事项涉及的相关部门可通过与公安部门信息共享方式进行核对，或由居民据实提供居民户口簿、居民身份证、出入境证件等予以证明，证件材料遗失的由相关部门予以补办
3	户口登记项目内容变更申请证明	居民直接向公安部门申请办理姓名、性别、民族成份、出生日期、公民身份号码等5项户口登记项目内容变更，无须基层群众性自治组织提供前置证明材料
4	居民养犬证明	养犬居民应当自行征求利害关系人的同意，并提供相关证明材料；公安等有关部门应当按法律规定自主进行调查核实
5	无犯罪记录证明	根据相关规定，国家正在逐步健全完善犯罪记录制度，人民法院负责依照规定向公安机关送达生效的刑事裁判文书，公安部门、国家安全部门和司法行政部门分别负责受理、审核和处理有关犯罪记录的查询申请
6	社区戒毒社区康复人员情况证明（表现证明）	由街道（乡镇）社区戒毒社区康复机构出具
7	人员失踪证明	利害关系人直接向基层人民法院提出申请，由基层人民法院依法定程序宣告人员失踪

续表

序号	证明名称	办事途径
8	婚姻状况证明（婚姻关系证明、分居证明）	居民办事事项涉及的相关部门可通过与民政部门、人民法院信息共享方式进行核对；或由居民据实提供结婚证、离婚证、人民法院生效裁判文书或离婚证明书、配偶死亡证明等予以证明，证件材料遗失的由相关部门予以补办（婚姻登记档案丢失、收养情况除外）
9	出生证明	居民应当据实提供《出生医学证明》、居民户口簿、居民身份证、出入境证件等予以证明，证件材料遗失应当及时通过相关部门补办
10	健在证明	居民办事事项涉及的相关部门通过与卫生健康部门信息共享的方式进行核对
11	死亡证明	居民办事事项涉及的相关部门通过与卫生健康部门、公安部门、人民法院信息共享的方式进行核对；负责救治或正常死亡调查的医疗卫生机构出具《居民死亡医学证明（推断）书》，未经救治的非正常死亡证明由公安部门出具，失踪人员由人民法院依法定程序宣告死亡
12	疾病状况证明（急诊证明、意外伤害证明）	疾病状况证明（急诊证明）由具备医学鉴定资质的医疗卫生机构出具；意外伤害证明由当事人向人力资源社会保障部门、保险公司提供就医记录等材料
13	残疾状况证明	由户籍所在地县级卫生行政机构和残联指定的具备评残资格的医疗卫生机构出具相关证明
14	婚育状况证明（生育状况证明）	居民办事事项涉及的相关部门通过与卫生健康部门信息共享的方式进行核对；居民提供《出生医学证明》、居民户口簿等予以证明，证件材料遗失应当及时通过相关部门补办（收养情况除外）

续表

序号	证明名称	办事途径
15	居民就业状况证明	居民实际持有能证明失业身份的，如终止解除劳动关系证明、个体工商户（私营企业主）停业证明等，由居民自行提供；登记失业人员、就业困难人员由公共就业服务机构在其申领的《就业创业证》上予以注明
16	居民个人档案证明	居民办事事项涉及的相关部门通过居民个人档案保管单位信息共享的方式进行核对；居民应当提供真实、合法、充分的有关证明材料（国家另有规定的除外）
17	居民财产证明（经济状况证明、收入证明、偿还能力证明、房产证明、银行存款证明、投资情况证明、车辆所有权证明等）	居民办事事项涉及的相关部门按照法定程序与权限，通过与财政、税务、人力资源社会保障、房地产管理、自然资源、银保监、证监、市场监管、公安等部门信息共享或个案查询的方式进行核对；居民应当据实提供不动产权属证书、银行存款凭证、有价证券、保险合同、车辆行驶证等予以证明，证件材料遗失应当及时通过相关部门补办（法律援助情况除外）
18	遗产继承权证明	居民办事事项涉及的相关部门通过与民政、卫生健康等部门信息共享的方式进行核对；居民应当据实提供结婚证、离婚证、居民户口簿、《出生医学证明》等予以证明，证件材料遗失应当及时通过相关部门补办；继承人应当本着互谅互让、和谐团结的精神，协商处理继承问题，遗产分割的时间、办法和份额，由继承人协商确定，协商不成的，可以由人民调解委员会调解或者向人民法院提起诉讼
19	市场主体住所证明（经营场所证明、同意住宅改变为经营性用房证明、社区经营性用房无扰民证明）	申请人应当提供经营场所的不动产权属证明文件、有效租赁合同等；住宅改变为经营性用房的，申请人应当自行征求利害关系人的同意，并提供相关证明材料

续表

序号	证明名称	办事途径
20	证件遗失证明	居民遗失居民身份证、居民户口簿、出入境证件、结婚证、离婚证、老年人优待证、残疾人证、残疾军人证、车辆行驶证、《出生医学证明》、《居民死亡医学证明（推断）书》、学历学位证书等证件、证明材料，以及银行卡、存折、保险合同、邮政汇款单、邮政包裹单、电卡、天然气卡等商业凭证，应当向业务归口管理部门或经办单位申请补发，无须基层群众性自治组织提供前置证明材料

村委会应一方当事人的请求，在诉讼前或诉讼中为其出具夫妻在家曾发生争吵的证明，尽管表现为书面形式，但该材料所记载的实为村委会对案件待证事实的“感知”，故宜认定为证人证言。如果出具该证明材料的相关人员不出庭作证，则该证明材料的真实性无法确定，需要其他证据补强后才能认定，单独不能采信。在 2015 年《民诉法解释》修改前，实务中大多持这种见解。

然而，《最高人民法院新民事诉讼法司法解释理解与适用》（上）第 308 页写道：“单位出具的证明材料，尽管从表面上看类似于证人作证的行为，但由于是以其记载的内容发挥事实证明作用，性质上属于书证。无论制作主体是否具有社会管理职能，这种书证均与公文书证无关，类别上属于私文书证应无疑义。”虽然对这种证明材料的性质不免仍有争议，但司法解释的本意应该说非常清楚，村委会出具夫妻感情方面的证明材料，应作为私文书证对待。这样的证明材料，不符合民发〔2020〕20 号文件精神，超出村委会可以出具证明事项的范围，可认为证据主体（作证主体）不合法。

比如，辽宁省大连市中级人民法院（2021）辽 02 民终 9311 号民事裁定指出：“根据《民政部国家发展改革委公安部司法部人力资源社会保障部国家卫生健康委关于改进和规范基层群众性自治组织出具证明工作的指导意见》的规定，不应由基层群众性自治组织出具证明事项清单（第一批）第 17 项为‘居民财产证明（经济状况证明、收入证明……）’，而被上诉人于一审期间提交村委会出具的《证明》的内容，符合不应由基层群众性自治组织出具证明事项清单（第一批）第 17 项规定的情形。故将本案发回重审，一审法院应就刘某林生前是否从事劳动及其收入状况等分配举证责任，并据实裁判。”

有趣的是，在“朱某峰与卢某强房屋租赁合同纠纷案”［(2017)最高法民申 1047 号］中，朱某峰申请再审提出，消防部门出具的证明属书证范畴，原判决将其视为自然人的证人证言，定性错误。最高人民法院的意见是：原审法院以该证明属于证人证言，相关证人未出庭接受质询等为由不予采信，符合证据认证规则。朱某峰认为该证明属于书证的申请理由，缺乏法律依据，不予支持。一下子又回到 2015 年《民诉法解释》修订前的裁判立场。

我认为，无论是公文书证还是私文书证，都应当形成于案件发生之前或过程之中，而不能形成于案件发生之后，更不应形成于民事诉讼过程之中。《最高人民法院新民事诉讼法司法解释理解与适用》一书将单位证明材料归类为私文书证，我不是十分认同。这类证明材料与刑事案件中的“情况说明”类材料一样，并不具有书证的性质，应被归入广义的“书面证言”。

对于私文书证的形式要求，《民诉法意见》第 77 条规定：“依照民事诉讼法第六十五条由有关单位向人民法院提出的证明文书，应由单位负责人签名或盖章，并加盖单位印章。”2022 年《民诉法解释》第 115 条第 1 款规定：“单位向人民法院提出的证明材料，应当由单位负责人及制作证明材料的人员签名或者盖章，并加盖单位印章。人民法院就单位出具的证明材料，可以向单位及制作证明材料的人员进行调查核实。必要时，可以要求制作证明材料的人员出庭作证。”由此可见，《民诉法解释》对单位出具的证明材料的要求，比之前的《民诉法意见》来得严格。

根据《民诉法解释》，单位证明材料要想具备证据资格，必须同时满足以下三个要件：（1）单位负责人签名或盖章；（2）经办人员签名或盖章；（3）加盖单位印章。不符合“三要件”的单位证明材料，原则上不具有证据资格。这方面比较典型的例子如湖北省荆门市中级人民法院审理的“王某君与荆门市人社局社会保障行政管理争议案”[（2017）鄂08行终27号]：王某君提前下班结果被车撞伤，人社局认定其不是工伤。王某君向法庭提交了医院骨伤科出具的情况说明，证明其受伤住院时处于生理期，一审法院采纳了该证据，撤销了人社局的不予认定工伤决定。二审法院纠正了一审法院的错误认证，认为情况说明没有制作证明材料的人员及单位负责人签名或盖章，仅有医院医务科印章，该证据的形式要件不符合法律规定，也没有其他证据佐证，并且人社局在原审庭审质证时对该证据提出了异议，原审法院采信该证据不当。于是撤销一审判决，发回重审。类似认证如（2018）沪01民终12377号、（2017）最高法民申2096号、（2016）浙04民终1329号案，法院严格遵照“三要件”审查判断单位证明材料。

在增订版中，我表示不符合“三要件”的单位证明材料，不具有证据资格，这是基于《最高人民法院新民事诉讼法司法解释理解与适用》坚持的立场。现在，我对这一观点加上“原则上”这一限定语，因为受（2021）最高法民申5411号案影响。最高人民法院认为，2020年《民诉法解释》第115条第1款关于“单位向人民法院提出的证明材料，应当由单位负责人及制作证明材料的人员签名或者盖章，并加盖单位印章。人民法院就单位出具的证明材料，可以向单位及制作证明材料的人员进行调查核实。必要时，可以要求制作证明材料的人员出庭作证”的规定中，并无缺少制作证明材料人员签名即无证明效力的明确表述。当事人对证书质疑的，亦可依据前款规定请求人民法院对制作证明材料的人员进行调查核实或出庭作证。据此，不符合“三要件”的单位证明材料，并非一律不具有证据资格，还要视情而定。

需要反思的是，对证明材料的形式要求，刑事诉讼证明领域却没有民事诉讼证明领域这么严格。以《办理刑事案件排除非法证据规定》第7条第3款为例：“公诉人提交加盖公章的说明材料，未经有关讯问人员签名或者盖章的，不能作为证明取证合法性的证据。”在我看来，刑事诉讼关乎人身自由及性命，对证据合法性的要求只能严于民事诉讼，至少不能降格。公诉人提交的说明材料，司法解释还应增加须有讯问单位负责人签名或盖章的要求，仅要求讯问人员签名或盖章远远不够。

另需注意的是，证明材料具有单位负责人、经办人员签名或盖章并加盖单位印章，仅满足了证据的形式要件，并不表明该材料就真实可靠。法庭对证明材料的真实性不能形成内心确信时，可以向单位及经办人员进行调查核实，或传唤经办人员出庭作证。出具证明材料的单位及经办人员拒绝调查核实，或经办人员无正当理由拒绝出庭作证的，该证明材料会因真伪不明而无法被法庭采信。《最高人民法院公报》2016年第12期刊登了“李某柏诉南京金陵置业发展有限公司商品房预售合同纠纷案”，裁判摘要为：对于政府机关及其他职能部门出具的证明材料，法院应当对其真实性、合法性以及与待证事实的关联性进行判断，如上述证据不能反映案件的客观真实情况，则不能作为法院认定案件事实的根据。

2015年《民诉法解释》出台后，我有幸聆听了当时在最高人民法院民一庭任职的肖峰法官在南京的讲座，他结合自己经办的一起案件谈及对2015年《民诉法解释》第115条的理解与适用。案情大概是这样的：因一债务案件法院要执行被告名下房产，第三人提出异议，主张被告名下的房屋已出卖于他，并提交了当地房管部门出具的证明材料，证明内容是由于政府办证部门原因，房屋权属没有变更登记。法官发现这份证明材料是周六出具的，起了疑心，通知出具该证明材料的经办人到最高人民法院核实。刚开始，这位同志振振有词，说他们那边为了便民办事，周六也上班。当法官严肃指出作伪证的后果后，他表示再回忆回忆，紧接着就吐露实情，这份证明材料是他帮助当事人炮制的。从司法实践来看，单位出具证明材料不一定完全可靠，尤其是社区、村委会、居委会，基于人情世故等因素，出具的证明材料水分很多，需要慎重对待。

另需注意的是，法庭有时因案件审理需要，发函给相关单位，调查询问相关问题，单位出具的复函中可能只有印章，没有负责人或经办人的签名或盖章，按照（2020）最高法民申1102号民事判决的观点，这种情形不适用《民诉法解释》第115条。

五、笔迹鉴定的申请主体

下面讲笔迹鉴定的申请问题。比如，原告对被告主张借款关系，为此向法庭提供了一张借条，被告否认借条为自己所写。按照之前的操作惯例，法庭一般告知被告申请笔迹鉴定；按照目前的操作惯例，法庭一般告知原告申请笔迹鉴定。这种做法是否适当，有无检讨的余地？

有学者认为，关键在于被告“关于借条不是自己所写”的答辩究竟是一种否认还是一种抗辩，这决定了由谁提出鉴定申请并预交鉴定费用。如果被告的答辩是抗辩，那么他就负有证明自己事实成立的举证责任，应当申请笔迹鉴定，在其拒不申请鉴定的情况下，就应当承担举证不能的后果；如果认可被告答辩是否认，那么被告无须再提出证据加以证明，不承担举证责任。

有观点认为，被告否认借条是其所写，实质是对借款事实的否认，而不是一种抗辩。根据“否认者不负举证责任”的证据理论通说，被告无须承担举证责任，不应由其申请笔迹鉴定。

有观点进一步补充，在证据法理论上，待证事实还有积极事实和消极事实之分。对于积极的事实，主张该事实的一方当事人应承担举证责任；对于消极的事实，主张该事实的一方当事人无须承担举证责任。原告主张借条真实有效，这是一种积极事实的主张，所以应承担举证责任，并且要达到高度盖然性证明标准的要求。相反，被告辩解借条非其所写，是一种消极事实，无须承担证明责任。积极事实和消极事实，大体相当于抗辩和反驳。

还有一种观点认为，待证事实通常分为权利发生事实、权利受制事实、权利妨碍事实和权利消灭事实。谁主张相应事实，谁就应当对该事实加以证明。按照法律要件分类说，主张合同关系成立并生效的事实属于权利发生事实，因此主张者应当对该事实承担举证责任。对此，原《民事诉讼证据规定》第5条有明文规定。原告持借条到法院提起诉讼，属于主张借款合同关系成立并生效的一方当事人，待证事实是权利发生事实，应当由其对签字、盖章的事实承担举证责任。在原告出示的借条遭到对方否认的情况下，单凭它还不足以证明借款关系的成立，因为对该借条的真实性尚存疑问。所以，在被告提出上述答辩的情况下，原告持有的证据显然不能达到高度盖然性的证明要求，也就不能确认原告的证明责任已经完成。故应由原告提出鉴定申请并预交鉴定费用，由被告提供笔迹比对样本。

《民事诉讼证据规定》第92条第1款规定：“私文书证的真

实性，由主张以私文书证证明案件事实的当事人承担举证责任。”此款是对私文书证形式真实性举证责任的分配，与我国台湾地区“民事诉讼法”第 357 条“私文书应由举证人证其真正”之规定旨趣相同。若举私文书证，对方只要认为“该私文书证不真实”，则举证人就要力证私文书证的真实性。

第一讲提及，证据的真实性包含两层含义：形式真实性与实质真实性。前者涉及证据本身的真伪问题，即证据是否系制作者意思所为，有没有被伪造、变造、篡改；后者涉及证据内容的真伪问题，即证据记载的内容是否反映了案件的客观事实，与真实情况是否相符。证据要具有实质真实性，必须先具有形式真实性。规定私文书证形式真实性的举证责任由持有书证并主张真实一方承担，我想理由是，从书证证明内容利益归属和对真实性证明能力来看，由持有书证并主张真实一方承担真实性的举证责任更为公平。

在最高人民法院举行的《关于修改〈关于民事诉讼证据的若干规定〉的决定》新闻发布会上，最高人民法院民一庭负责人答记者问时，对适用《民事诉讼证据规定》第 92 条第 1 款举过下面的例子：

> 比如原告提交了证据，被告提出签名不真实、合同不真实，怎么办？法官原则上应当要求提交证据的一方，也就是主张权利的一方，提出请求的一方，你要证明你的证据是真实的，举证责任在原告方；提交证据的这一方，你要证明合同是真实的、签名是真的。如果说你提供不了这方面的证据，那就可能会导致法官不支持你的请求，可能导致败诉的后果。如果需要鉴定，这个时候原告有申请鉴定的义务。

依照《民事诉讼证据规定》及上述答问，前述提到的借条签名问题，原则上应由原告申请笔迹鉴定。但我赞同部分学者的见解，觉得有必要区分举证责任与举证必要。举证责任是法定的，来源于法律的强制性规定，法官只是对其依法分配，不发生举证责任转换的问题，即举证责任具有不可转换性；但举证必要作为举证责任内部的一项子内容，则是可以转移的。就此有学者指出："举证责任为事实最后仍真伪不明时，其利益归于何方当事人之问题。而证明之必要则为在具体的诉讼状态，何方当事人如不提出证据，将招致不利益之结果问题，证明必要因诉讼事件时时刻刻之具体状态（法官心证之倾向），往复移转于当事人之间。"

例如，在（2020）最高法知民终 67 号案中，最高人民法院判决指出："在具体案件的审理中，举证责任在当事人之间的转移取决于人民法院对负有证明责任的一方当事人所提供证据的证明力的综合评价结果。如果在对一方当事人所提供证据进行审查判断后，认为其证明力具有明显优势并初步达到了相应的证明标准，此时可以不再要求该方当事人继续提供证据，而转由另一方当事人提供相反证据。因此，具体案件中举证责任转移的前提条件是负有证明责任一方当事人提供的现有证据已经初步达到相应的证明标准。"准确地说，举证必要可以转移，举证责任不可以转移。

回到题例，虽然原告对借贷关系的成立承担举证责任，但并不意味着在任何情形下，只要被告对借条签名真实性提出异议，都应由原告提出鉴定申请。如果借条的真实性已经获得了高度可能性，法官内心已获得借贷关系成立的心证，可认为原告没有申请笔迹鉴定来证明自己主张之必要。比如，借条上债务人的签字和其在答辩状、庭审笔录中的签字没有什么区别，法官内心已确信借款事实，被告在没有反驳证据的情况下，单纯对借条签名的真实性提出异议，不足以动摇法官业已形成的心证，不足以让借贷关系是否成立陷入真伪不明时，则申请笔迹鉴定的举证之必要就在于债务人。故而，笔迹鉴定申请在当事人之间不是举证责任分配问题，而是举证必要分配问题，那种一概由原告或由被告申请笔迹鉴定的做法都是片面的。

2016 年，我办理了一起民间借贷纠纷案［（2016）浙 1004 民初 2652 号］，原告将被告一家五口即父亲、两个儿子及其配偶告到法庭，要求五被告共同返还借款 30 万元及利息。我代理大儿子徐某 1，大儿子认为借条上的签名不是他本人所签的，应该是他已故母亲代签的。法庭一开始要求我方申请笔迹鉴定，我提交了结婚登记审查处理表和授权委托书上当事人的签名，认为通过肉眼比对，明显与借条上的笔顺、风格不同，借条签名明显存疑，提出应由原告申请笔迹鉴定。法庭随后采纳了我方意见，责令原告申请笔迹鉴定。小儿子徐某 2 没有聘请律师，也没有举证，法庭要求他申请笔迹鉴定。同一个案件，申请鉴定的主体却不同，耐人寻味。这正好说明了笔迹鉴定不是举证责任问题，而是举证必要问题。

换个案例讨论收据真实性的鉴定问题。2015 年 9 月，王某起诉林某，要求返还借款 8 万元，并出示了借条。林某声称确实借过 8 万元，但已经还清，并出示了一张收据，上面有王某的签名。王某对收据的真实性提出异议，认为签名是伪造的。法庭提示是否需要对收据上的签名进行鉴定，但双方均不愿意预付鉴定费用，因此都不愿意提出鉴定申请。

此案中应由原告王某还是由被告林某申请笔迹鉴定？

我之前认为，原、被告对合同是否履行发生争议，按照法律要件分类说，合同义务的履行是合同相应权利消灭的事由，因此主张合同履行的一方，应当对已履行的事实加以证明。原《民事诉讼证据规定》第 5 条第 2 款对此作了类似规定，现已被删除。原告王某起诉被告林某返还借款 8 万元，对此原告提供了借条且被告对借款事实没有异议，原告就此完成了举证责任。被告林某主张已还清借款，那么应由被告就还款事实进行举证。在收据真实性有异议的情况下，被告举证尚未完成，应由其申请笔迹鉴定。在被告林某申请笔迹鉴定的情况下，需要由原告王某提交本人的签名，以供鉴定使用。如果原告拒不提供其签名比对样本，可以根据证明妨碍规则，即《民事诉讼证据规定》第 95 条关于“一方当事人控制证据无正当理由拒不提交，对待证事实负有举证责任的当事人主张该证据的内容不利于控制人的，人民法院可以认定该主张成立”的规定，认定该签名是真实的。

我现在认为，仍应将举证责任与举证必要区分开来。按照罗森贝克教授的法律要件分类说，被告林某对还款事实负有举证责任，这一点毋庸讳言。被告虽未申请笔迹鉴定，其提供的收据签名经比对若无疑点，已使法官确信还款事实，可以认为被告的举证已经达到证明标准。此时，原告若坚持收据不是其书写，应由原告申请笔迹鉴定。举证责任丝毫不发生转换，只是举证必要发生转换。

浙江省高级人民法院民二庭《关于商事审判若干疑难问题的解答（一）》（浙高法民二〔2020〕9 号）中的问答 4 引起了我的思考。

4. 原告起诉请求被告支付货款，被告对原告提供的结算凭证上被告签字的真实性不予认可的，由哪方申请鉴定？

答：此种情形下，是否应当鉴定以及由谁申请鉴定，应当分以下情形处理：

> (1) 原告起诉请求被告支付货款，并提供了表明买卖关系成立的初步证据，如买卖合同、送货单、结算凭证等，被告对结算凭证上的签名真实性提出异议，应当由被告申请鉴定。如被告拒不申请鉴定，应由被告承担举证不能的后果。
>
> (2) 原告仅凭结算凭证主张买卖合同关系成立，被告对买卖关系成立不持异议，仅对结算凭证上的签名真实性提出异议的，由被告申请鉴定。被告否认双方之间存在买卖关系，并对结算凭证上签名的真实性提出异议的，人民法院应在审查结算凭证本身能否表明双方买卖合同成立的基础上，决定由谁申请鉴定。如经审查认为结算凭证本身能够表明双方买卖合同成立，应由被告申请鉴定；如经审查认为结算凭证本身不能表明双方买卖合同成立，是否需要鉴定应由人民法院根据案件事实决定。

我对此持相反意见，被告对结算凭证上的签名真实性提出异议，原则上应由原告申请笔迹鉴定。如果签名经比对无疑点，法官内心已经确信，此时不再要求原告申请笔迹鉴定，转由被告申请笔迹鉴定。因此，一概由原告或由被告申请笔迹鉴定是片面的。

关于私文书证举证责任分配问题，有必要提一下，《〈全国法院民商事审判工作会议纪要〉理解与适用》[①] 一书中提出："假公章的认定，往往需要借助举证责任的分配予以解决。通常情况

① 参见最高人民法院民事审判第二庭编著：《〈全国法院民商事审判工作会议纪要〉理解与适用》，人民法院出版社2019年版。

下，是公司以加盖在合同书上的某一枚公章是假公章为由提出合同不成立或无效的抗辩，此时，应由该公司承担举证责任，公司可通过申请鉴定、比对备案公章等方式进行举证。”原则上应由提供合同书的一方当事人对公章的真实性承担举证责任，这是对的。最高人民法院法官却在书中认为应由提出异议的公司承担举证责任，这显然与《民事诉讼证据规定》第 92 条第 1 款的规定相反。

《民事诉讼证据规定》第 92 条第 2 款规定：“私文书证由制作者或者其代理人签名、盖章或捺印的，推定为真实。”此款是对私文书证形式真实性的推定。如果查明私文书证上的制作者或其代理人的签名、盖章或捺印属实，则推定私文书证形式真实。此款规定，与我国台湾地区“民事诉讼法”第 358 条第 1 款“私文书经本人或其代理人签名、盖章或按指印或有法院或公证人之认证者，推定为真正”的规定旨趣相同。

需要指出的是，私文书证形式真实，不能推定其内容就是真实的。私文书证记载的内容是否与待证事实相符，应由法庭依自由心证判断。这一点区别于公文书证。公文书证如在形式上具有职权机构的印章，并且在格式和内容上符合该职权机构的行文规范和职权范围，则直接推定内容真实。

如果遇到私文书证有瑕疵怎么办？《民事诉讼证据规定》第 92 条第 3 款给出的答案是：“私文书证上有删除、涂改、增添或者其他形式瑕疵的，人民法院应当综合案件的具体情况判断其证明力。”私文书证有瑕疵可分为两种：一种是外部载体瑕疵，如私文书证物理上有残缺、有撕碎拼接痕迹；另一种是内部载体瑕疵，如私文书证上有删除、涂改、增添之处。《民事诉讼证据规定》没有因为私文书证有瑕疵一概否定其证据能力，而是作为证明力有无、大小的判断因素，赋予法官一定的自由裁量权。

六、传真件的认证

传真已大量使用于商业领域，合同以传真方式订立的比比皆是，但对于传真的认识，实践中颇有争议。争议主要体现在三个方面：一是传真件是否为电子数据；二是传真件是原件还是复制件；三是传真件的真实性认定。

传真是发件人通过传真机向接收人发送书面信息而形成的文字资料，其实质是数据电文的书面形式。但《电子数据规定》第1条第2款正面列举的四类电子数据中并未明指传真，《民事诉讼证据规定》第14条对典型的电子数据也进行了列举，当中也未见传真。《民法典》将传真列为合同的书面形式之一，其第469条明文规定书面形式是指合同书、信件、电报、电传、传真等可以有形地表现所载内容的形式。我国《海商法》第4章“海上货物运输合同”第43条中规定“电报、电传和传真具有书面效力”。据此，传真已成为当事人订立书面合同的一种法定形式。在订立合同时，传真的内容即合同条款，故宜将传真作为书证对待。当然，广义的电子数据似应包括传真。

那么，传真件是原件还是复制件？

我认为传真件不应该是原件，因为传真件上的签名或者印章无法通过司法鉴定途径来确定是否对方当事人所签或所盖。我曾代理过一起货物买卖合同纠纷，对方证明被告欠款的依据是一份传真件，传真件上载明了货物的金额。被告否认向原告发过该传真，原告申请对传真件上的文字笔迹进行司法鉴定，鉴定机构收取鉴定费后，却告知因检材是传真件而无法鉴定。如果是原件，就可以鉴定出来。传真是将已经签字盖章的书面资料借助高科技手段再传送给对方，传真件的原件在发送者手中。从形式看，传真件具有复制的性质，可以将它视为复制件，但不是复印件。

《民法典》规定当事人可以传真形式订立合同，有人将此条款理解为传真件与原件具有同等的证明力，甚至连上海市高级人民法院“民事诉讼证据规则应用能力”轮训指导小组编写的《民事诉讼证据规则应用能力培训读本》也建议“当事人最好在传真件上注明‘传真件有效’等字样”，其实这是一种误解。

传真件具有与原件合同同等的效力，这里的“效力”是指合同的效力，包括有效、无效及效力待定三种。“效力”不等于证明力，有效力的东西不一定就具有证明力。比如说口头合同，《民法典》也规定当事人可以以口头形式订立合同，即口头合同有效，但在诉讼过程中，一方必须提供证据证明口头合同的存在，除非对方认可，否则就要承担举证不能的后果。传真合同也同样，诉讼过程中一方除提供传真件外，还必须证明传真发送的事实即传真件的真实性，否则对方一旦否认，就面临诉讼风险。因而，注不注明“传真件有效”等字样，并无实际意义。对于重要的合同或债权凭证，我建议客户、顾问单位不要采用传真形式签订，或者传真后及时补上正式书面文本，这样在涉诉时证据较为完备。

接下来讲一讲传真件真实性的认定。

虽然当事人通过传真对书面合同的条款进行确认，其效力与双方共同在一份合同上签字确认并无实质区别；但毕竟传真件上当事人的签名或盖章不是第一手的，当事人否认传真发送而传真件上签名或者印章的真实性又无法通过司法鉴定确定，则无法排除其是虚假证据，传真件的真实性就很难认定。

很难认定，不等于不能认定。如果一方当事人提供了传真件及传真成功接收的证明，如电信部门查询到的通话记录、话费计费清单，另一方当事人不承认发送过该传真，对于传真真实性的认定可以结合传真号码、通话记录和传真件上的时间等信息进行验证，看其是否相互吻合，有无矛盾。在可能的情况下，应尽量结合其他证据进行对照，相互印证。如果信息相吻合，或能得到其他证据的佐证，如双方互有传真往来，彼此相互衔接，并且根据庭审调查不存在疑问，法庭可对该传真件的真实性予以确认。

在一起购销进口毛豆油合同纠纷案中，原告某油厂向被告广西北海某公司求购毛豆油 7000 吨，价款 4629 万元。根据合同约定，某油厂支付定金 1200 万元。但由于国际市场上毛豆油价格暴涨，北海公司没有发货。某油厂提供的证据有购销合同、双方往来函件和支付定金的银行承兑汇票。但除汇票外，其余文件均为传真件。法院最后结合承兑汇票以及北海市邮电局长途话费计费清单、通话记录和传真件上的时间吻合这一情况，认定了传真件记载的事实。

我曾代理顾问单位起诉东阳一家公司，双方订购货物全靠传真。我们提交了近 20 份传真件，以证明合同约定的履行地是台州市路桥区及合同约定的主要内容。过去传真使用热敏纸，不太容易保存，好多内容已经褪色。果然不出所料，对方否认发送过传真，辩称业务全通过电话沟通。法庭最后支持了原告的诉讼请求，但对我方举证的传真件真实与否只字未提。法庭可能觉得不好认证，但拒绝认证显然是不对的。

另一个我代理的案件中，为了证明传真件的真实性，我持法院调查令到金华市电信部门查询通话记录，金华市电信部门提供的通话记录与传真件上显示的传真时间相吻合，这就顺利地解决了传真件的真实性问题。需要特别注意的是，电信部门对通话记录一般只保存 6 个月，故取证或固定证据必须及时。高科技在带来便捷的同时，也带来了弊端，现在的传真机可以将传真号码和传真时间设置成隐匿状态，这就给传真件真实性的认定带来了很大的困难。

七、书证提出命令制度

"书证提出命令"制度又称"书证提出义务"制度，《民事诉讼法》没有明文规定"书证提出命令"制度，2015 年《民诉法解释》第 112 条作了原则性的补充解释，《民事诉讼证据规定》在《民诉法解释》的基础上，用 4 个条文（第 45～48 条）对"书证提出命令"的申请条件、审查程序、书证提出义务范围及不遵守"书证提出命令"的后果进行规定，极大地完善了该项制度。

"书证提出命令"制度的要义是：如果有证据证明某书证在对方当事人控制之下，承担举证责任的当事人可以在举证期限届满前书面申请法院责令对方当事人提交，对方当事人无正当理由拒不提交的，法院可以认定申请人所主张的书证内容为真实。

据 2015 年《民诉法解释》起草人介绍，这项制度实际上是对原《民事诉讼证据规定》第 75 条的修改，第 75 条规定："有证据证明一方当事人持有证据无正当理由拒不提供，如果对方当事人主张该证据的内容不利于证据持有人，可以推定该主张成立。"原《民事诉讼证据规定》第 75 条没有限定证据对象或客体，2015 年《民诉法解释》第 112 条将证据对象或客体限定为书证，是为了避免该制度的滥用。

但细心的律师应该会发现，原《民事诉讼证据规定》第 75 条已被最高司法机关予以恢复，体现在修改后的《民事诉讼证据规定》第 95 条，只是在措辞上有所变化，即："一方当事人控制证据无正当理由拒不提交，对待证事实负有举证责任的当事人主张该证据的内容不利于控制人的，人民法院可以认定该主张成立。"说明最高人民法院认识到 2015 年《民诉法解释》第 112 条的局限性，于是又推倒重来。依我之见，《民事诉讼证据规定》

第 48 条第 1 款与第 95 条在逻辑上是属种关系，有了第 95 条，第 48 条第 1 款其实不写也无妨。

然而，“书证提出命令”制度在实践中的运用并不乐观，一些律师、法官不太重视。我在多起案件中曾援引“书证提出命令”制度，申请法庭责令对方提交其持有的书证，但部分法庭对此不予重视。《民事诉讼证据规定》在第 46 条第 3 款中明确规定：当事人申请理由成立的，人民法院应当作出裁定，责令对方当事人提交书证；理由不成立的，通知申请人。这是一个很大的进步。

请特别注意《民事诉讼证据规定》第 99 条第 2 款中间句“关于书证的规定适用于视听资料、电子数据”。这意味着将视听资料和电子数据也纳入“书证提出命令”制度的适用范围，拓展了当事人收集证据的途径，对于促进案件事实查明和实现裁判结果客观公正，具有积极的推动作用。

对于《民事诉讼证据规定》第 48 条第 2 款，控制书证的当事人存在 2015 年《民诉法解释》第 113 条规定情形的，人民法院可以认定对方当事人主张以该书证证明的事实为真实。2015 年《民诉法解释》第 113 条讲的是：持有书证的当事人以妨碍对方当事人使用为目的，毁灭有关书证或者实施其他致使书证不能使用行为的，人民法院可以对其处以罚款、拘留。应当说，第 48 条第 2 款是证明妨害的典范。实践中就曾发生过被告将原告出示的欠条当庭吞下或撕毁的事情，根据该条款，法庭可以直接认定原告的事实主张成立。

第十讲

物　证

我读研时，老师在课堂上举过一案。上海市黄浦区人民法院审理了一起鹦鹉骂人案件。原、被告系邻居，两家不和睦，原告养了只鹦鹉，并训练它骂人，结果鹦鹉飞到了被告家，后反过来骂原主人，原主人起诉邻居要求返还鹦鹉。这只会骂人的鹦鹉是否属于证据？如果是，属于何种证据？

我们可以采用排除法。《民事诉讼法》规定证据有八类，鹦鹉属于当事人陈述？肯定不是；书证，也不是；电子数据，绝对不是；证人证言，鹦鹉不是人，绝不是；鉴定意见，不可能；勘验笔录，也不可能；视听资料，有点说得上，这只鹦鹉会说人话，会骂人，但视听资料包括录音资料和影像资料，这样的话，也不是。剩下的就是物证。因此，鹦鹉属于物证。

一、物证的特征

物证是以外部特征、物质属性、存在状况来证明案件事实的证据。教科书大多这样定义。外部特征，主要是指其客观存在的形状、大小、颜色、数量、新旧破损状况等；物质属性，主要指物证本身所具有的质量、重量、材料、成分（元素）、结构、机能等；存在状况，主要是指物证所存续的时间、占有的空间范围、所处的位置等。

物证是一类重要证据，民事诉讼中常见的物证如权属状况存在争议的物品、合同纠纷中存在争议的标的物、侵权纠纷中受到损坏的物品等。

从物证的概念可以看出，物证有三个特征，物证是以其外部特征、物质属性及存在状况来对案件事实进行证明，这是物证区别于其他证据种类的重要特征。其他种类的证据也可能存在一定的物质载体，如书证及各种笔录，但它们证明作用的发挥是依靠其记载或表达的内容。物证则不同，其并不记载思想内容，实物本身即证据。

如果是从外部特征、物质属性、存在状况来证明案件事实的，就属于物证，否则不能称为物证。这三个特征可同时具备，也可只具备一个。

二、物证的类别

在了解了物证的概念及特征之后，我们再来了解物证的分类。

按照物证具体形态的不同，对物证的类别可作如下划分。

（1）实体物证。简单来说，就是能够被人感官认知的实体物。实体物证有其形体，一般能够在法庭上直接出示。前文提到的权属状况存在争议的物品、合同纠纷中存在争议的标的物、侵权纠纷中受到损坏的物品都属于实体物证。骂人的鹦鹉，也属于实体物证。

（2）痕迹物证。案件事实发生所留下的物质痕迹即痕迹物证。典型的痕迹物证如脚印、指印、唇印、伤痕、血迹、轮胎印等。随着科学技术的发展，人们对痕迹物证的提取和利用程度越来越广，痕迹物证的范围也不断扩大。

（3）微量物证。微量物证也称微型物证，包括微量固体和微量液体。常见的微量固体如金属微粒、铁屑、毛发、纤维等，常见的微量液体如唾液、痰迹、精斑、尿斑等。通常来说，微量物证的运用需要科学设备的检测。

（4）无体物证。无体物证是指没有实在形体的物质，典型的无体物证如气体、味道、声音、光、电等。无体物证也是随着科学技术的不断进步而被纳入物证范畴内的，以前物证并不包括诸如气味、声音之类的无体物证，但由于气味识别、声纹鉴定等技术及其鉴定设备的产生和发展，人们已经能够通过识别气味和鉴定声音等来查明案情。随着科学技术的不断发展，人们对无体物证的认知也将不断深化，无体物证的范围会越来越广。

物证五花八门，多种多样，学理上对物证也有其他不同的分类，如将物证划分为有形物和无形物，有生命（活体）物证和无生命物证，固态物证、液态物证和气态物证，嗅觉物证、视觉物证、触觉物证和听觉物证等。

对于物证的分类，大家不必记牢，有所了解即可。

讲证据的分类，容易联想到证据的种类。要特别留意，在我国，证据分类与证据种类是不同的概念。证据分类是理论上对诉讼证据的类别划分，如将证据划分为直接证据与间接证据、言词证据与实物证据、原始证据与传来证据，这属于学理解释的范畴，目的是研究运用证据的规律，以便提高运用证据处理案件的能力。证据种类系依据法律规定作出的划分，包括当事人陈述、书证、物证、视听资料等。

三、物证与书证的区别

由于物证与书证具有密切的关系，书证在存在的形式上必须依赖一定的物质载体，因而从外表或形式上来看，书证与物证具有相同或相似的形态，同属于实物证据，经常会出现难以判断其归属的困境，所以有必要讲讲物证与书证的区别。这二者的主要区别如下所述。

一是从证明方式上看，物证是以其外部特征、物质属性及存在状况本身来证明案件事实，并不表达思想内容；相较之下，书证尽管同样具有一定的物质形式，但其证明作用的发挥是依靠物质形式上记载的文字、符号或图案所表达的思想内容来对案件事实进行证明。这是物证与书证最为本质的区别。

二是从主观性来看，书证一般有制作主体，能反映制作人的思想或内容，一般是有意识形成的；物证并不具有这种特征，一般是无意识形成的，但也不排除有意识形成的物证。

三是就形式而言，法律要求书证须具备一定的形式要件，有时还要求完成一定的法定手续才具有效力；对物证则没有这样的形式上的特定要求。

四是在固定的方法上，二者也存在一定的差别。书证常以纸张等物质材料为载体，一般可以采用复印等方式予以固定；物证由于形态不同，通常要采用照相等方式进行固定。

五是在证明力的依赖性上，书证一般是通过鉴定确定其真伪；审查物证时，应当对其进行鉴定或勘验。

在特定情况下，同一物品既可以作书证，又可以作物证，这在理论上被称为“书证物证同体”。在以其书写的内容来证明案件事实的情况下是书证，在以其外部特征来证明案件事实的情况下又是物证。如在案发现场收集到一封没有署名的情书，若以书信上的文字所反映的内容来对案件事实进行证明，那么该书信为书证；若通过对书信上文字笔迹的鉴定，进而判明书信的真实性，或判明该书信是某人书写，则该文字笔迹是以其外部特征来证明案件事实，此时又是物证。

下面这个例子更加直观。马某对许某怀恨在心，马某是石头雕刻匠，于是就雕刻了一个形似许某的石头人，上面刻着许某的名字和咒语并把石头扔在了河里。后有人在河里摸到了这个石头人交给了许某，许某怀疑是马某所为，就对马某大骂，于是双方产生纠纷。那么，这个雕刻有咒语的石头人就同时具备书证与物证的特征。

四、物证的出示

1. 何谓提交原物确有困难

在理想的状况下，每个案件的物证都应当为原物，这也是最佳证据规则的要求。但实践中由于各种因素的限制，一概要求提交原物，就将面临举证困难或者举证不能的局面。当然，如果是由于举证方的主观原因或过错导致原物灭失或者无法提交，就应当承担举证不能的负面后果；如果是由于客观原因而非举证方的主观原因或过错导致原物无法提交或者不便提交，则应当作出例外的规定，否则就将导致非正义的结果。

《民事诉讼法》第 73 条第 1 款规定，物证应当提交原物。提交原物确有困难的，可以提交复制品、照片。由此可见，当事人只有提交原物确有困难，法律才允许其提交复制品、照片。

怎样算是提交原物确有困难？没有现成的答案。2022 年《民诉法解释》第 111 条对提交书证确有困难作了解释，但对何谓提交物证确有困难没有作出明文规定。在我看来，可以比照 2022 年《民诉法解释》第 111 条的精神，对提交原物确有困难作出解释。结合司法实践，我归纳了九种例外情形，供大家参考：（1）原物遗失、灭失或者毁损的；（2）原物在对方当事人控制之下，经合法通知提交而拒不提交的；（3）原物在他人控制之下，而其有权不提交的；（4）原物因体积过大或者重量过重而不便提交的，如合同标的物是动车，就不便提交；（5）原物无法搬运的，如房屋、船舶作为物证，只能提交复制品或照片等影像资料；（6）原物因客观原因容易腐烂、霉变和不易保存的，如水产品；（7）原物是枪支弹药、易燃易爆物品、剧毒物品或者其他危险品的；（8）原物是珍贵文物、物品的；（9）承担举证责任的当事人通过申请法院调查收集或者其他方法无法获得原物的。

遇到前列情形，我们可以采用复制品或照片替代原物向法庭出示。当然，我列举的情形未必全面，难免挂一漏万，大家办案时注意。

需要指出的是，《民事诉讼法》第 73 条将物证的替代性证据仅限于复制品、照片，又存在缺漏。实践中，录像也可用来作为实现原物证明功能的一种替代性证据，有时比照片更能客观、全面地反映原物的原貌、外形和特征。为此，《民事诉讼证据规定》第 12 条和第 13 条延续原《民事诉讼证据规定》第 70 条，并借鉴《刑诉法解释》的思路，作了修改：对动产证据，允许采用复制品、影像资料或其他替代品出示；对不动产证据，要求提供影像资料替代品出示。

影像资料应该包括照片、录像等，这样修改是一大进步。

2. 复制品、影像资料等替代品与原物是否一致的鉴别

在第一个问题的基础上，接着讲第二个问题。当事人提交了复制品、影像资料等替代品后，怎么辨别它们与原物是否一致？这经常使很多律师、法官感到头痛。

2022 年《民诉法解释》第 111 条第 2 款对书证复制品同一性或真实性的鉴别有抽象性的规定，“人民法院应当结合其他证据和案件具体情况，审查判断书证复制品等能否作为认定案件事实的根据”。对于原物复制品、影像资料等替代性证据如何审查判断，司法解释没有一并作出规定。在我看来，鉴于在举证、质证以及法庭对证据的审核认定上，书证、物证的适用规则大体相同，故书证所设定的这些适用规则也可作为物证审查判断的规则。

根据我的实践经验，对复制品、影像资料等替代品的鉴别，具体方法有以下两种。

其一，如果对方承认复制品、影像资料等替代品的真实性，视为核对无异，实际上也就无须提交原物。在此场合下，复制品、影像资料等替代品显然与原物具有同等的效力。

其二，如果对方对复制品、影像资料等替代品不予认可，则要据情审酌。这里又分为两种情形。

一是原物存在的，当事人可向法庭申请组织现场查看，以证明复制品、影像资料等替代品与原物没有差异。在提交照片的同时，一般可以向法庭提交现场勘验申请书。除了组织现场查看或现场勘验，还有一种方法也可采用，那就是现场公证。这在公证事项中称为保全物证公证，让公证人员对原物进行照相、录像或现场勘验，然后向法庭提交公证书。

按照《民事诉讼证据规定》第 12 条、第 13 条的规定，法院在收到当事人提供的动产替代品后，应当及时通知双方当事人到保存现场查验；在收到当事人提供的不动产影像资料后，法院认为有必要的，应当通知双方当事人到场进行查验。照此规定，举证方只需说明提交原物确有困难并交代原物的存放地点，不主动申请现场查验也无妨。

二是原物不存在的，需要得到其他证据的补强，即有证据证明复制品、影像资料等替代品与原物一致。旁证可以是证人证言、视听资料等；否则，复制品、影像资料等替代品的真实性无疑存在瑕疵。

对于这种瑕疵证据，《民事诉讼证据规定》和《行政诉讼证据规定》的态度并不一样。前者规定“不能单独作为认定案件事实的根据”，即真实性很低，证明力很小；后者直接认定其不具有真实性，没有证明力。以今天的眼光来看，两大证据规则结论不同是理所当然的，这是由行政诉讼的性质所决定的。行政诉讼属于客观诉讼，在一些情况下并非仅用来解决当事人之间的行政纠纷，还有监督行政机关依法行政的功能。对于行政机关提供不出原物，又无其他证据印证，法庭应当直接否定其真实性。

五、物证的证明力

物证不能成为直接证据，只能起到间接证明作用。虽属间接证据，但由于物证具有较强的客观性和稳定性，其证明力一般强于书证、视听资料和证人证言等。正如赫伯特·麦克唐奈所言：“物证不怕恫吓。物证不会遗忘。物证不会像人那样受到外界影响而情绪激动。物证总是耐心地等待着真正识货的人去发现和提取，然后再接受内行人的检验与评断。这就是物证的品格。”与之相比较，一般的书证、视听资料、证人证言等，因其易于剪辑合成和易受人的主观因素的影响等，证明力相对较低。

间接证据的证明力不一定低于直接证据。那种认为直接证据的证明力一般大于或优于间接证据的说法，是把直接和间接的问题与证明力大小的问题混淆起来了，是错误的。直接证据与待证事实是具有直接联系，但其证明力不一定大于或优于间接证据。《民事诉讼证据规定》修改时，断然删去第77条第4项，对此我持赞成意见。

第十一讲

视听资料

视听资料又称音像资料，是随着现代科学技术的发展而出现的一种新型的证据类型，在司法实践中存在很多问题值得我们进一步研究，先从我经办的一起案件说起。

这个案件是我和助手王莹律师一起承办的，我们代理顾问单位嘉和广告公司起诉公交集团公司，是一起股东代表诉讼案。为了证明被告于2013年11月起停止原告车体广告上刊以及于2014年4月30日单方终止广告合作协议，我们嘱咐原告法定代表人在与被告原常务副总经理郭某约谈会上予以偷录。结果如愿以偿，郭某在约谈会中，详细陈述了上述事实。我们将录音文字整理后，连同录音光盘提交给了法庭。

被告律师质证时提出：该录音内容实际为证人证言，根据《民事诉讼法》的规定，证人应当出庭作证，除有特殊原因经法庭准许的才能以视听资料的方式作证，该证据的形式不合法，不能作为认定案件事实的根据。

我方的反驳意见是：郭某是公司常务副总经理，他受公司委派与原告法定代表人座谈会商，是履行职务行为。其所言，视为当事人的诉讼外自认，而非证人证言，该录音资料属于视听资料。

台州市椒江区人民法院审理后认为，案外人郭某在该段录音发生时系被告的副总经理，该段录音系被告就公交车体广告遗留问题处理约谈原告法定代表人，市交通运输局企管办副主任应邀参加座谈；即使郭某未亲自参与停止原告广告上刊，但郭某代表被告就公交车体广告遗留问题约谈原告所作出的相关陈述，亦能确认系被告的真实意思表示。

法院判决虽未对录音的证据性质作出回应，但实际采纳了我方的质证意见。如何区分证据是以录音形式表现的证人证言还是视听资料，主要看录音中当事人的角色或身份。记录证人陈述的录音、录像不属于视听资料，而是证人证言。本案中，我们紧紧抓住郭某的身份，即他是以公司代表而非以证人的身份参与约谈这一关键问题不放，使质证理由铿锵有力，从而被法庭所采纳。

某证据到底是视听资料，还是以视听资料作为表现形式的证人证言，还可从制作时间上来进行区分。通常情况下，视听资料是与案件事实发生过程“同步”制作的，以动态的声音或图像直观地再现案件事实的发生过程。案件事实发生之后制作的并非均为视听资料这一证据种类，如以录音或摄像录制证人证言只是证人证言固定或提取方式，并非视听资料这一证据种类。不过，这种固定或提取证据的方式、设备、技术和载体，与视听资料相同，所以在证据调查的方式和程序上基本相同。

接下来，想和大家着重讨论三个问题：一是单一的视听资料可否采信；二是偷拍偷录所使用的设备要求；三是视听资料真实性的判断。

一、单一的视听资料可否采信

先讲第一个问题，单一的视听资料可否采信。为什么提出这个问题，是因为《民事诉讼法》第 74 条规定：“人民法院对视听资料，应当辨别真伪，并结合本案的其他证据，审查确定能否作为认定事实的根据。”从而有律师、法官认为，单独的视听资料不具有证明力，需要结合其他证据方可认定。果真如此吗？

有这样一个案例：甲发现自己停放在小区内的汽车左侧严重损坏，经查看附近的监控摄像，发现当日凌晨另一辆汽车在倒车时撞击到甲的汽车，肇事车辆的外形、车牌号清晰可见。甲向肇事车主索赔，并申请法院调取了监控录像。单凭监控录像，可否认定侵权事实？

视听资料即音像资料，包括录音资料和影像资料。监控录像属于典型的视听资料。其他相似的证据，如录音笔、MP3、数码相机记录下来的录音、录像等，也都属于视听资料。

视听资料的优点就是具有直观性、客观性、准确性，故在正常情况下，它并非不能单独作为定案的根据。但是，视听资料也有其弱点，就是易被伪造、变造，如录音带被消磁、录像带被剪辑。所以在发现视听资料存在增加、删除、改动等疑点的情况下，其真实性让人怀疑或无法确定时，需有其他证据相佐补强，如通过技术鉴定消除疑点。正因为如此，《民事诉讼证据规定》第 90 条第 4 项规定，存有疑点的视听资料，不能单独作为认定案件事实的根据。反言之，没有疑点的视听资料，可以单独作为认定案件事实的根据。

回到本案，监控录像完整地记录了肇事的过程和主体，就两辆汽车发生相撞的事实，该视听资料足以证明。如果肇事车辆车主对录像记录的内容真实性有意见，认为录像有增加、删除、改动的可能，法庭经审查持有疑问的，应当申请进行声像资料鉴定，再根据鉴定意见作出是否采信的认定。

有人认为，没有疑点的视听资料，单独可以采信，这其实是对的，但他没有把关键的理由说出来。我们可以看看“李某堂与白某祥、横山县韩岔乡庙渠煤矿企业出资人权益确认纠纷再审案”［最高人民法院（2013）民提字第23号］对录音证据的认证规则。

陕西省高级人民法院认为李某堂提供的其与白某祥的电话录音，内容含糊，意思表述矛盾，无其他证据佐证，根据原《民事诉讼证据规定》第69条第3项关于存有疑点的视听资料不能单独作为认定案件事实的依据的规定，认定电话录音不具有证明力。李某堂以本案适用原《民事诉讼证据规定》第69条否定电话录音证据的证明力错误等为由申请再审。对于该份通话录音，白某祥在原审中的质证意见是，内容模糊、取得方式不合法、无法判断其通话时的意思表示，但对通话的事实即录音的真实性未提出异议，也未申请鉴定。

最高人民法院最终的认证意见是：

> 该录音内容清晰、连贯，没有明显的变造或技术处理痕迹。白某祥虽然主张该录音证据内容有疑点，不能作为判断两人实际通话内容的根据，但一审质证时其认可该录音是其本人的声音，原审期间其对存在通话的事实及录音的真实性未予否认，亦未申请司法鉴定，故对该录音的真实性予以确认。原审法院适用原《民事诉讼证据规定》第69条不予采信该份录音证据不当，予以纠正。

录音资料和影像资料虽然同属于视听资料，但我认为二者在证明效力上还是不能相提并论的。因为影像资料中的当事人身份可以辨别，而且它能更清楚、简明地向法庭反映案件情况，这是无论多少语言描述都无法做到的；录音资料中的当事人身份无法辨别，也没有录像等影像资料形象、直观。正因为如此，在被告缺席审理的情况下，如果原告仅仅提交了录音资料，即便录音内容清晰完整，双方对所谈论的问题均有明确表态，能够反映原告想要证明的事实，法庭也往往以录音资料存有疑点为由，动员原告先撤回起诉。

二、偷拍偷录所使用的设备要求

接着讲第二个问题，关于私下偷拍偷录所使用的设备有无要求。

我们先明确一下偷录偷拍资料的合法性问题。1995 年 3 月 6 日，最高人民法院曾经作出过《关于未经对方当事人同意私自录制其谈话取得的资料不能作为证据使用的批复》，在该批复中，最高人民法院认为："证据的取得必须合法，只有经过合法途径取得的证据才能作为定案的根据。未经对方当事人同意私自录制其谈话，系不合法行为，以这种手段取得的录音资料，不能作为证据使用。"这一批复就将证据的合法性规定得比较严格，导致权利人取证尴尬。

2002 年 4 月 1 日起施行的原《民事诉讼证据规定》修正了这一规定，其第 68 条规定："以侵害他人合法权益或者违反法律禁止性规定的方法取得的证据，不能作为认定案件事实的依据。"也就是说，偷拍偷录取得的证据并不当然属于应当排除的非法证据，还须同时具备侵害他人合法权益的条件，才构成非法证据。这在一定程度上确立并完善了我国司法上的非法证据排除规则，也在某种程度上使偷拍偷录证据"合法化"了。此规定的施行，意味着未经对方同意私自录制的视听资料可以作为证据使用。

未经对方同意私自录制的视听资料具有合法性，可以作为证据使用，但不表明偷录偷拍者可以不择手段，所有摄录器材都可用于偷拍偷录。实践中，凡采用国家有关部门明令禁止销售、购买或使用的针孔摄像机以及其他只有法定职能部门才能使用的特殊监视监听设备，如使用电话监听器而取得的视听资料，应当视为取证方式不合法，不能作为证据使用。

《反间谍法》第 15 条规定："任何个人和组织都不得非法生产、销售、持有、使用间谍活动特殊需要的专用间谍器材。专业间谍器材由国务院国家安全主管部门依照国家有关规定确认。"专用间谍器材包括暗藏式窃听、窃照器材等。如果当事人用从某些渠道获得专用间谍器材偷拍偷录，不仅取到的证据无效，而且触犯了《反间谍法》。如果造成严重后果，还可能涉嫌《刑法》第 284 条规定的非法使用窃听、窃照专用器材罪。

因此，偷录偷拍取证时，设备要正规，来源要合法。现在好多商家卖的是类似专用间谍器材，需要谨慎选购。好不容易偷录偷拍到相关证据，结果设备属于禁止或限制流通物而致使证据无效，那就倒霉了。我购买过一台微型摄像机，与法院执行局的装备是同款，这样我就不担心用其取得证据的合法性了。

同理，在对视听资料进行质证时，应当注意，如果对方提交了录音、录像光盘，我们应当要求对方出示录音、录像的原始载体，这样可以辨别设备的来源和性质。一旦怀疑是使用专用间谍器材等非法视听设备取得的，就可以提出非法证据排除意见。

此外，视听设备买到后，还要多练习，操作要熟练。

还有一个关键问题往往被当事人忽视，很多诉讼当事人为了存储和携带方便，将录音、录像资料拷贝到光盘或 U 盘中，而将原始录音、录像删掉，这是非常冒险的行为。一旦对方对该证据不认可，则证据的真实性无从考证。我们要尽可能提醒当事人保存好原始载体。

如果偷录偷拍的设备没有问题，但是在他人住宅的房间墙壁钻洞偷录偷拍，该录像能否作为证据使用？在我国司法实践中好像没有这方面的实例。根据我国台湾地区诉讼法学者姜世明在《新民事证据法论》一书中的介绍，在德国，就在他人住宅之房间墙壁钻洞偷窥偷听者，可否传讯作为证人，实务上采取否定说，其理由是基本法第 1 条、第 2 条关于人性尊严与人格权之保障，将因此而遭破坏。这种取证方法虽然没有违反法律禁止性规定，也未必够得上严重侵害他人合法权益，但若发生在我国，窃以为也属于“以严重违背公序良俗的方法形成或获取的证据”，应当排除其合法性。

三、视听资料真实性的判断

讲讲视听资料真实性的判断，我们暂以录音资料为例。一方当事人提交了录音资料，实践中对方当事人的异议理由主要有以下六个方面：一是对方提供的光盘是复制件，没有提供视听资料原件，真实性不认可；二是自己未与对方通过电话，录音资料是假的；三是自己虽然与对方通过电话，但录音中的声音并非自己的，或者仅凭录音无法证明其中的声音；四是认为对方断章取义，仅录了于己有利部分，对其不利部分没有录，内容不完整；五是认为对方偷录后对内容进行过剪辑、增加、删改等加工；六是自己的言词是在生命、名誉等受到现实威胁的情况下被迫作出的。

第一种情形是对录音资料载体的真伪或证据形式真实性的质疑。如同物证、书证一样，视听资料也适用最佳证据规则，故在举证时应当出示原件。只有出示原件确有困难并经法庭准许，如原件在对方当事人控制之下，对方拒不提交；原件在他人控制之下，而其有权不提交的，可以出示视听资料复制件。遇到原件遗失、灭失或毁损了，该怎么办？如若不折不扣地执行《民事诉讼证据规定》第 61 条第 2 项，必须另有证据证明复制件与原件一致，单纯提供光盘等复制件是不允许的。从证据审查的步骤来看，先着重于证据的形式是否合法，然后审查其是否真实。具言之，对于仅能提供光盘等视听资料复制件的，法庭会排除其证据能力，不予采纳。

第二、三种情形，是对录音资料本身的真伪或证据形式真实性存在疑问，法庭应当进行声纹司法鉴定，得出说话人是否同一的结论。司法鉴定是解决录音资料真伪的最佳手段，因为它是依据科学原理而非基于经验作出的，而录音资料本身是科学性很强的证据，所以司法鉴定对录音资料真伪能起到决定性的判断作用。关于由谁申请司法鉴定问题，在“内蒙古际誉仓储物流有限责任公司与中铁现代物流科技股份有限公司仓储合同纠纷再审案”［（2017）最高法民申 437 号］中，最高人民法院认为，中铁现代物流科技股份有限公司在一审中举示的录音证据，虽然超过举证期限，但该证据对本案处理有重大影响，原审法院采纳该证据符合上述规定。内蒙古际誉仓储物流有限责任公司对该录音证据的真实性不予认可，但未申请鉴定，亦未举示相反的证据予以推翻，对其主张不予支持。我认为原则上应由举证方申请司法鉴定，而不是由异议方申请司法鉴定，道理如同私文书证真伪的举证责任。

如果鉴定为真，该录音资料本身的真实性没有问题；如果鉴定为假，该录音资料本身不真实，不可采信；如果鉴定结果不明确，无法确定真伪。对此，三大证据规则态度不尽相同。《民事诉讼证据规定》和《行政诉讼证据规定》（第 71 条第 4 项）口径基本一致，规定不能单独作为定案的根据，《刑诉法解释》（第 109 条第 1 项）规定不得作为定案的根据。这反映了刑事诉讼对证据规格的要求比民事、行政诉讼要高些。

第四种情形，是针对录音完整性的质疑。视听资料的完整性也是真实性的要素之一，是审查判断证据真实性的重要因素。如果视听资料不完整，就难以反映案件的全貌和当事人完整的真实意思表示，其真实性也就无法保证。因此，在进行真实性审查时，必须进行完整性审查。

第五种情形，属于对录音资料内容真实性的疑问，法庭应当进行鉴定。当事人承认录音资料中的声音是他本人，则录音资料形式真实，推定录音内容全部真实。如果要推翻事实推定，须提供足以反驳的相反证据，故第五种情形一般应由异议方申请鉴定。不过，鉴定并非确定真假的唯一手段，如果借助证人证言等相关证据，能够确定录音资料内容的真实性，法庭可以不进行鉴定。

第六种情形，是当事人认为其言词是在生命、名誉等受到现实威胁的情况下被迫作出的。言下之意，其在录音资料中的有关言词不是出于自愿或真实意思表示，实际是对对方取证方式合法性及录音资料内容真实性的否定。对此，异议方应当对其受威胁的事实承担举证责任；否则，其异议理由不能成立。

有时，当事人还会提出录音听不清，或者其在录音中说这话的意思并非如此的辩解。这涉及的是录音资料的证明价值问题，影响的是证据的关联性和证明力，而非合法性、真实性的质证范畴。

对于录音资料，按照《行政诉讼证据规定》第12条的规定，应当附有该声音内容的文字记录。《民事诉讼证据规定》和《民诉法解释》虽然没有类似规定，但法庭通常也会提出这般要求。不过，需要分清的是，这种文字记录只是用来说明录音资料内容的辅助手段，它本身不是证据，录音带等载体才是证据。

第十二讲

电子数据

电子数据又称电子证据，是指通过电子邮件、电子数据交换、网上聊天记录、博客、微博客、手机短信、电子签名、域名等形成或者存储在电子介质中的信息。这是《民诉法解释》对电子数据下的定义。2016 年 9 月出台的《电子数据规定》，是目前关于电子数据最具体的司法文件。它对电子数据下的定义是：案件发生过程中形成的，以数字化形式储存、处理、传输的，能够证明案件事实的数据。

在“能够证明案件事实的数据”这一定义中，核心词是“能够证明”，这一用意是非常明显的，即要强调电子数据的证明力，把一切不具有证明力或不具有足够证明力的东西都排除在电子数据的范畴之外。简言之，不具有证明力者非电子数据。如果按照这样的观点界定电子数据的概念，那么既然电子数据都是具有证明力的证据，还有什么必要去审查判断呢?

由此可见，将电子数据界定为“能够证明案件事实的数据”，其结果必然是证据理论上的矛盾与司法实践中的混乱。另外，从对概念下定义的规则来看，定义项不能直接或间接地包含被定义项。这个学过逻辑学的都知道。如果定义项直接或间接地包含被定义项，那么定义就不明确，从而无法达到揭示概念内涵的目的。《电子数据规定》对电子数据的定义项中用了“数据”二字，导致同语反复，而“数据”本质上是一种电子信息，“信息说”最能代表证据内容和形式的统一。所以，《电子数据规定》的表述并不科学，《民诉法解释》的定义反而更加可取。

电子数据原先不是一种法定证据种类，主流观点多作视听资料对待。2010 年 6 月发布的《办理死刑案件证据规定》将电子证据列为单独的证据种类。2012 年 3 月修改后的《刑事诉讼法》规定电子数据是与视听资料并列的法定证据种类之一。2012 年 8 月《民事诉讼法》修改、2014 年《行政诉讼法》修改时，电子数据成为一种单独的证据种类在该法律中予以规定。

作为证据，电子数据的质证与认证，与其他证据没有什么不同，仍然是关联性、合法性、真实性及证明力大小。然而，电子数据的特点决定了对其“三性”及证明力大小的审查判断有着特殊之处。例如，书证、物证有原件、原物，但对于电子数据来说，原件的认定就非常困难，可以说电子数据没有原件。如有原件，也是最初生成的电子数据及其首先固定所在的各种存储介质。又如，电子数据的内容真实性不同于电子文件的内容真实性。在审判实践中，对证据真实性的认识往往与待证事实真实性的认识密不可分。电子数据的内容真实性是指其内容的真实和可靠。我们说电子数据不具有内容真实性，是指它没有反映案件的真实情况。这里的真实情况，通常情况下，是指电子数据形成之时所反映的事实问题。对于电子文件来说，真实性是指对电子文件的内容、结构和背景信息，与其形成时的原始状况一致。下面以华南虎照片的真实性为例。

大家应该都还记得周某龙“华南虎事件”，它曾经轰动一时。2007 年 10 月，陕西省林业厅公布猎人周某龙用数码相机和胶片相机拍摄到了华南虎，宣布奖励周某龙 2 万元。随后，照片的真实性被部分网友、华南虎专家和中科院专家等质疑。2008 年 6 月底，政府宣布周某龙拍摄虎照造假。周某龙因犯诈骗和私藏枪支弹药罪，被判有期徒刑。被检验的“华南虎”照片实际上是对老虎画进行拍摄的假虎照。如果对照电子文件的真实性标准，被检验的“华南虎”照片形成过程中不存在增加、删除、修改、编辑、修饰等痕迹，没有可疑之处，确实为真。但如果按照电子数据的真实性标准，便会发现“华南虎”照片中的影像“虎”与真实的“虎”的大小比例等都是不符的，是不符合证据真实性的。因此，电子文件内容的真实性与电子数据内容的真实性，二者具有不同的含义，不能混淆。

电子数据在实践中的类型很多，《民事诉讼证据规定》第 14 条基本照抄《电子数据规定》第 1 条第 2 款，对典型的电子数据进行了正面的列举，共列举了四类，第五类是兜底规定。接下来，我就其中常见的电子邮件、手机短信、微信聊天记录这三种电子数据作一交流。

一、电子邮件

实践中，关于电子邮件的合法性，通常可从收集方式是否合法进行调查。比如，当事人不得以非法侵入网络或者他人计算机系统的方式窃取电子邮件，否则收集证据方式不合法。对电子邮件合法性的判断相对容易，最难的是对电子邮件关联性、真实性的判断，主要表现为电子邮件是否存在及邮件内容更改与否的辨别。

一方当事人将电子邮件内容下载之后以打印件的形式作为证据举证，另一方当事人的质证意见通常是：其一，自己并不拥有此电子邮箱，也没有利用该邮箱发送过该电子邮件；其二，该电子邮箱是他的，但自己没有发送过该电子邮件；其三，对打印件的制作情况提出异议，认为无法确认与原始存储介质是否相符；其四，曾向对方发生过类似电子邮件，但该电子邮件正文内容被对方改动过；其五，该电子邮件是其在受利诱、胁迫等外力影响下制作发送的。

对上述五种质证意见，我们一一分析。

对于第一种情形，当事人提出自己不是该邮箱的用户，也没有利用该邮箱发送过电子邮件。言外之意，该电子邮件不关他的事，事情也不是他干的，这实际是对证据关联性、真实性的双重否认。有人将这种情形仅作为对证据关联性或证据真实性的异议，我认为不够全面。

尽管电子邮件以电子信息形式传播和收发，不如传统书证保真度高，被篡改后不易识别，但电子邮件也有其自身优势，即发件人和收件人为唯一，每个邮箱对应唯一的用户，其互联网的账号、密码在相对时间内也是唯一的，而用户的个人注册信息在网络服务提供商处均有备案。故当事人可以申请法庭向网络服务提供商调取发件邮箱的注册备案资料，或委托公安机关公共信息网络安全监察部门调查该邮箱的注册信息及登录记录，或通过证人出庭作证等其他有效方式，以证明邮箱注册者的身份。

在证明了邮箱注册者即对方当事人之后，在邮箱注册者未举证证明其邮箱被盗用、冒名、借用发送的情况下，可以推定该电子邮件是由该邮箱注册者本人发送的。为破解此类证据关联性、真实性障碍，当事人在签订合同时，最好做个约定，明确某电子邮箱为其所有，表明该邮箱的发送即为其真实意思的表示，避免纠纷发生后出现争议。

对于第二种情形，当事人不否认电子邮箱为其拥有，但否认发送过该电子邮件，意思是存在发件人假冒等情形，这是对电子邮件发件人的真实身份质疑。邮箱注册者如是对方当事人，可合理推定电子邮件为邮箱注册者所发。但这种事实推定，仍然允许因这一推定受到不利益的当事人举证反驳。异议方可申请对信息内容是否真实进行鉴定或勘验等，主要检验邮箱有无被他人假冒。

对于第三种情形，当事人认为无法确认电子邮件打印件与原件是否相符，这是对证据形式真实性质疑。对电子数据真实性的审查，如同对其他证据真实性的审查一样，需要审查形式上的真实性和内容上的真实性。对电子数据形式上真实性的审查，主要是审查电子数据的复制件与原件是否同一。在通常观念上，原件指的是表现某一文件的原始状态。电子数据没有传统观念上的原件，如果一定要有原件，其原件在形态上就是有关信息与首次固定于其上的介质的组合体。

将作为证据的电子邮件内容打印出来变为书面证据，是目前司法实践中使用最多的电子邮件举证方法。这种方法在电子邮件内容为纯文本时，不失为一种比较有效可行的方法，而且现在大多数网络电子邮箱都提供了直接打印邮件的功能。当事人提交的电子邮件打印件，按传统证据理论分类，被划入复制件的范畴，其效力当然有限。

那么，如何审查电子邮件打印件等复制件与原件的同一性？《民事诉讼证据规定》第 15 条第 2 款规定：“……电子数据的制作者制作的与原件一致的副本，或者直接来源于电子数据的打印件或其他可以显示、识别的输出介质，视为电子数据的原件。”

电子邮件难以制作副本，也难以用其他显示、识别的输出介质替代，所以最好以公证的方式对电子邮件的打印情况（邮件现状、发送时间、来源等）加以证明，可产生与原件同等的证明效力。当然，当事人也可以在法庭上当场上网打开邮件，以供对方当事人和法庭核实打印件是否与原件相符。这种审查同一性的方法简便实用。

对于第四种情形，当事人对电子邮件内容真实性提出异议。由于目前电子邮箱提供的服务中，收件箱中的内容为只读内容，不能由用户自行修改，而且以现有的软件技术也无法完成此项功能。因此，可以排除收件人故意改变自己收到的邮件内容的可能性。如果经过审查，该电子邮件是在正常业务活动中形成的，电子邮件的生成、存储和传输的计算机系统的硬件、软件环境处于正常运行状态及监测、核查手段均不存在疑点，一般来说，其真实的可能性很大，可以确认电子邮件的形式真实性。

当事人承认电子邮件是其发送，但认为电子邮件的正文内容经过了收件人的改动，其完全可以向法庭提交电子邮件的原件，或申请对电子邮件内容有否被改动进行鉴定或勘验。不能提交邮件的原始件，也不申请鉴定、勘验，或无法鉴定、勘验的，除非有其他足以反驳的相反证据，否则对该电子邮件的形式真实性应予以认定。

需要注意的是，电子邮件被当事人删除或其他原因被删除后，电子邮件信息内容并非完全消失或不存在，一般有 10 天的缓存期。如果鉴定人或勘验人等通过一定的技术手段予以恢复，所删除部分与案件事实无关，或者不影响案件基本事实，则该电子邮件的真实性应当予以认定。

第五种情形涉及电子邮件的制作情况。电子邮件的制作情况有时会决定其真实性。如果当事人能举证证明该电子邮件是其在受到利诱、胁迫等外力影响下作出的，非其真实意思表示，则电子邮件的内容真实性不可靠。以利诱、胁迫等不正当手段获取的证据，实际上也是严重侵害他人合法权益的证据。如果当事人提供的反证充分，应当优先立足于以非法证据排除。

二、手机短信

对于手机短信，以金某诉蒋某民间借贷纠纷案为例。蒋某向金某借款 8000 元，约定还款期限为 2015 年 12 月。2016 年 4 月，金某提起诉讼，并向法庭提供了借条。蒋某辩称：借款已于 2015 年春节期间偿还。由于借条不在金某身边，当时未取回借条，事后，两人因故发生冲突，金某为报复自己，以借条为据，要求自己重新偿还借款。蒋某当庭展示了手机上储存的短信，内容为“借条尚未取回，过两天给你。放心，账已清，我不会再向你要了！”，并提供了电信局出具的金某个人入网资料、话费清单，证实短信系金某发给他的。金某承认手机号码是属于他的，但同时提出，短信不是他发送的。

被告蒋某所提供的手机短信内容是关于债权债务的处理，用以证明借款已经归还的事实。原告金某对手机号码是他的没有异议，但反驳短信内容不是他所发送的，即质疑的是证据真实性。

手机短信的一个显著特点就是对应性，每一个手机号码对应一个用户，手机短信的收、发只能在特定的两个手机号码之间进行，也即特定的两个手机用户之间进行。在没有其他相反证据的情况下，两个特定的手机号码之间的短信收、发可认定为两个特定的用户之间在特定的时间发生的通信行为。被告举出的个人入网资料、话费清单等间接证据均指向原告，这些事实足以推定短信是原告发送的，基本上可以排除冒名顶替的可能。原告认为短信不是他所发送的，但未提出反证，因此，原告的异议不能成立。

本案中的原告对手机号码是他本人的没有提出异议，实践中，我们碰到更多的是当事人对手机号码不承认，对证据的关联性、真实性提出异议。当对方当事人否认手机号码是他本人的时，手机号码如何锁定用户身份是一件棘手的事情。这里我介绍几种方法。

第一种方法是看起诉状、答辩状等法律文书中有无注明当事人手机号码。我曾代理一起离婚案，男方起诉离婚，但庭审中不认可手机号码是他的，我无意中发现起诉状中他的联系方式恰恰是讼争号码，他的说法立马被戳穿。如果庭前准备充分，还可以查看当事人在法院送达地址确认书中有无留下手机号码。

第二种方法是当庭拨打，有的法官会采用这一方法核实。我有一次不认可手机号码是我方当事人的，法官要我当面拨打该手机号码，并且要开启免提。

第三种方法是申请法院向移动、电信、联通等公司调取该手机号码入网登记信息。手机号码一般实名登记，取证问题不大。上文所举的这个案件，被告蒋某就提供了电信局出具的原告金某个人入网资料。

第四种方法是通过支付宝测试。一般手机号都开通了支付宝功能，这时进入支付宝页面，点击“转账”功能，然后选择“转到支付宝账户”，接着输入对方手机号，再输入转账金额时，相应的名字就显示出来了。

第五种方法是可以去移动、电信或联通公司，给诉争手机号码充话费，然后让移动、电信或联通公司出具话费收据，收据上会显示该手机号码的用户姓名。

电子数据的关联性可分为载体的关联性和信息内容的关联性，手机号码如何锁定用户身份是解决证据载体的关联性问题。在实践中，对手机短信内容真实性的认定最为棘手。所谓隔行如隔山，电子数据行业有许多领域对法律人来说是陌生的。任何证据被证明是伪造、变造的，即失去了证明效力。手机短信等电子数据作为高科技手段的产物，也存在删除、增加、修改等可能，但由于技术性强，难以通过一般的观察作出识别。本案中，原告对手机短信内容的真实性表示认可，故不存在问题，如果他表示异议，认为被告对短信剪辑、增加、删改过，应该怎么认定？

《民事诉讼证据规定》第94条第1款规定，电子数据存在下列情形之一的，人民法院可以确认其真实性，但有足以反驳的相反证据的除外：（1）由当事人提交或者保管的于己不利的电子证据；（2）由记录和保存电子数据的中立第三方平台提供或者确认的；（3）在正常业务活动中形成的；（4）以档案管理方式保管的；（5）以当事人约定的方式保存、传输、提取的。

我认为，一般来说，提供手机短信的这方当事人还应当举证证明技术手段的安全性和可靠性。比如，手机收件箱中的短信是只读文件，不可以修改，不能举证证明的，对该短信证据的真实性可以不予确认。否认短信真实性的这方当事人，应当举证证明该短信的形成或存储存在篡改、伪造等导致真实性存疑的事实。

如果法庭在审查过程中，对短信内容的真实性难以确定时，则应当借助于鉴定或勘验等辅助方法，以审查判断短信证据的真实性。如果采用的是勘验方法，专家出具的勘验报告从证据地位上类似于刑事诉讼法中的检查笔录，而非鉴定意见。

三、微信聊天记录

微信作为一种新兴的网络传媒工具，它整合了电子邮件、网上聊天、博客、QQ聊天工具、网上购物、网络支付平台等功能。微信平台上的信息以电子数据的形式存在，显然属于证据的范围。由于使用的普及性，目前在诉讼中作为证据出现的频率也越来越高。

微信之前不需要实名认证，未实名认证的微信聊天记录要成为定案证据并不容易。我梳理了一下，以下三个问题是审判实践的难点。

其一，微信聊天记录的主体认定。

暂且不论微信聊天内容与案件事实之间有无关联，微信证据要得到采信，首先要确认微信使用人的身份。若不能证明微信使用人系当事人，则微信证据在法律上将与案件无法产生关联性。

兹以刑事案件为例，对于被告人网络身份与现实身份的同一问题，2016 年 9 月《电子数据规定》第 25 条第 1 款规定，可以通过核查相关 IP 地址、网络活动记录、上网终端归属、相关证人证言以及犯罪嫌疑人、被告人供述和辩解等进行综合判断。侦查机关通过核查 IP 地址可以追查到特定的计算机，不过，这并不意味着计算机的主人就是网络信息的发送者。被告人可能使用公共场所的计算机，或者将其他人的 IP 地址插入电子邮件的标题位置，这就需要借助其他证据建立被告人与案件事实之间的关联。

在民事案件中，对微信使用人的身份确认，目前司法实践中主要有以下四种途径。

一是通过微信头像或微信相册照片的辨认。如福建省厦门市海沧区人民法院审理的一起民间借贷案，小芳将信用卡借给小容使用，因为双方之间很熟悉，就没写借条。刚开始，小容刷卡后都能按时归还，但小容在 2015 年 2 月刷走 99，300 元后就再也没有归还。小芳接到银行的催款通知时，发现已联系不到小容，小容一家搬走不知去向。法院最终认定小容通过借用信用卡透支消费的方式向小芳借款的事实。承办法官解释，其是通过微信使用的头像照片、微信相册晒图有小容一家的照片，从而认定微信记录中与原告小芳聊天的对象是小容，并结合微信聊天内容认定借贷关系成立，进而判决小容承担还款责任。

二是通过对方的手机号来对应微信号的使用人。山东省菏泽市中级人民法院审理的“申请人唐某军与被申请人刘某申请撤销仲裁裁决案”[(2016)鲁17民特6号]涉及被申请人手机微信中的微信号×××的真实身份是否为申请人的争论。法庭要求被申请人当庭提取其手机微信群中昵称为“00唐已淳”的详细资料，资料显示名称为00唐已淳，微信号为×××，昵称为沉默是金，电话号码158××××××××。通过当庭在该页面上点击该号码，拨打后确认该号码为申请人的手机号码。法庭确认被申请人手机微信中微信号×××的真实身份即为本案申请人，在没有其他证据予以反证的情况下，对申请人认为微信号系伪造的主张不予支持。

此案中，法庭锁定微信号使用人的方法对我们有所启发，但认证结论值得商榷。因为点击微信中的“设置备注和标签”栏，会跳出电话号码等子目录，该电话号码我们可随意输入、更改。故仅通过拨打该电话号码来锁定微信号使用人，缺乏关联度。如果微信号中含电话号码158××××××××，在申请人没有提供反证的情况下，认定该微信号的真实身份即为申请人，会更有说服力。

三是第三方机构即软件供应商腾讯科技（深圳）有限公司（以下简称腾讯公司）的协助调查。根据本人掌握的资讯，向腾讯公司调取微信使用人的身份信息，接受调查人为财付通支付科技有限公司。调取事项准确表述应为微信实名认证信息。腾讯公司法务审查较严，如果表达不准确，将会拒绝提供。

前两种方式明显带有偶然性，不能作为常态化的确认方式。比如第一种方法，如果微信不是用本人的头像，微信相册中也没有出现其本人的照片，就无法认定身份。在被告缺席审理的情况下，原告还要提供含有被告头像的身份信息，以供法庭比对。第二种方法，如果微信号不是绑定手机号，或者绑定了手机号但设置了隐私保护功能，哪怕存入对方的手机号，也跳不出微信号。

第三种方式涉及软件供应商公司的第三方技术协助，但尚未形成良性运转的流程，自然也不可能像大家想象的由自己提交一段微信记录那么简单。

四是证人证言佐证。对微信使用人的身份确认，还有一种方法是通过证人作证进行证明。在一起民间借贷纠纷案中，原、被告系高中同学，50 万元是通过网上银行转至被告账户，没有借条，被告发给原告的微信记录中聊到 50 万元借款事宜。虽然我们有证据证明对方的手机号码，但被告的微信号不是绑定手机号，或者是手机号但设置了隐私保护功能，与微信号对应不上。后来我们想到了一个方法，请原、被告的高中同学出庭作证，以证明该微信号是被告在使用，解决了微信使用人的身份难题。在福建省漳州市南靖县人民法院审理的"原告肖某平诉被告简某抡民间借贷纠纷案"［(2015）靖民初字第 2821 号］中，原告也是通过申请被告原同事郑某出庭作证，以证明昵称"嗳財宥導"的微信由被告使用，经办法官结合证人证言，最后推定"嗳財宥導"就是被告。

其二，微信聊天记录的真实性问题。

一方提交对另一方不利的微信聊天记录后，另一方当事人惯用的否认方法是：自己没有发送过该信息，或自己没有收到过该信息。本来认定真实性最直接的方法是，双方均提交微信聊天记录进行比对，但有的当事人事先已将微信聊天记录予以删除，这条路走不通。微信聊天记录删除了，还能被提取吗？

对此，微信运营商回应称，微信不留任何用户的聊天记录，聊天记录只存储在用户的手机、电脑等终端设备上。所以，遇到上述情形，无法通过向微信运营商调查取证的方法予以再现，只能通过委托有资质的鉴定机构采取必要的方法予以恢复。据我了解，若安装了安卓系统，微信聊天记录删除时间不长，鉴定机构能通过技术手段予以恢复；若安装了苹果系统，基本不可能恢复。

在对待微信聊天记录的形式真实性问题上，（2021）最高法知民终 2112 号、（2022）最高法民申 66 号两个案件，值得法律人关注。

在（2021）最高法知民终 2112 号案中，最高人民法院认为：

> 新网公司向原审法院提交了“微信聊天记录”录像，并提交了微信聊天记录的打印件，原审庭审时，雄狮公司对该证据进行了质证，表示不认可该证据的真实性，且主张该份证据系新网公司经过剪辑制作。二审中，雄狮公司表示由法院审核该份视频证据的真实性。本院认为，虽然该份证据并非通过双方聊天记录的原始载体体现，而是通过其他数码设备对聊天内容进行录制形成，雄狮公司亦表示不认可该证据的真实性，但雄狮公司并未提交反证证明该份证据所展示的聊天内容非双方实际发生。加之，考虑到聊天记录系双方之间意思表达的记载，任一方均可方便确认聊天内容，在此情况下，举证责任应该转移至雄狮公司，应由其提供反驳证据。本案中雄狮公司并未能提供相反证据证明上述微信聊天记录内容与涉案软件实际研发情况不符，雄狮公司应承担举证不能的不利后果，因此，新网公司的“微信聊天记录”视频证据应予采纳。原审法院采纳该证据正确，应予维持。

在（2022）最高法民申 66 号案中，最高人民法院的裁判理由为：

法院召集双方当事人到庭，现场将被告提交的微信聊天记录证据所涉及的微信群聊天记录进行备份，并将备份光盘交予原告，责令其自行将上述记录与被告提交的打印件进行核对。原告虽在审理阶段称其无法判断前述证据是否真实完整地反映了双方的聊天内容，亦不确认被告指出的相关聊天内容可以证明其已履行合同义务，但双方确认上述微信群中涉及的人员中包含了原、被告的员工，原告的法定代表人亦在该微信聊天群中，其有能力核对被告提交的微信聊天记录的真实性和完整性，在原告未提交反证推翻上述聊天记录真实性和完整性的情况下，法院采信上述微信聊天记录作为认定案件事实和涉案合同履行的证据并无不当。

其三，微信聊天记录的证明力大小问题。

对微信聊天记录等电子数据证明力的大小，法律界一直存在争议。有人认为，判断被采纳的电子数据的证明力大小，主要看它在实质上的可靠程度如何以及与待证事实的关联程度如何，即未实名认证的微信聊天记录必须与其他证据相互印证，方有证明力。

从证据的证明力来讲，我们当然要尽可能地收集其他证据，以印证微信聊天记录的证明力度。也就是说，微信聊天记录应当尽量与其他证据相结合使用。但不是像某些人所说的那样，微信聊天记录的单独证明力很小，必须要同其他证据相互印证才有很大证明力。

微信聊天记录属于电子数据，电子数据脱胎于视听资料，《刑事诉讼法》将电子数据与视听资料并列作为证据种类，也表明这两种证据具有很大程度上的相似。没有疑点的视听资料，单独可以作为认定案件事实的根据。同理，没有疑点的电子数据，单独也可作为认定案件事实的根据。

最后，要注意电子数据与其他证据交叉的界别。

一是存储在电子计算机等电子介质中的录音资料和影像资料，属于电子数据，并非视听资料。如存储在手机中的微信语音，就属于电子数据；存储在手机中的通话录音，则属于视听资料。

二是以数字化形式记载的证人证言、被害人陈述及犯罪嫌疑人、被告人供述和辩解等证据，不属于电子数据。这些证据虽然具有数据化的表现形式，但是，它们仅仅是固定证人证言、被害人陈述及犯罪嫌疑人、被告人供述和辩解等言词证据的方法，本质上仍属于证人证言、被害人陈述及犯罪嫌疑人、被告人供述和辩解等言词证据，而不是电子数据。

第十三讲

证人证言

证人证言是当事人之外的第三人就其亲身感知的案件事实向法庭所作的陈述。证人只能就其感知的案件事实内容如实陈述，感知包括感觉和知觉。正因为如此，原则上，证人证言不能包含猜测、推断或评论性的内容，比如证人可以说“我看到的事实是……”但不能说“我认为被告是不对的”。例外的是，证人的体验性判断可以作为证人证言的范围，其在前文中已经提及。

记录证人陈述的录音、录像不属于视听资料，而是证人证言。这一点需要注意。

一、证人的资格

关于证人证言，先要讲证人的资格，这是证人作证的前提条件。依照我国法律、司法解释，有资格作为证人的条件主要包括以下几点：

1. 感知案件事实

通俗地讲，证人必须是了解案件情况的人。直接或间接地了解案件情况，是成为证人的首要条件，也是证人最基本的特征。凡是在诉讼开始前就知道案件情况的人，都应当优先地作为证人参加诉讼，而不应当作为本案的侦查人员、检察人员、审判人员、辩护人员、鉴定人及翻译人员参加诉讼。因为证人具有不可替代性，证人在身份上有优先地位。

有些案件，我们可能为了某人充当诉讼代理人还是作为证人左思右想。比如，在买卖合同纠纷案件中，经办人对涉案事实比较清楚，如果被指定为该案的诉讼代理人，他就不能作为证人。因为在许多情况下，诉讼代理人与证人的利益指向是不统一的。诉讼代理人的职责是维护被代理人的合法权益，即使知道对被代理人不利的事实，他也可以拒绝向法庭披露。

假如他被要求作为证人，他对所了解的案件事实情况负有如实陈述的义务，他就需要站在中立的第三者地位，如实向法庭陈述案件事实经过。这样一来，则有可能会损害其所在单位的利益。所以，诉讼代理人不能同时作为证人。中华全国律师协会制定的《律师执业行为规范》第 64 条对律师作证有如下要求："律师作为证人出庭作证的，不得再接受委托担任该案的辩护人或者代理人出庭。"某人到底是作为诉讼代理人合适还是作为证人有利，必须事先考虑清楚。

2. 具有辨别是非及正确表达的能力

不是所有感知案件事实的人都能作为证人，根据《民事诉讼法》第 75 条第 2 款的规定，不能正确表达意思的人，不能作证。对此，精神病患者，呆痴、年幼无知或者其他不能正确表达意思的人，不能作为证人。应当指出，对于生理上有缺陷的人，只要这种缺陷不会成为其了解一定事实的障碍时，仍可以作为证人。比如，聋哑人可以用文字表述其看到的事情，盲人可以证明他所听到的事实，间歇性精神病人在精神正常期间可以作证。至于某些对事实有一定理解和表达能力的儿童，在某些情况下也可以作为证人。也就是说，待证事实与其年龄、智力状况或者精神健康状况相适应的无民事行为能力人和限制民事行为能力人，可以作为证人。

正处于明显醉酒、中毒或者麻醉等状态的人，其辨别是非和正确表达的能力受到酒精、精神药物或麻醉品的影响，通常会存在一定的障碍，甚至受到幻觉的干扰，导致其有的陈述不是在神志清醒的情况下提供的。对于这样的证言，《刑诉法解释》规定不得作为证据使用，从而也不应当允许此类人充当证人。在民事诉讼中，如果遇到证人处于明显醉酒等状态，是否允许其出庭作证，《民事诉讼证据规定》及《民诉法解释》没有规定。我认为关键看证人能否正确表达意思。如果各方对证人作证能力有争议，法庭可以延期开庭审理，或者就证人作证部分待证人酒醒后再行开庭。

值得一提的是，在我国一般认为，与案件处理结果有法律上的利害关系的人不应该成为证人，其作出的陈述不是证人证言而是当事人陈述。这是证人与当事人的区别所在。在诉讼案件中，多数当事人之间不能互相作证，因为他们诉讼立场的利益是一致的，实际上是一方当事人，他们不能自己给自己作证。

我曾经代理过大道物流公司诉原商铺经营户合同纠纷系列案件，被告经营户有 20 多位，经营户互相申请作为证人。我当即向法庭提出，这批案件诉讼标的是同一种类，法院本可以合并审理，如果合并审理，这些证人就是一同坐在被告席上的诉讼当事人，现在诸被告互为证人，相当于自我作证，其是否有证人的资格，请法庭慎重考虑。

法庭没有正面回答我的问题，依然准许证人出庭作证，只是证言过于虚假，证明力基本没有，判决最终没有采信。学理上主张与案件处理结果有法律上的利害关系的人不应该成为证人，是有道理的。如此循环作证，势必得出“被告的陈述就是证人证言”的结论。证人证言和当事人陈述是两个不同的证据种类，

“被告的陈述就是证人证言”这一结论明显与立法本意相矛盾。认定另案中的被告不具有证人的资格，用的是学理上的见解。

3. 签署并宣读保证书

完全民事行为能力人作为证人的，其应在作证之前签署保证书，并在法庭上宣读保证书的内容。证人若确有正当理由不能宣读保证书，如证人不识字，可由书记员代为宣读并进行说明。理论上称为证人具结义务，是附属于陈述义务的一种担保。这种担保，在欧美国家则为宣誓，是为了对证人心理产生威慑，确保其证言真实无伪。

如果证人在法庭上拒绝签署保证书或宣读保证书，则不得作证，并自行承担交通、住宿、就餐等相关费用。将证人签署并宣读保证书作为作证的资格条件，可能是我首先提出的，但并非标新立异，而是基于对《民事诉讼证据规定》第71条的解读得出的结论。在诉讼中，遇到证人出庭作证，最常见的是法庭向其交代作伪证的后果，很少有让证人签署保证书并宣读保证书内容的。如果我们系对方代理律师，完全可以对作证程序提出抗议，要求证人先履行签署保证书并宣读保证书的义务。实践中，对于因法庭疏忽等原因准许未经书面和口头具结的证人作证时，其提供的证言不具有证据能力。

关于证人资格，值得探讨的是，证人是否必须是自然人？单位是否可以成为证人？这个问题一直存在争议，证据法书籍中的观点也并不一致。有的认为我国民事诉讼中的证人包括单位和自然人两大类；有的则指明证人必须是自然人，因为证人的条件和证人证言的特点都决定了单位不能成为证人。

《民事诉讼法》第75条第1款规定：“凡是知道案件情况的单位和个人，都有义务出庭作证。有关单位的负责人应当支持证人作证。”从本款第一句来看，似乎肯定了单位证人的作证资格，但我倾向于第二种观点。单位作为一个组织，没有证人所需的感知能力，也无法接受询问和质证，同时无法承担作伪证的法律责任，所以单位不能成为证人。在司法实践中，凡以单位名义向司法机关出具的书面材料应当作为书证，属于书证中的私文书证，而不是书面证言。《最高人民法院新民事诉讼法司法解释理解与适用》针对第115条私文书证的释义中，也持同样的立场。

二、证人证言的真实性判断

相较证人证言的关联性、合法性，证人证言的真实性是认证的难点和焦点。综合三大证据规则，结合我当仲裁员的仲裁实践经验，判断证人证言的真实性可从证人自身及证言本身两个角度进行。

一是审查证人与案件有无利害关系。人情世故或生活经验告诉我们，如有利害关系，证人或多或少会站在相关当事人的立场上，提供对其有利的证言，对其不利的证言一般不会主动作出。利害关系包括人与人之间的利害关系以及人与事之间的利害关系。

人与人之间的利害关系分为直接利害关系和间接利害关系。前者指与当事人或者其代理人具有血缘身份上的关系，如近亲属关系；后者指与当事人或其代理人存在一般亲属、同事、朋友、邻居以及商业伙伴关系等。一定要注意，利害关系包括代理人，有的律师只关注证人与当事人之间的利害关系，往往忽视证人与代理人之间的利害关系。

人与事之间的利害关系，即证人与案件处理结果有经济、政治或名誉上的利害关系。如英美法系国家的污点证人，其提供的证词的客观性应慎重考虑。在上文所举的大道物流公司诉经营户案件中，证人和被告虽无共同利益，但有着相似的利益，与案件处理结果遂具有利害关系。

据上，证人与案件有利害关系，包括两种：其一，证人与案件当事人、代理人有利害关系；其二，证人与案件处理结果有利害关系。证人与案件有利害关系，究竟对其证言产生多大的影响，还要视具体证人和案件而定。在实践中，必须注意一点：对这类证言，不能一概否定其真实性，不能在认证时表述为“该证人证言不具有真实性”或“该证人证言的真实性不予认定”。证人与当事人、代理人或与案件处理结果有利害关系，并不必然导致其证言存在偏见或者不真实，只是这种证言存在偏见或者不真实的可能性很大；但也不排除证人本着良心作证，陈述的恰是客观事实，故不能据此否定其真实性。正确的认证表述如因证人证言真实性较低，证明力较小，不予采信。

二是审查证人陈述时有无思想顾虑。证人的思想状况有可能影响其陈述的真实性。在司法实践中，证人的思想状况比较复杂。有的害怕打击报复而不敢吐露真情，有的顾忌自身名誉、利益而有所隐瞒、避重就轻，有的则受到利诱而故意作虚假陈述。因此，对于证人有思想顾虑下所作的陈述，必须认真审查判断，尽可能查明顾虑的原因。

三是审查证人感知案件事实的来源，即审查证言的内容是证人直接感知，还是事后听他人讲述，两者的真实可靠程度相去甚远。例如，徐某起诉林某返还借款15,000元。林某提供了能证明还钱事实的证人名单，最重要的证人是江某、李某。李某在法庭上说：“上个周末，老乡江某曾对我说‘他前天中午看见林某在银行门口将钱交付给徐某’。”老乡江某没有出庭。李某非其亲眼所见林某在银行门口将钱交付给徐某，而系转述江某的陈述。这是典型的传来证据，真实性和证明力较低，单独不能采信。

四是从证人认识案情的主客观条件进行审查，包括如下内容。

（1）审查证人感知案件事实时的心理状态，对案件事实的发生，证人是惊恐，还是冷静自如？证人心理状态不同，对能否客观地反映案件真实情况将起着重要作用。

（2）审查证人的年龄，认知、记忆和表达能力，生理和精神状态是否影响作证。如有的证人眼睛近视，在没戴眼镜的情况下，显然不能清楚地看见远处发生的事情。生理上、精神上有缺陷或者年幼，不能正确表达意思的人，不能作为证人。对于此类证人证言，应当排除在真实性证据之外。对于生理上、精神上有缺陷或者年幼，但能够正确表达意思的人，可以作为证人。但对于此类证人证言，应当从其认知、记忆和表达三个方面认真审查，以确定其真实性和证明力。

（3）审查证人提供证言的时间距案件发生时间的长短。时间越短，证人记忆越清楚；时间越久，证人的记忆就越模糊。如果证人对很久以前发生的事情细节记得非常清楚，对这种反常的证言，应考虑存在伪证的可能。

（4）审查证人感知案件事实的客观环境，如当时的天气、光线、距离、方位、声音强弱等，都直接影响到证人感知案件事实的正确性。

五是观察证人在庭上的言行举止。诉讼或司法是一种察言观色的法律活动，如果证人说谎，面部表情一般比较紧张，语速通常不是很流畅，所述内容往往缺乏逻辑性，总之会表现不正常。但也不是绝对，有些证人由于初次出庭，也许会显得紧张。我曾代理过一起触电伤亡赔偿案件，申请三位目击证人出庭作证，嘱咐他们实话实说。尽管事先做过“彩排”，但证人上庭后还是直打哆嗦，语无伦次，以致引起法官的高度戒心。

下面我介绍一起证人作假未被法庭识破，嗣后暴露被绳之以法的案件。这就是台州市首例妨害作证罪、帮助伪造证据罪案件。

2003年1月，16岁的王某无证驾驶轿车，车内乘坐同学金某富等四人，从黄岩区驶往路桥区下梁村途中，因车速过快，车辆坠落道路左侧路肩，导致二死三伤的惨局。交通事故认定书认定王某负事故全部责任。车祸之后，在伤者、死者、车辆出借人、车辆出租人之间引发了七场连环诉讼。第一场诉讼是金某富父母状告王某父母及车辆出借人林某永、出租人尚某江，要求共同赔偿。

王某父母的代理律师辩称：王某事故发生前已年满16周岁，并且已脱离父母独立生活，应视为完全民事行为能力人，对于原告的损失，应在王某的遗产范围内予以赔偿。并申请江西籍的吴某某、胡某某出庭作证，以证明王某生前曾帮他们俩承揽过石墨业务，王某有劳动收入。法庭采信了两位证人的证词，判决王某的父母在死者的遗产实际价值范围内承担赔偿责任。后面几个案件也都照样判决。

后来车辆出借人找到了其中一位证人胡某某，他将王某父母为逃避赔偿责任，在律师的指点下，如何贿买他作假的过程原原本本地抖了出来。当时王某父母答应他作证后给他2000元，事成后没有兑现，引起证人不满。我当时在路桥区新桥镇司法所给证人做了一份笔录，并邀请路桥区人民法院一位陪审员对笔录进行见证。然后，我代理当事人向路桥区人民检察院民行科申诉，在检察院领导的重视下，找到了在温州打工的另一位证人吴某某，吴某某当时很强硬，不愿透露实情。在强大的心理攻势下，他最后将王某父母要求他到法庭提供王某为其拉过石墨业务，他按业务费的10%付给王某报酬，以及王某父母事后付给他3000元好处费的来龙去脉说得一清二楚。

检察机关后来将相关资料移交给公安机关立案侦查，王某的父母分别被法院判处有期徒刑6个月、9个月，母亲实刑，父亲缓刑1年。帮助当事人提供伪证的两位证人，也被判处有期徒刑。如果王某父母兑现了对证人胡某某的承诺，也许永远无法翻案。

这个案件历经数年，当时深有感触，我以《谁的眼泪在飞——一起交通事故引发的连环诉讼案侧记》为题，写了一篇办案手记。

证人的言行举止是否自然、正常，还要注意其陈述的方式。证人陈述应直接陈述其记忆所得，不得以宣读事先准备的书面材料的方式进行陈述。如果证人虽未阅读事先准备的书面材料，但陈述时眼睛时不时地瞟向它、盯住它，难免令人产生怀疑。当然也有例外，比如证人经历某事实时，著有日记，与事实完全相符，兹因记忆不好，法庭得允许其阅览该日记以陈述之。

六是审查证人的品德。证人品德的好坏，不影响其作证资格，但有可能影响证人的可信性。如证人是否有犯罪前科，是否有吸毒或赌博等不良嗜好，这些因素都可能使证人证言含有不真实的成分。证人曾经作过伪证，则其提供的证言的真实性应格外慎重。若以上证人证言与其他证据相矛盾或证言自行矛盾，应考虑证言有虚假成分。对证人的品德可以通过询问的方式进行审查。但证人品德如何与是否如实作证不存在直接必然的联系，所以其只作为审查证人证言的参考因素，不能作为判断真假的主要依据。特别是在刑事诉讼中，一般认为，品格证据对定罪不具有关联性，但对量刑具有关联性。

七是审查证人证言是否符合常理与逻辑。从常理、逻辑法则来分析证言可信度的主要方法如下。

（1）证言内容的可能性。我们在看电影或电视剧时往往情不自禁地评论其故事情节的可信度，有时会气愤地说："瞎编！事情根本就不可能是这样的。"从某种意义上讲，一个证言的内容犹如一个故事情节。因此，我们也要分析其可能还是不可能以及可能性大小。对证言内容可能性的判断是一个比较抽象或者模糊的判断，一般不用具体分析，只要根据自己的经验就可以得出某事可能发生还是不可能发生的结论，或者说通过直觉就能作出这种判断。在某刑事案件中，控方举证的证人证言和被告人的供述高度一致，连标点符号、错别字都一模一样，明显是把被告人的供述剪切、粘贴成证人证言，这样的证言显然不具备真实性。

（2）证言内容的合理性。分析证言内容的合理性也是分析证言内容可能性的延伸。无论是否已就证言内容的可能性作出判断，我们都应该分析证言内容的合理性，从而为评判证言内容的可信度提供依据。分析证言内容的合理性包括两个方面：其一，证言所表明的情况是否合理；其二，证言内容与其所要证明的案件事实之间的关系是否合理，或者说从证言到事实之间的推论是否合理。这里所说的"理"有两种情况：一种情况是人们在日常生活中熟知的道理或情理；另一种情况是某个专门领域里掌握的道理或原理。遇到第二种"理"时，如果我们自己缺乏必要的知识或经验，应该向专家请教，切勿不懂装懂。

在一起盗窃摩托车的案件中，控方的证人作证称，"听说摩托车被盗一个星期后的一天，我开着拖拉机从县城回家，看见被告人和摩托车商店的经理迎面走过来，在他们走过我的拖拉机时，我听见被告人低声说：帮帮忙，把我这次弄到的摩托车销出去”。对此，辩护人提出该证言的可靠性值得怀疑：首先，被告人在大街上谈销赃的事，这不符合常理；其次，证人在轰鸣的拖拉机声中还能听清楚被告人和商店经理低声的谈话，也难以让人相信。法官认为，结合案件的具体情况，上述疑问是有道理的。在辩方的进一步盘问下，证人不得不承认以上证言是自己编造的，因为以前与被告人有矛盾，想借此陷害他。

再举一例，《商事审判指导》2019 年第 1 辑（总第 48 辑）刊登的（2018）最高法民再 161 号民事判决书系再审申请人天津置信投资发展有限公司（以下简称置信公司）与被申请人新疆保利天然投资有限公司（以下简称保利公司）、一审第三人新疆天然房地产开发有限公司合资、合作开发房地产合同纠纷案，其中涉及置信公司向保利公司发出《回购股权通知》后，保利公司时任法定代表人蓝某签字并书写“同意”二字是代表公司的职务行为还是其私人或私下行为的激烈论争。证人蓝某到庭作证。置信公司认为，当时蓝某是保利公司的法定代表人，即使《回购股权通知》上没有保利公司的公章，蓝某的签字行为也是职务行为，保利公司应受《回购股权通知》的约束。

虽然法律有其专业性，但它的终极合法性来源于民众的认可，不能脱离生活的常识、常理、常情。司法裁判不仅要合法，也要合理。最高人民法院在“本院认为”部分，连续用了八个“无法理解”来解释为何不敢确信蓝某在《回购股权通知》上的签字行为是代表天然公司的职务行为。这八个因素中，每个因素几乎都指向“不合常理”。大家不妨研读一下这份判词，很有指导价值。

（3）证言内容的详细性。在许多情况下，证言内容是否详细，对人们判断证言内容的可信性甚有帮助。真实的证言应该包括案件细节情况，而虚假的证言往往缺乏对具体细节的描述。诚然，陈述内容的详细性也应该有个适当的度，并非证言越详细就越可信。试以我国台湾地区2006年度家上字第232号判决为例。该判决认为：据证人陈泽×证称，“子婷出生后，吴××每个月都有来，并有拿一笔钱给予子婷的母亲（陈丽×），我有看到，我姊姊陈丽×问这钱要作何用，吴××说要给小孩作生活费之用”。依其所述，吴××自1984年8月上诉人出生，至1985年上诉人出国止，证人竟能每个月一次，于特定时间，均能看到同一事实、听到同一对话，未免过于巧合。尤为甚者，倘吴××确有按月给付陈丽×该笔金钱，而陈丽×即在证人面前每次不厌其烦地问吴××“这钱要做何用?”吴××每次制式回答“给小孩作生活费之用”，此异于一般人对话之方式与内容，俱见斧凿痕迹，显与常理不符。证人陈泽×证词应属回护之词，不足采信。此案中，证人证言因过于详细，反遭法庭否认。

（4）证言内容的完整性。当事人应当就案件事实作真实、完整的陈述；同理，证人也应当就作证的事项进行连续陈述，不能断章取义。这是证人陈述义务的延伸。如果证人对作证事项进行选择性陈述，陈述不完整，就难以理解，证人证言就有问题。

八是审查证人证言自身之间是否前后矛盾。应当重视审查证人证言的一致性和稳定性。如果证人的单份证言或多份证言前后一致，没有矛盾，并且能够与其他证据尤其是客观性证据相印证，则表明证人证言具有真实性。如果证人的单份证言或多份证言的各个部分前后不一致，存在矛盾，那么要看证人有无作过解释，解释是否合理。如果证人没有作出解释或解释不合理，就可以提请法庭不予采信。理由很简单，根据逻辑上的同一律，同一个人对同一件事的陈述自相矛盾，必有一假，不可能同时为真。

九是审查证人证言是否与其他证据相吻合。证言的可变性相当大，其证言是否可靠，取决于证人是否如实讲述他所了解的案件事实，这就有必要将证人的证言同案内其他证据综合分析，如基本吻合，其证言方可采信。多个证人证言之间若有差异，可能由于观察角度不同所致，此类证言的差异就不影响事实的认定，但也不是说多个证人证言相互间没有矛盾就是真实的。如果多个证人作出内容没有任何差别，完全一致的证言，往往是虚假的。如果证人证言与物证、书证、鉴定意见等其他证据存在矛盾，就需要作出合理的解释，否则表明证人证言可能不具有可信性，进而不能作为定案的根据。

十是看证人有无出庭作证。除法定情形（见《民事诉讼法》第 76 条）外，证人出庭作证是证人证言这种证据产生法律效力的前置条件。只有获得法庭准许的情形下，书面等证言才有可能作为认定案件事实的根据。无正当理由未出庭的证人提供的书面等证言，因违反直接言词原则，在证据形式上存在瑕疵，证言真实性也无法确认，原《民事诉讼证据规定》第 69 条第 5 项规定不能单独作为认定案件事实的依据，《民事诉讼证据规定》第 90 条已经删除了这一项，而在第 68 条第 3 款直接规定：“无正当理由未出庭的证人以书面等方式提供的证言，不得作为认定案件事实的根据。”这意味着，无正当理由未出庭的证人所提供的书面等证言，一律不承认它有证据资格，没有任何余地。在英美法系国家，证人也须出庭以口头的方式提供证言，庭外陈述一般视为传闻证据而被排除。

在刑事案件中，证人出庭直接接受各方询问，对防范冤假错案起到非常积极的作用。浙江省高级人民法院刑一庭原庭长陈光多接受记者采访时提到，在一起故意伤害案件的二审中，温州市中级人民法院通知了两名案发现场的目击证人出庭作证。经过质询，法庭发现两名证人隐瞒了与被告人、被害人的关系，对于案发经过的细节也陈述不清，并且对双方互殴时所处方位的说法也与其他证据不符，可见案件事实尚不清楚。于是，温州市中级人民法院将案件发回重审。之后，公诉机关对此案撤回起诉。

需要留意的是，证人在审理前的准备阶段或者人民法院调查、询问等双方当事人在场时陈述证言的，视为出庭作证。

如果证人因正当理由不能出庭，经法庭许可提交的书面证言，其真实性还可以从以下几个方面审查判断。

其一，书面证言是否为证人本人所书写。实务中，存在当事人书写好证言后证人签名或多个证人在上面签名的情况，这是不符合证据的真实性特征和书面证言的基本形式要求的。如果证人没有书写水平或书写能力，提供书面证言的当事人需要提供有关材料证明。

其二，书面证言内容有无涂改、添加。在证人签字后擅自更改内容的书面证言，该部分内容不具有真实性。

其三，证人有无签署保证书。如果证人不知道作伪证要负法律责任，证人书写证言时可能无所顾忌，随意夸大事实或缩小事实。因此证人出具书面证言时，应当签署保证书，保证内容属实，如作伪证，愿负法律责任。这也是证人的一项义务。

其四，书面证言用语是否与证人的文化程度、职业相适应。根据证人的文化程度、书面证言的书写水平、文字内容等情况，也能鉴别出书面证言是否为证人本人的真实意思表示及是否由证人本人所写。比如，证人是一名普通农民，但他在书面证言中表达了很多专业术语，其真实可靠性就较弱。

判断证人证言的真实性，基本上可围绕我前面所归纳的十个方面进行。其中前六个方面是从证人自身的角度进行的分析，后四个方面是从证言本身的角度进行的分析。此外，还可通过对证人的经验、法律意识和专业技能等的综合分析对证人证言的真实性作出判断。

证人证言的真实性判断，可概括如图 9 所示。

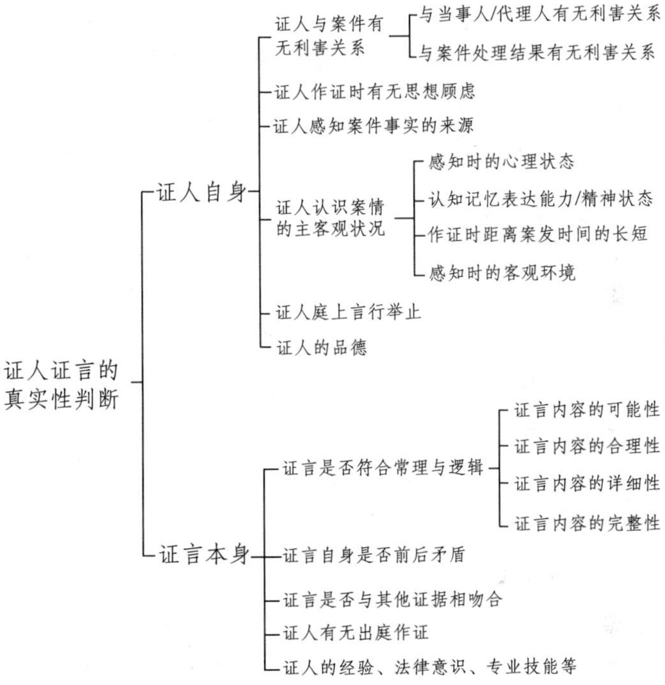

图 9　证人证言的真实性判断要点

对于证人证言真实性的判断，补充一点，就同一案件事实的不同证言，除原《民事诉讼证据规定》第 77 条第 5 项关于“证人提供的对与其有亲属或者其他密切关系的当事人有利的证言，其证明力一般小于其他证人证言”的规则（虽已删，但还有一定的参考价值）外，还可以参照下列规则比较证明力大小。

一是证人就同一事实先后作出不同的证言，顺序在先且及时作证的证明力一般较强。

二是出庭作证的证人证言的证明力一般大于未出庭作证的证人证言。

三是内容稳定、前后一致的证人证言的证明力，一般大于内容不稳定、前后矛盾的证人证言。

四是生理和心理状态正常、认知能力强、情绪稳定的证人所提供的证言，一般比生理上、精神上有缺陷的证人所作的证言的证明力更强。

三、典型案例评判

通过前面的讲述，大家对证人证言都应该有了一个较为清晰的认识。接下来，我再结合若干典型案例，谈谈实践中的几个疑难问题，这样大家可以加深对证人证言认证规则的理解。

1. 在离婚案件中，未成年子女可否作为证人

段某（男）与宁某（女）于 1988 年结婚。婚后，生育一子段某某。2010 年 6 月，段某向法院提起诉讼，称两人经他人介绍结婚，缺乏感情基础，婚后夫妻关系一直不和谐，经常发生争吵。宁某对家庭生活和孩子的成长及教育问题漠不关心，经常不回家，使婚姻关系难以为继。现在夫妻双方感情确已破裂，请求法院判决离婚并要求抚养婚生子段某某。为证实父母经常在家中发生争吵，段某申请儿子段某某出庭作证。宁某认为，段某某年幼，缺乏判断能力，不能作为证人。自己与段某结婚十几年，婚姻基础较为牢固，夫妻感情并未破裂，不同意离婚。

《民事诉讼证据规定》第 67 条规定："不能正确表达意思的人，不能作为证人。待证事实与其年龄、智力状况或者精神健康状况相适应的无民事行为能力人和限制民事行为能力人，可以作为证人。"段某某现年 14 岁，属于限制民事行为能力人，具有一定的认识和判断能力。作为与段某和宁某长期共同生活的子女，

段某某对父母之间的共同生活情况有切身的感受，其证言在一定程度上能够真实地反映段某和宁某的婚姻关系和感情状况。因此，段某与宁某在共同生活中经常发生争吵，这一待证事实是段某某所能正确认识和判断的，没有超出他的年龄和智力状况，具有作证的资格。宁某的异议理由不能成立，应当准许段某某出庭作证。

假如段某某的证言除涉及段某与宁某在共同生活中经常发生争吵外，还提及父母感情确已破裂，法庭能否凭其证言作为判决离婚的依据？

我认为，夫妻感情问题是一个非常复杂的问题，夫妻感情的好坏存在于夫妻两人的感情世界中，外人一般难以判别。作为年仅 14 岁的年幼孩子，段某某显然不能对夫妻感情是否确已破裂问题作出准确的判断，即使判断的对象是其父母，此与段某某的年龄和智力状况是不相符的。《民事诉讼证据规定》第 90 条第 2 项规定，无民事行为能力人或者限制民事行为能力人所作的与其年龄、智力状况或者精神健康状况不相当的证言，不能单独作为认定案件事实的根据。因此，段某某的该部分证言真实性存疑，证明力最多一般，单独不能采信。总而言之，我们不能把作证资格和民事行为能力混为一谈，错将民事行为能力当作证人作证能力。

2. 有利害关系的证人证言能否互为补强

原告陈某与被告苏某 2003 年 9 月登记结婚，为经济问题经常争吵，原告诉称：2013 年年底，因被告殴打她，自己搬到闵行区母亲家中居住，现已分居二年以上，要求与被告离婚。原告为证明分居事实，申请母亲刘某及邻居顾某出庭作证。刘某称：女儿自 2013 年年底与被告争吵后，一直与自己居住。顾某称：自己是原告母亲的隔壁邻居，原告确实是从 2013 年年底至今一直同其母亲住在一起。

本案中，这两位证人的作证资格没有争议，证据能力也没有问题，焦点是证人证言的证明力如何？

证人刘某系原告母亲，与原告有直接的利害关系，其证言真实性低，对证明原、被告已分居二年的待证事实，证明力小，不能单独作为定案的根据，必须依靠其他证据的佐证，借此担保其真实性或补强其证明价值，才能采信。从原告的思路来看，她申请顾某出庭作证，用意是为了对其母亲的证言进行补强。

顾某系原告母亲的邻居，她与原告之间存在间接的利害关系。同样是有利害关系的证人证言，可否互为补强？

先看《民事诉讼证据规定》第 90 条第 3 项的规定，与一方当事人或者其代理人有利害关系的证人陈述的证言，不能单独作为认定案件事实的根据。有学者认为这里的“单独”不能理解为单个，二个、三个、四个有利害关系的证人证言应视同一个整体，仍然为单独。照此见解，有利害关系的数个证人证言不可互为补强。是否有点道理？

前文提及，证据的证明力重在质，不在量，不是说有利害关系的证人证言数量较多证明力就变大。对照我所说的证明力大小的八个等级，原告母亲的证言，真实性极低，证明力极小，这一点应该没有分歧。顾某与原告有一定的利害关系，其证言真实性较低，证明力较小，这一点我想大家也不会有多大意见。学者认为，补强证据应当是具有独立来源的证据。如果顾某的证言是间接来源于他人的转述，是陈述刘某曾告诉她自己的女儿陈某跟自己一起居住生活，则属于刘某证言的衍生证据，不宜作为补强证据使用。本案中，顾某作证自己亲见原告与刘某居住生活，具有独立来源，可以作为补强证据使用，或者说刘某与顾某的证言可互为补强。只是二者互为补强，共同证明待证事实的证明力恐怕也只有一般或中等，达不到很大的程度，仍不能弥补其证明力不足的缺陷。

但承办法官认为，此案中当事人的居住情况证明只有亲属、好友等有利害关系的人才能知晓，证人范围势必限制在较小范围。在这种情况下，对补强证据不能太苛刻，本案邻居顾某作为第三方，又是老式居住楼，相互的生活空间较小，交往了解的机会极多，因此，其证言对原告母亲的证词的补强效力当然很高。

3. 行政执法机关制作的调查笔录属于哪类证据

在办理民商事案件中，我们经常会遇到当事人申请法院调取公安机关等执法机关所制作的调查笔录，这样的笔录在证据法中属于何种证据？实践中认识不一。在此，我向大家介绍一下台州市中级人民法院讨论后的共识，即形成于2004年9月的《民商审判若干疑难问题的意见（二）》（台中法〔2004〕126号），虽然时间有点早，但目前仍然适用。以下系意见正文：

对行政执法机关调查笔录的认识，首先要区分调查对象。

针对他人的调查笔录，实际上是他人对案件事实的陈述，该他人实际上处于证人的地位，故宜作为证人证言使用，除非有《民事诉讼证据规定》① 第56条规定的情形，否则该他人必须出庭作证。该作为“证人证言”的调查笔录并不属于公文书，其在证明力上并不具有大于或强于私文书的效力。

针对当事人的调查笔录，该笔录中可能包含当事人对案件事实的陈述和对案件事实的承认，当事人对案件

① 此处是指原《民事诉讼证据决定》。

> 事实的陈述，在我国将当事人陈述作为一种单独的证据种类的情况下，就不具有任何证据法上的意义，其既不是证人证言，也不是“当事人陈述”这类证据（因为当事人陈述是针对法院所作的案件事实的陈述），所以调查笔录中有关当事人对案件事实的陈述就不能作为证据使用。但调查笔录中当事人对案件事实的承认，则属于自认的范围。不过，由于该自认乃是当事人在诉讼外所为，其仅是一种诉讼外自认，故不能产生诉讼上自认的免证效力。按照国内外学理之共识，其只能作为一种证据使用，在证明力上，应当参酌其他证据予以认定。

台州市中级人民法院的这个讨论意见是针对行政执法机关所作的调查笔录而言，但对于其他非行政执法机关所作的调查类笔录，原理相通，可作同样理解。当事人在调查笔录中对事实的承认，虽然不能像诉讼上的自认证据那样直接予以确认，但是经过法庭审查判断之后，不排除可以直接确认这种证据的证明效力。

4. 经公证的证言是否具有证明效力

有些案件，证人出于各种顾虑，不愿当庭作证，但愿提供书面证言。有的律师就给当事人提出作证方法，让证人写个书面证言，然后找公证处公证。我办理过一起离婚案，为了证明债务的真实性，当事人之前委托的诉讼代理律师就让他这么去做。好不容易说服公证机构作了公证，结果此方法不管用，法庭依然没有认可公证书。

经公证的证人证言，可以排除当事人制造伪证的事实，可以充分保证该书面证言即此证人所言。也就是说，经过公证的书面证言，形式上的真实性可以确认。但证人所言不一定是真实的。证言内容是否真实，公证人员是无法公证的。因此，若证人无正当理由不到庭，该证人证言仍属于在形式上有瑕疵的证据，尤其是内容真实性无法确定，不能作为定案的根据。《商事审判指导》2009年第3辑刊载了最高人民法院民二庭审理的“佳木斯市升平煤矿与黑龙江省地方煤炭工业（集团）总公司借款合同纠纷案”，判决指出：“公证不是免除证人不出庭的依据，本案二审审理中，证人在不具备法定特殊的情况下，证言虽经公证仍应出庭接受质询。”具体认证情况见最高人民法院（2006）民二终字第238号民事判决。所以，我们要熟知证言作证规则，不要乱出主意。

5. 旁听过庭审的证人证言效力如何

原《民事诉讼证据规定》第58条规定：“……证人不得旁听法庭审理；询问证人时，其他证人不得在场……”此条规定，即隔离质证规则。所谓“隔离”，包括两层含义：其一，证人与法庭审理隔离，即证人不得旁听法庭审理；其二，证人之间互相隔离，即一名证人作证时，其他证人不得旁听。按照司法解释起草人在《民事诉讼证据司法解释的理解与适用》[①]书中的提示，本条规定不仅仅要求证人在作证时应当采取隔离进行的方式，在证人作证之前的等候阶段，法庭也应当对其采取隔离的方式。因此，我们在代理案件的过程中，遇到有证人出庭作证的，一方面要注意向当事人、证人作出证人作证规则的说明和指导；另一方面也要主动加强证人在等候作证时的隔离管理，避免证人旁听庭审或与完成作证的证人口头联系或手机短信、微信联系。

我在前文举过的儿女起诉父母共有物分割纠纷案，原告当初申请了三位证人出庭作证，我庭前再三交代证人不能进入法庭旁听，结果有一位证人出于好奇，站在法庭门口听了十多分钟。这

① 参见最高人民法院民事审判第一庭：《民事诉讼证据司法解释的理解与适用》，中国法制出版社2002年版。

一情况恰好被对方律师发现了，轮到法庭传唤这位证人出庭作证时，他提出异议。因为我不知证人旁听过，驳斥他的异议没有根据。估计法庭当时没有监控，主审法官便询问证人有无这回事，证人承认站在门口听了一会儿。由于司法解释没有规定旁听过案件审理的证人不得作证，经我据理力争，法庭最终还是准许该证人出庭作证。但在美国，如果证人违反了法庭关于证人隔离的命令，则由法官根据自由裁量权采取适当的补救措施，如可以拒绝证人作证、宣布审判无效或者就证人可信性的判断向陪审团作出警告性的指示，法庭甚至可以判定证人藐视法庭。

司法解释规定证人不得旁听案件的审理，有何道理？社会心理学的研究表明，人在潜意识里有接受占优势地位者观点的倾向，这种倾向无疑会影响证人作证的真实性，因为证人根据他人观点对其亲历的具体事实进行裁剪和取舍之后，该证言已不是其信以为真的内容了。这显然有违证据真实性的要求。为了保证证人证言的可信度，免受当事人及其诉讼代理人的诱导、暗示，以及庭审气氛压力的影响，有必要对证人进行隔离，除了其在庭上作证及法庭组织证人对质期间，不允许证人旁听案件的审理过程。

关键问题是，如果证人旁听了庭审，其证人证言效力如何？原《民事诉讼证据规定》没有作出相关规定。我查找了一些“非常规性依据”，发现浙江省高级人民法院民二庭在《关于商事审判若干疑难问题的理解》（2011 年征求意见稿）中有一个可供借鉴的意见：应结合案件整个过程分析，该证人证言能够和其他证据形成严密的证据链条，前后相互印证，可予以认可。在分析该证人证言的效力时，要特别注意是否受到其他因素的干扰。

上面提到的共有物分割纠纷案，主审法官当时说过，对于被告代理人提出的异议，法庭将在认定证人证言真实性、证明力时予以综合考虑。这种说法无可非议。

请特别注意，隔离质证规则已被修改。结合《民事诉讼证据规定》第 72 条、第 74 条可以得出如下结论：证人作证前不得旁听法庭审理，作证后可以旁听法庭审理。我认为，一旦允许证人作证后可以旁听法庭审理，会产生两个隐患：一是证人在签笔录时，习惯按旁听的案情修正自己的陈述；二是证人在后续审理中若需要再次出庭作证，陈述将不客观。因此，证人出庭作证完毕后，法庭应让其退庭，而不该允许他旁听法庭审理。

四、证人信息开示

最后我讲一下证人信息的开示问题，之所以讲这个，也是源于我的亲身体会。几年前我代理一起离婚案，庭前去阅卷，法官抽走了对方当事人提交的证人作证申请书，我对此行为质疑，认为自己有权了解对方当事人申请了哪几位证人出庭作证。法官的回答为我方只需了解证人的作证目的即可，没必要知道证人的基本信息。这就涉及证人信息的开示问题。

对于证人信息是否应该开示，学理上确实存在争议。有的学者认为不应对证人信息进行开示。其理由是证人证言主观性很强，易受各方面因素的影响，具有不确定性。如果经过证据开示，另一方当事人知道证人的姓名和地址，就有可能通过各种方式干扰证人作证，威胁利诱，使本来就不太乐意作证的证人更不愿意作证或者干脆倒戈。

从司法实践来看，这种担心并不多余，我也遇到过自己这方申请作证的证人开庭前一晚被对方亲属游说骗走的痛苦经历。但从法律规定的精神来看，证人信息当属证据开示的范围。《民事诉讼法》第 124 条规定，起诉状应当记明下列事项，其中第 4 项是证据和证据来源，证人姓名和住所。原告起诉时若有证人，须在起诉状中记明证人姓名和住所。法庭在向被告送达起诉状副本时，被告就知道了证人姓名和住所。因此，根据《民事诉讼法》规定的精神，证人信息应当开示，而不是隐秘。另从《民事诉讼证据规定》第 70 条第 1 款来看，人民法院准许证人出庭作证申请的，应当向证人送达通知书并告知双方当事人，这更加说明证人信息应当开示。

第十四讲

鉴定意见

鉴定意见过去叫鉴定结论，为了避免“结论”一词给人以确定、不容置疑的误解，2010 年 6 月发布的《办理死刑案件证据规定》率先将这一证据种类称为“鉴定意见”。后来三大诉讼法修改时统一改称为鉴定意见，有着正本清源的意图。

先讲一个问题，当事人自行委托鉴定机构或鉴定人所作的意见是否属于鉴定意见？

根据我国《民事诉讼法》的规定，鉴定程序应当由法院根据当事人的申请或依职权启动，不是法院委托所形成的“鉴定意见”不是民事诉讼法意义上的鉴定意见。在国外，这种非法院委托的鉴定称为“私鉴定”。当事人单方委托形成的意见虽然不是严格意义上的鉴定意见，但不能直接否定其作为“书证”的意义。这种单方提供的意见，对方当事人有证据或者有理由足以反驳的，不予采信；对方当事人没有证据或者理由足以反驳，该意见又无其他违法之处的，应予采信。

不过，最高人民法院的思路发生了重大改变，体现在《生态环境侵权民事诉讼证据规定》第 23 条：

当事人就环境污染、生态破坏的专门性问题自行委托有关机构、人员出具的意见，人民法院应当结合本案的其他证据，审查确定能否作为认定案件事实的根据。

对方当事人对该意见有异议的，人民法院应当告知提供意见的当事人可以申请出具意见的机构或者人员出庭陈述意见；未出庭的，该意见不得作为认定案件事实的根据。

该条将当事人就环境污染、生态破坏的专门性问题自行委托有关机构、人员出具的意见，参照专家辅助人制度，将其视为当事人的书面陈述。如果另一方当事人不持异议，适用自认规则。如果另一方当事人有异议，法庭应当告知提供该专业意见的一方当事人申请有关机构或者人员出庭陈述意见；未出庭的，该意见不得作为认定案件事实的根据。

我认为，本条的适用范围可能不限于环境侵权民事诉讼领域。至少在对待当事人自行委托鉴定所形成的书面意见问题上，最高人民法院给了新的定性，之前按照“书证”处理的思路都要改变。

再讲一个问题，交通事故认定书是否属于鉴定意见？

公安机关交通管理部门作出的交通事故认定书，有不少人认为是鉴定意见，作为主管交通事故处理工作的最高部门公安部也曾持此种观点。事故认定书兼有书证和鉴定意见的性质。无论是交通事故认定书还是火灾事故认定书，其基本内容均包括事故的基本事实、成因和当事人责任三部分。事故认定书记载的基本事实部分，是对事故客观事实状况的描述，属于书证，属于证明性文书、公文书证；事故认定书记载的成因与当事人责任部分，是一种结论性意见，属于鉴定意见。可以说，这是最高人民法院民二庭的意见。

但严格来说，事故认定书记载的基本事实部分不属于书证，记载的成因与当事人责任部分也不属于鉴定意见。类似的还有消防机构所作的火灾事故认定书。

继续提问，法院委托鉴定机构作出鉴定意见，当事人撤诉后可否在随后的诉讼案件中作为证据使用？

在最高人民法院再审的“兰州电力修造厂与中石油第二建设公司（以下简称中石油二建公司）建设工程施工合同纠纷案”[（2012）民申字第1168号]中，此案最初由兰州市七里河区人民法院受理，中石油二建公司申请司法鉴定，法院委托鉴定机构进行造价鉴定。鉴定意见作出后，双方当事人均提交了异议书，鉴定机构作了相应答复和调整。兰州电力修造厂申请撤诉，重新向兰州市中级人民法院起诉。针对中石油二建公司关于鉴定程序违法等意见，最高人民法院认为，鉴定书系兰州市七里河区人民法院受理期间依法对外委托，程序合法，兰州电力修造厂否定鉴定书的主张依据不足，不予支持。

北京市第二中级人民法院专门讨论过当事人在鉴定意见出具后撤诉，再次起诉后重新申请鉴定是否应当允许的问题。结论大意是，鉴定意见本质上是一种证据，鉴定是为了取得一个证据来解决现有证据无法解决的专门性问题。在前诉中形成的鉴定意见当然属于证据，如果该证据能够解决本诉中的专门性问题，即无进行重新鉴定的必要。因此，一方当事人在本诉中申请重新鉴定，如果对方当事人援引前诉中的鉴定意见予以拒绝，法院应按照证据规则进行审查，据此决定是否准许重新鉴定。

下面，我主要谈谈鉴定实务中一些关键的问题。

一、鉴定的范围

法医类鉴定是最早的鉴定类型，随后，指纹鉴定、笔迹鉴定等物证类鉴定也在诉讼中被广泛应用。随着科技的发展，声像资料鉴定、电子数据鉴定在诉讼中扮演着越来越重要的角色。而且随着诉讼的需求，实践中鉴定的范围逐渐扩张，鉴定意见在诉讼中的作用日益凸显。有人初步统计，实践中鉴定的范围达到100多种，而且每一种类下面又包括一些小种类。就拿法医临床鉴定来说，具体又分为人身损伤程度鉴定，人身伤残程度鉴定，伤病关系鉴定，诈病诈伤鉴定，劳动能力鉴定，医疗费合理性评定，后期医疗费评定，护理依赖程度评定，三期（误工、护理、营养时限）评定，治疗时限评定等十几种，可谓琳琅满目、五花八门。司法部2000年1月1日施行的《司法鉴定执业分类规定（试行）》有明确规定。

关于鉴定范围，最有必要说的是物证类鉴定中的文书形成时间鉴定，因为这类鉴定我们在诉讼案件中遇到较多。文书的形成时间通常包括两种情况：一种是文书形成的绝对时间，另一种是文书形成的相对时间。

文书形成的绝对时间是指一份文书或文书中的某部分内容是什么时候形成的，也就是说，文书形成以后经历了多长时间。文书是何年何月形成的，解决的是文书的历史性问题，但实际鉴定中判断文书形成的绝对时间很难，是一个世界性难题。

文书形成的相对时间是指几份文书或一份文书中的某几部分内容是否同时形成，解决的是文书各部分形成的相对顺序问题。如文书中有关文字、数字、符号、印文和纸页形成的顺序，即形成时间的先后顺序，以确定是否有添写文字或添加纸页及其添加时间的情形等。

文书形成时间鉴定主要是相对形成时间的鉴定，相对形成时间的鉴定也很难。之所以难，据专家们坦言，并不是缺乏精密的分析仪器，而是由于作为检验对象的字迹色料容易受到许多因素的影响和制约。如文书的形成方法、形成条件、文书存放所处环境的温湿度等各种因素均能使文书材料随时间发生很大变化，影响鉴定结果。近几年，在台州地区的诉讼案件中，法院基本上不接受文书形成时间鉴定申请，主要是浙江省高级人民法院司法鉴定处 2011 年 3 月下发的《关于文件形成时间鉴定的意见》（浙高法鉴〔2011〕5 号）中内部有讲法，作为司法实务工作者，我们需要知悉：

据了解，所谓“文件形成时间”的鉴定，目前除了用圆珠笔书写的文件，在以同样用圆珠笔书写的不同时间的样本作比对时，可以用薄层分析法实验效果较好外，其他材料形成的文件时间目前尚无国家或行业内认可、统一的检验、鉴定方法。因此，一些鉴定机构自称任何书写、打印材料形成的文件都能做形成时间鉴定是不严谨、不科学的，尤其是要提交法庭作为证据使用更为不妥。

对于上述问题，2008 年最高人民法院司法行政装备管理局发布《关于对外委托文件制成时间鉴定有关事项的通知》（法司〔2008〕12 号），有关内容摘录如下：

一、一般情况，对外委托文件制成时间鉴定时，应要求送检单位提供比对的样本。若送检单位不能提供样本，目前只有少数鉴定机构用多次测定法能鉴定三个月以内的制成文件；极个别公安部门的鉴定机构能鉴定六个月以内的制成文件，由于受各种客观因素的影响，送检鉴定的检出率不高。对此，人民法院的司法技术人员应对委托案件的鉴定条件和鉴定机构的资质、能力进行审查，对落款时间和怀疑时间超过六个月的，要求送检单位必须提供比对的样本。

二、由于检材与样本在纸张、墨水、油墨、保存环境等方面的不同都会对鉴定结果产生决定性影响，鉴定机构自备的样本不可能满足与所送检材在纸张的种类及颜色，墨水、油墨的色料及染料的主要成分，保存环境的温度、湿度等方面相同。因此，不能使用鉴定机构的自备样本进行文件制成时间鉴定。

如今科技这么发达，文书形成时间鉴定却举步维艰，多少有点令人出乎意料。虽然对文书形成时间原则上无法鉴定，但是否同一支笔书写或同人同笔一次性书写是可以鉴定的。若遇到私自添加文书内容的案件，我们要先向对方当事人发问，问清文书内容是否系同一支笔所书写或同人同笔一次性所书写。在得到对方的肯定后，另辟蹊径，提起是否同一支笔书写或同人同笔一次性书写的鉴定申请。

如果鉴定结果不是同一支笔所写或同人同笔一次性所写，就否定了对方当事人的陈述，也就达到了与文书形成时间鉴定同样的效果。如果确系同一支笔书写或同人同笔一次性书写，这种方法就无法奏效。由于手写文件宜增添且难以鉴定，我一般建议客户在出具承诺书、还款计划等单方文件时，最好以打印件形式，并可加入清洁文本条款，声明本文件为清洁文本，除签名外，一切手写增添删减无效。这样就可杜绝对方事后在文件上起歪念，做手脚。

文书鉴定中最常见的是签名笔迹鉴定，一方不承认签名笔迹，就涉及笔迹鉴定问题。学理上按签名的规范程度和表现形式，将签名笔迹划分为规范签名笔迹、草花签名笔迹、简略签名笔迹和组合连写签名笔迹四类。

规范签名笔迹相对容易鉴定；草花签名笔迹可以细分为行草和狂草两种，鉴定难度相对较大；简略签名笔迹在字符上出现省略，如送货单上的收货人只写陈、朱、张等姓氏，只写一个字且笔画简单，一般不具备鉴定条件；组合连写签名是经过专门的设计和练习书写形成的签名习惯，或经过长期快速连写、简化形成的签名书写习惯，也就是通说的“艺术签名”，明星们常用这种特殊签名。

签名是否为某人所写，诉讼中并非必须通过鉴定。对于一方当事人提供的文书，另一方当事人否认系其签名笔迹，如果一经核对，即能辨别其真伪，法庭可依心证判断之，不必进行鉴定。

通常情况下，证明笔迹的方法还有下列几种：(1) 由在场亲眼看见书写的证人作证证明。(2) 由亲耳听见书写者承认书写该文书者作证证明。(3) 由认识该书写者的笔迹者作证证明，如在“张大千书画拍卖纠纷案”中，原告认为其在杭州书画拍卖会上竞得的张大千书画是摹本、赝品，提供了业内研究张大千字画的北京专家徐某、史某的证言；拍卖公司则主张书画是张大千先生的真迹无疑，也邀请了上海专家谢某作证。(4) 交由鉴定人、鉴定机构鉴定。

凡是法庭不能依靠心证判断笔迹真伪，并且前述第一种至第三种方法也不能适用，或适用但证明力仍然可疑时，才有委托专家鉴定的必要。2022 年《民诉法解释》第 121 条第 1 款中规定，申请鉴定的事项对证明待证事实无意义的，法院不予准许，也有这番意思。如果法庭通过心证或者其他证据足以证实笔迹的真伪，当事人申请鉴定对案件的处理就变得无实际意义，当然不予准许。

总之，笔迹鉴定并非解决笔迹争议的唯一方法，往往是最后一种方法。在办理案件的过程中，不要动不动就申请笔迹鉴定，可以考虑其他几种方法。

二、鉴定的对象

首先，鉴定的对象限于事实。在我国，普遍认为，鉴定的对象只能是事实问题而不是法律问题。在诉讼中，“知法”、“找法”和“适法”是法庭的专属职责，为法官审判权的内容。鉴定人只能就事实问题发表意见，不能对法律问题发表意见；否则，构成对裁判者固有权力的侵犯。

我有一次仲裁主审一起建设工程合同纠纷案，申请人要求被申请人支付巨额工程款，被申请人对申请人提起反请求，要求其支付工期延误违约金，违约金数额超过申请人的本请求。申请人对工期延误原因的解释是工程量增加、发包人变更设计及未按时支付工程进度款等因素。仲裁庭评议时，有位仲裁员提出对工期延误的原因和能否顺延工期及顺延天数进行鉴定。他的初衷是好的，想减轻仲裁庭的压力，但是能委托鉴定吗？

这个问题在实践中有争议，我看了常设中国建设工程法律论坛第五工作组编写的《建设工程施工合同纠纷鉴定指引》一文，其中有工期鉴定，但我认为将工期提交鉴定恐怕不太合适。

我看到四川和重庆两家律师协会联合制定了《关于律师办理建设工程合同纠纷疑难业务指引》，其中第 8.2.1.2 条为工程工期鉴定，列举了 5 种工期鉴定事项，其中第 4 种为工期共同延误的原因力、因果关系和责任份额承担的司法鉴定。我感到非常纳闷，“责任份额承担”属于法律问题，怎会属于鉴定事项？

如何界定事实问题与法律问题？通说认为，判断某一事实或行为是否存在，属于事实问题，一般可用陈述性联系词“是”或者“不是”进行检验；判断某一事实或行为是否具有法律上的价值，属于法律问题，一般可用规范性联系词“应该”或者“不应该”进行评判。比较典型的如商业秘密侵权案件，被侵权商业秘密是否为公知技术、侵权人使用的技术与权利人商业秘密相同与否，属于事实问题，可进行技术鉴定；权利人的技术、经营信息是否构成商业秘密及被诉侵权人的行为是否构成侵权，为法律适用上的认定问题，不宜委托鉴定。

但事实问题和法律问题，并非“非黑即白”的关系，许多情况下会产生事实和法律问题混合的情形，双方之间的区分往往极难辨别。比如，工期鉴定中对工期延误原因的分析，并非简单地以“是”或“不是”就能确定。故而，很难说它是纯粹的事实问题，其中蕴含了责任分担、履行抗辩、经验法则、逻辑推理等价值判断，包含了法律规范的适用活动。该部分宜属于仲裁庭的权限范围，鉴定人难以承担该等职责。

不宜鉴定还有一个原因是，工程造价咨询机构的资质范围限于工程造价咨询活动，并不包括工期相关业务，并且受聘于工程造价咨询机构的注册造价工程师的执业范围也不包括工期问题。然而，有些法院不以为然，如在（2013）焦民再一终字第7号民事判决书中，河南省焦作市中级人民法院再审后认为：“法律、法规明确规定了建设工程质量、工程造价和资产评估等鉴定单位的资质等级及鉴定范围，但未就建设工程施工的工期颁发专门工期鉴定资质，涉及工期鉴定的可参照建设工程质量和造价等规定，鉴定机构根据人工、材料等资料确定工期，是符合常理的。因此，蓝天鉴定中心的鉴定结论应予采信。”

我们行业内对此问题持什么态度？《中华全国律师协会律师办理建设工程法律业务操作指引》第125.2条中指出：“目前法律、行政法规并未对工期鉴定机构的资质作出相关规定，但由于工期鉴定一般牵涉工期延期后承担的违约金、损失赔偿的数额，故以委托具有工程造价咨询资质的机构进行鉴定为宜。”我认为，该操作指引不属于法律范畴，也非规范性文件，不具备强制性效力。此外，工程造价鉴定机构不具备工期鉴定的能力，操作指引认为委托具有工程造价资质的机构进行工期鉴定并不妥当。

需要指出的是，在区分事实与法律问题方面，最高人民法院2019年发布的关于《关于适用〈中华人民共和国人民陪审员法〉若干问题的解释》（法释〔2019〕5号）以法律拟制的方式，为陪审语境下事实和法律的区分难题提供了终极解决方案，即第9条中规定的“事实认定问题和法律适用问题难以区分的，视为事实认定问题”。此种处理可以在一定程度上避免因对事实的界定过于狭窄而侵夺人民陪审员职权、损害陪审员制度功能的情况出现，但该处理方案并不延伸适用于鉴定视角。

其次，作为鉴定对象的事实只能是专业事实而非一般事实。因为一般事实只要有证据存在，常人也可运用日常生活经验和逻辑推理得出结论，而不需要借助专业知识。正因如此，《民事诉讼法》规定，当事人可以就查明事实的专门性问题向法院申请鉴定，法院也可依职权对专门性问题委托鉴定人进行鉴定。

我翻阅了浙江省高级人民法院《案例指导》（2015年卷），在“原告台州华兴建设工程有限公司诉被告殷某其、余某勇建设工程分包合同纠纷案”中，原告主张被告多领了工程款，要求被告返还多领取部分。被告则称原告少付了工程款，为此提起反诉。原告提交了正式发票、现金日记账，被告提供了领款收据。诉讼过程中，原告申请对被告殷某其、余某勇在原告承包项目期间全部工程款的收入和支出情况进行审计。玉环市人民法院认为，本案系证据真实性、证明力的认定，无涉及会计专业知识的评判，对原告提出的司法会计鉴定的申请，不予准许。台州市中级人民法院认为一审对原告的会计鉴定申请不予准许不当，以事实不清为由发回重审。玉环市人民法院还是坚持上次的做法，原告再次提起上诉，这次台州市中级人民法院也认识到了曾以事实不清发回重审是错误的，维持了一审判决。原告申请再审，因工程款计算错误，浙江省高级人民法院作出了判决。

本案中，原、被告对款项的给付数额发生争议，该争议问题属于一般事实而非专业事实，法庭只需对双方提供的证据依照证据规则进行审查即可，不可由鉴定程序越俎代庖。

做实务的同志还需了解，审判实践中并非所有的专业事实都得启动鉴定程序。如在小额侵权赔偿诉讼中，有些法院就没有请鉴定机构进行评估，由法官行使自由裁量权，酌情认定损失数额。这种做法可以降低当事人的诉讼成本，符合诉讼效率原则。

我代理过一起相邻关系诉讼，被告出门时忘了关掉阳台上的水龙头，水渗漏到隔壁房间，造成邻居装修损坏。双方协商不成，原告诉至法院，要求被告赔偿 7 万多元损失。法官做了大量调解工作，但双方怨气较深，均不同意。因房屋漏水损失难以确定，原告申请法院委托鉴定机构进行鉴定。后鉴定损失为 2000 元左右，鉴定费用花了 2500 元，大于实际损失。法院按照责任比例判决被告赔偿损失 1400 元许，承担鉴定费用 1000 元。官司最后打下来，原告入不敷出。对于本案，法庭完全可以不通过司法鉴定来判断损失情况，如果觉得没底，可以咨询专业人士或机构后确定一个损失数额。

在邻里纠纷案件中，涉及价值不大的物件，如猪、牛、羊、桌椅、农具等的价值认定问题，可以参考有关物价部门意见及村委会、当地村民等的意见来进行认定，不必经过鉴定程序，这也符合民事诉讼经济原则。

另外，实践中鉴定还包括审计、评估，不要望文生义，以为是两码事。

三、鉴定材料未经质证的后果

鉴定材料未经开庭质证，是否影响鉴定意见的合法性？

在回答这个问题之前，先得明确，法庭在向鉴定机构移交鉴定材料前，是否要对当事人提供的材料进行质证？我曾受被告委托代理一起建设工程施工合同纠纷案，原告即实际施工人申请工程造价鉴定，其聘请的律师特地在庭上提出鉴定材料交由鉴定机构把关，说是给法庭减少工作量。这个提议立马遭到我的否决，因为我知道对方的用意。法庭最终采纳了我的意见。

办过建设工程案件的律师知道，这类案件材料多，较一般案件复杂。根据我的过往经验，鉴定机构对鉴定材料“三性”的把关，与法庭对证据的认证，由于角度不同，认识未必一致。可以这么说，鉴定机构对工程造价材料的“认证”远比法庭认证来得宽松，以致出来的鉴定意见往往向施工方倾斜。

按照程序化的要求，鉴定机构确定后，应由法庭根据双方争议的焦点列明委托事项，并限期当事人提交鉴定材料，然后开庭甄别、质证。司法部《司法鉴定程序通则》第 15 条第 2 项规定，鉴定材料不真实或取得方式不合法的，司法鉴定机构不得受理。最高人民法院、司法部于 2016 年 10 月 9 日联合发布了《关于建立司法鉴定管理与使用衔接机制的意见》，该意见指出，鉴定机构接受人民法院委托鉴定后，不得私自接收当事人提交而未经人民法院确认的鉴定材料。言下之意，鉴定机构只能接收业经法庭认证的鉴定材料，而法庭对鉴定材料的认证无疑建立在当事人质证基础之上。

在此之前，有的地方法院为了适应审判实践的急需，对鉴定材料质证事宜也出台过相关的司法性文件。例如，浙江省高级人民法院《关于进一步规范民事诉讼鉴定相关工作若干问题的纪要》第3条规定："对当事人提交的鉴定材料，审判业务庭法官应先行组织质证，并在《司法鉴定材料移交单》中明确列明当事人有异议的材料。异议材料不影响鉴定的，可要求鉴定机构就有关材料单列意见。"

原则上讲，鉴定材料没有经开庭质证确认，构成鉴定程序违法。最高人民法院民事审判第一庭在其《民事诉讼证据司法解释的理解与适用》一书中曾提到鉴定材料未经质证导致不少案件被二审发回重审的问题。令人欣喜的是，《民事诉讼证据规定》修改时，吸取了地方法院的宝贵经验，第34条第1款指出："人民法院应当组织当事人对鉴定材料进行质证。未经质证的材料，不得作为鉴定的根据。"最高人民法院随后在《关于人民法院民事诉讼中委托鉴定审查工作若干问题的规定》（法〔2020〕202号）中重申了这一立场，具体见第4条："未经法庭质证的材料（包括补充材料），不得作为鉴定材料。当事人无法联系、公告送达或当事人放弃质证的，鉴定材料应当经合议庭确认。"

众所周知，任何违法均有轻重之分，鉴定程序违法也不例外。这种未经质证确认鉴定材料"三性"而径直进行的鉴定，以我之见，宜作为鉴定程序轻微违法。程序性的轻微违法往往被视为瑕疵并允许采取补救措施，故法庭可以通过嗣后补充质证的方法予以弥补。但是，如无法通过补充质证解决瑕疵，则构成鉴定程序违法，鉴定意见不合法，不具有证据能力。最高人民法院《关于审理建设工程施工合同纠纷案件适用法律问题的解释（一）》（法释〔2020〕25号）第34条规定："人民法院应当组织当事人对鉴定意见进行质证。鉴定人将当事人有争议且未经质证的材料作为鉴定依据的，人民法院应当组织当事人就该部分材料进行质证。经质证认为不能作为鉴定依据的，根据该材料作出的鉴定意见不得作为认定案件事实的依据。”

另外，如果一方当事人对另一方当事人提供的鉴定材料有异议，经质证后，法庭也可以不对它事先作出认定，由鉴定机构对有异议的部分单独作出意见或分别表述鉴定意见，然后法庭根据举证责任对争议部分的鉴定材料作出认定。这种事后对鉴定材料进行认证的做法是允许的，并无违法可言。

四、何为鉴定程序严重违法

如果深入下去，问题就是，何为鉴定程序严重违法？

鉴定程序是保证有关鉴定各方权利义务的实施和鉴定活动的有序进行而应当遵守的步骤、方法和规则。鉴定程序包括委托、受理、鉴定材料采集、鉴定人员组成、鉴定实施、鉴定书制作等。鉴定程序违法可发生在鉴定程序的各阶段。

（1）委托环节程序违法。比如，当事人在指定的期限内无正当理由未申请鉴定而法庭仍委托鉴定（除依职权启动鉴定程序外）；鉴定委托人并非办案法院，委托主体不合法；委托鉴定时，未让鉴定人签署承诺书，保证客观、公正、诚实的鉴定，如作虚假鉴定应当承担法律责任，等等。

（2）受理环节程序违法。比如，鉴定人私自接受鉴定委托；发现鉴定材料不真实、不完整、不充分或者取得方式不合法，鉴定机构仍予受理；鉴定要求不符合鉴定执业规则或者相关鉴定技术规范，鉴定机构却受理；鉴定材料未经质证；鉴定人违反回避规定，等等。

（3）鉴定材料采集环节程序违法。比如，现场提取鉴定材料仅一名鉴定机构的工作人员，或者工作人员是两名但均非该鉴定事项的鉴定人，违反了《司法鉴定程序通则》规定的最低要求；现场提取鉴定材料时，没有委托人指派或者委托的人员在场见证并在提取记录上签名，等等。

（4）鉴定人员组成程序违法。以医学会进行鉴定为例，根据《医疗事故技术鉴定暂行办法》第 17 条的规定，医学会应当根据医疗事故争议所涉及的学科专业，确定专家鉴定组的构成和人数。专家鉴定组组成人数应为 3 人以上单数。医疗事故争议涉及多学科专业的，其中主要学科专业的专家不得少于专家鉴定组成员的 1/2。如果专家组成员不符合规定，则视为鉴定程序不合法，所出具的鉴定意见不能作为定案的根据。

（5）鉴定实施环节程序违法。比如，鉴定过程中，需要对无民事行为能力人或者限制民事行为能力人进行身体检查，但未通知其监护人或者近亲属到场见证；对被鉴定人进行法医精神病鉴定的，未通知委托人或者被鉴定人的监护人或者近亲属到场见证；对需要进行尸体解剖的，未通知委托人或者死者的监护人或者近亲属到场见证；到场见证人员未在鉴定记录上签名；见证人员未到场，鉴定人却开展相关鉴定活动；鉴定过程中，需要对被鉴定人身体进行法医临床检查，未采取必要措施保护其隐私；鉴定人未对鉴定过程以笔记、录音、录像、拍照等方式进行实时记录并签名；鉴定人未到估价对象现场进行评估；未经委托法院准许，鉴定人擅自调取证据、勘验物证和现场、询问当事人或证人，等等。

如“雷洋案”的尸体解剖，从媒体的报道来看，尸体解剖前通知了委托人及其家属到场见证，并且家属还委托专家到现场进行见证，这些都是为了保证鉴定程序能够合法合规。但在实践中，精神病鉴定、尸体解剖未通知相关人员到场的情况比比皆是，从这里我们可以挖掘出很多的辩点。

鉴定实施环节中，还有一个复核程序不太引人注目。根据《司法鉴定程序通则》第 35 条的规定，司法鉴定人完成鉴定后，司法鉴定机构应当指定具有相应资质的人员对鉴定程序和鉴定意见进行复核；对于涉及复杂、疑难、特殊技术问题或者重新鉴定的鉴定事项，可以组织3名以上的专家进行复核。复核人员完成复核后，应当提出复核意见并签名，存入鉴定档案。由此可见，复核是鉴定的必要程序，并且复核人不能是鉴定人。鉴定意见若未履行复核程序，同样构成程序违法。

上面提及，鉴定程序违法有轻微违法、一般违法和严重违法之分。鉴定意见超出《司法鉴定程序通则》规定的时限完成，就属于轻微违法。《民事诉讼证据规定》修改时，在第35条第2款增加了“鉴定人无正当理由未按期提交鉴定书的，当事人可以申请人民法院另行委托鉴定人进行鉴定”的内容。鉴定意见没有履行复核程序的，也属轻微违法，毕竟复核属于鉴定机构的内部程序。鉴定程序严重违法的情形中，鉴定人没有依法回避、鉴定人员组成违规、鉴定人未前往评估对象现场便评估价格就属于其中三种。当然，鉴定人违反回避规定进行鉴定，也可纳入鉴定主体不合法之中。

鉴定程序严重违法，无论是否有可能导致鉴定意见错误，根据《民事诉讼证据规定》第40条的规定，当事人有权申请重新鉴定。这里的“当事人”，包括异议方及对鉴定程序严重违法并无重大过错的原鉴定申请方。简言之，异议方与对鉴定程序严重违法并无重大过错的原鉴定申请方均有申请重新鉴定的机会。如果双方均不申请重新鉴定，鉴定意见因不具有合法性，不能作为证据使用，原鉴定申请方应当承担继续举证的责任。

相较严重违法，鉴定程序轻微违法的，法庭可以通过补正、补充鉴定或补充质证、重新质证等方法解决其瑕疵，鉴定意见还是可以作为证据使用的，当事人不可申请重新鉴定。

说到重新鉴定，实践中已经开始出现一种新的质证策略，就是自行委托另一个鉴定机构或鉴定人对官方委托形成的鉴定意见进行再次鉴定或鉴别，以攻击其可靠性和科学性。田文昌律师称其为鉴别意见。这个方法值得效仿，我在代理“江某诉温岭市公安局撤销治安拘留行政诉讼案”时就运用过，邀请其他鉴定机构的鉴定人员针对被告方的鉴定意见出具意见。鉴定涉及专门性问题，我们大多讲不出因为所以然，另请一个鉴定机构或鉴定人对鉴定意见作一个鉴别意见，帮我们把有问题的内容都罗列出来并说明理由，我们可以将它作为反驳证据提交给法庭，对动摇原鉴定意见并启动重新鉴定会起到一定的帮助。

五、鉴定报告的有效期

下一个问题是，怎样看待鉴定报告的有效期？鉴定报告超过鉴定人声明的有效期，能否作为证据使用？

对于这个问题，我们常会看到，鉴定人往往在鉴定报告中声明有效期。比如，1999 年版《房地产估价规范》（已失效）第 8.0.4 条规定，估价报告应记载下列事项：……估价报告应用的有效期。2015 年版《房地产估价规范》则将有效期改称为使用期限。

《房地产估价规范》中还明确了估价时点的概念和原则。所谓估价时点是估价结果对应的日期。估价时点原则要求估价结果应是估价对象在估价时点的客观合理价格。因此，对于估价报告来说，更重要的是估价时点，而不是估价报告有效期。

说到估价时点，我介绍一起财产损害赔偿纠纷案。涉及火灾损失鉴定，法庭委托鉴定机构鉴定时没有写明评估基准日，鉴定人员也未与法庭沟通，自以为是定了个基准日，后来该鉴定意见被我方强烈质疑。《民法典》第 1184 条明文规定，侵害他人财产的，财产损失按照损失发生时的市场价格或者其他合理方式计算。为此，我们提出应以火灾发生时间作为财产损失的评估基准日期，得到了法庭的首肯。

如果从诉讼程序中证据资格的角度看，鉴定报告有无载明有效期并无多大实质意义。有效期体现了鉴定报告本身的科学性或结论的真实性，不能将它和证据的关联性、合法性混为一谈。鉴定报告超过有效期，关联性还是应当承认的，也不能说该证据不合法，它仍具有证据资格，只是鉴定报告的证明力大小或许受到影响。

六、公估报告的性质

对于保险公估机构出具的公估报告，我之前从未碰到过，但在“开发区世纪联华超市诉大开界餐饮店财产损害赔偿案”中，原告以杭州安信保险公估有限公司出具的公估报告为依据，向我方当事人主张索赔，引起我对公估报告的重视与思考。

我对这份公估报告，主要发表了三点质证意见。

（1）公估报告第 16 页特别注明：本公估报告仅作保险理赔之用，不作其他任何证明。原告将公估报告作为证明涉案火灾损失的证据使用，违背了该公估报告的目的，故该报告与本案事实无关，不具有证据的关联性。

（2）该公估报告不属于鉴定意见，也不属于《民事诉讼法》第 63 条[①]规定的其他七种法定证据，不符合证据的表现形式，欠缺证据的合法性。

（3）该公估报告系保险公司单方委托的，现场清点时也未通知原告到场参与，有失公允，并且报告所依据的部分材料并不客观真实，由此得出的损失结论当然有误。

---

① 现为《民事诉讼法》第 66 条。

平心而论，我的第一点质证理由是站不住脚的。浙江省高级人民法院民一庭出过一个司法性文件，是关于民事赔偿纠纷中能否依据公安机关委托价格认证中心作出的财物价格鉴定意见确定财产损失额的解答。解答如下：

> 公安机关委托价格认证中心所作鉴定意见中的声明，是为强调其鉴定是为公安机关处置火灾纠纷之用，非为民事赔偿目的。有关声明并不影响该鉴定意见作为民事诉讼证据的资格和效力。只要价格认证中心出具的鉴定意见符合民事诉讼证据的真实性、关联性和合法性，并具备鉴定意见的证明力，人民法院可以该鉴定意见为依据确定火灾毁损财产的有关损失金额。

我赞同这个解答。判断一个证据能否作为定案证据，应从证据的“三性”及其证明力的大小展开分析，不应考虑其他因素。价格认证中心在鉴定意见中所作的声明，对证据“三性”及证明力大小的判断并无实际意义。安信公司在公估报告中的声明，也是同样道理。

我的第二点质证理由是否成立？从严格意义上说，公估报告不是《民事诉讼法》上的鉴定意见，但基于实际考虑，法庭一般还是从更宽泛意义上来理解鉴定意见。例如，当电子数据未被列为独立的证据种类时，它究竟可否作为证据使用，就存在疑问。严格按照当时法律规定的证据种类衡量，电子数据难以归入任何一种证据种类，是不能作为诉讼证据使用的，如果要使用它，可以将其归入视听资料，我国诉讼法在将电子数据单独列为一项证据种类之前，正是这么做的。

如何看待保险公估机构出具的公估报告？在 2015 年 12 月 23

日第八次全国法院民事商事审判工作会议上，最高人民法院《关于当前商事审判工作中的若干具体问题》这一司法文件中做过表态：

> 在保险人向第三者行使保险代位求偿权的损害赔偿纠纷案件中，保险人在理赔中委托保险公估机构作出的公估报告属于认定第三者应承担的赔偿数额的证据。保险人未经第三者同意单方委托作出的公估报告，属于保险人自行委托作出的鉴定结论。第三者有证据足以反驳并申请重新鉴定的，应予准许。

按照该文件的精神，公估报告的证据资格还是有的，我的质证理由越发无望。

该文件将公估报告作为鉴定结论（现称鉴定意见）看待，我不认同。这种自行委托保险公估机构作出的意见，更接近“书证”。后来，我对公估报告进行了一番考察，发现也有一些法院没有贯彻该文件的精神。如在台州市黄岩区人民法院审理的一起代位求偿权纠纷案中，法院的理解是：公估报告系保险公司与礼品公司自行委托，作为火灾当事人的被告没有参与，报告仅根据礼品公司提供的资料作出，并且某保险公估公司不具有相应的司法鉴定人的资质，该报告在程序和形式上均不规范，并非诉讼法意义上的鉴定意见，显然没有公信力，不能作为定案依据采信。此案例可参见《人民法院报》2017 年 8 月 12 日第 3 版，标题为“保险公司单方委托火灾定损”。

此案法院审理了两年半多，迟迟未判，后调解结案。举这个例子是想告诉大家，当我们分析一个证据材料是否具有证据能力，可否作为证据使用时，应当紧扣关联性、合法性、真实性要素，不要被其他东西所左右。

七、鉴定意见的审查

对鉴定意见的审查，同样围绕证据能力及证明力大小问题进行。

第一步，审查鉴定意见的证据能力。

一是审查鉴定意见的关联性。

关联性审查主要从鉴定的正当性、鉴定的必要性、鉴定的针对性、鉴定检材与送检对象的同一性、鉴定基准日的相关性、鉴定技术标准的关联性六个方面来进行。

1. 鉴定的正当性

鉴定意见作为诉讼中的证据，首先必须有正当性。正当性要求鉴定事项必须是事实问题且是专业事实问题，不能是法律问题。鉴定事项若非专业事实问题，就不属于鉴定的范围，由此形成的鉴定意见不应有关联性。我碰到一起案件，是建设工程施工合同纠纷案件，仲裁庭不顾反对，执意将工程款利息损失问题委托鉴定。利息损失该不该算，应该怎么算，并非专业事实问题。这样的鉴定意见缺乏正当性，不能作为证据使用。

2. 鉴定的必要性

鉴定意见是一种证据，而证据被采纳的前提之一是其与案件事实之间具有关联性，对证明待证事实有意义。因此，鉴定的启动条件之一即鉴定事项与案件待证事实之间具有关联性；否则，鉴定意见不能被采纳，当然无鉴定的必要。

3. 鉴定的针对性

有时，法院委托鉴定事项是甲事，鉴定人事先未与法院作良好沟通，误以为鉴定事项是乙事，结果出具的鉴定意见“指鹿为马”，或者鉴定意见超出法院委托的鉴定事项、鉴定范围，使鉴定意见欠缺证据的关联性。

4. 鉴定检材与送检对象的同一性

要对检材进行唯一性标识，防止被混淆或调换，保证鉴定检材与送检对象的同一性，假如鉴定人所鉴定的检材与送检对象出现不一致的情况，鉴定人纵然对委托鉴定事项作出了科学的鉴定，其鉴定意见对于证明案件事实也不具有任何关联性。

5. 鉴定基准日的关联性

有些鉴定必须确定鉴定基准日，如刑事案件物品价格鉴定、民事案件财产损失鉴定等。如果鉴定基准日不对，鉴定意见可能欠缺关联性。

6. 鉴定技术标准的关联性

这一方面比较容易被忽略却十分重要，并且与鉴定意见关联性有关，是鉴定人在作出鉴定意见时所适用的技术标准是否准确。其可以从以下三个方面进行分析。

其一，有无违反适用规则。《司法鉴定程序通则》第 23 条规定："司法鉴定人进行鉴定，应当依下列顺序遵守和采用该专业领域的技术标准、技术规范和技术方法：（一）国家标准；（二）行业标准和技术规范；（三）该专业领域多数专家认可的技术方法。"如果没有遵照上列顺序适用鉴定的技术标准，出具的鉴定意见缺乏关联性。比如，对车辆驾驶人员血液中酒精含量测定适用标准，有公安部制定的两个行业标准（GA/T 1073 – 2013、GA/T 842 – 2019），有司法部制定的行业标准（SF/ZJD 0107001）等。司法部司法鉴定管理局于 2018 年 5 月 3 日发布《关于车辆驾驶人员血液中酒精含量测定适用标准有关意见的函》（司鉴函〔2018〕5 号），对车辆驾驶人员血液中酒精含量测定适用标准进行了统一规定，要求司法鉴定机构对车辆驾驶人员血液中酒精含量进行检测时，应当按照国家标准 GB 19522 的要求，采用 GA/T 1073 或者 GA/T 842 的规定。2019 年 4 月 19 日，公安部发布新标《血液酒精含量的检验方法》（GA/T 842－2019），于 2019 年 5 月 1 日起实施，即 2019 年 5 月 1 日起，司法鉴定机构的血液酒精含量检验标准同步更新为 GA/T 842－2019。除此之外的标准都不能用。

其二，适用的标准与案件性质是否相符。比如，工伤事故的伤残程度评定应按《劳动能力鉴定 职工工伤与职业病致残等级》标准进行；其他所有人身损害致伤的案件，统一适用五部委联合发布的《人体损伤致残程度分级》标准鉴定。根据案件性质，应该适用此标准鉴定而适用了彼标准鉴定，由此形成的鉴定意见不具有关联性。

其三，适用的标准是否已经废止或失效。对于已经废止或失效的标准，如果鉴定时仍然采用，无疑是错误的。这种低级错误，我办案时就碰到过，鉴定机构适用已经过时的标准进行鉴定。举例来说，《人体损伤致残程度分级》自 2017 年 1 月 1 日施行后，《道路交通事故受伤人员伤残评定》《人体损伤残疾程度鉴定标准（试行）》等标准被取消。《印章印文鉴定规范》《朱墨时序鉴定规范》《笔迹鉴定规范》于 2019 年 4 月 1 日被司法部废止，取而代之的是《印章印文鉴定技术规范》《文件制作时间鉴定技术规范》《笔迹鉴定技术规范》等国家标准。如果还适用旧标准进行鉴定，鉴定意见就失去了关联性。

需要注意的是，鉴定所适用的标准错误，也可谓鉴定依据不合法。面对这种现状，庭审质证时我们不能仅仅满足于质疑鉴定意见的关联性，最好也能质疑其不合法。这一点有时候是非常重要的。

二是审查鉴定意见的合法性。

对鉴定意见合法性的审查，具体包括以下五个方面。

1. 鉴定主体的审查

鉴定主体包括鉴定机构和鉴定人两个方面。任何一方不符合，均构成鉴定主体不合法。

（1）鉴定机构的审查

第一，审查鉴定机构是否具备相应资格。我国实行的是鉴定机构资格制，因此，对于不具备鉴定资格的机构或超出鉴定机构业务范围所作的鉴定意见，不能作为定案的证据。

有疑问的是，鉴定机构超出司法鉴定许可证有效期作出的鉴定，鉴定主体是否适格？在"李某梅等诉永安财产保险股份有限公司漳县支公司等机动车交通事故责任纠纷案"［（2017）甘1125民初1254号］中，甘肃省漳县人民法院认为，司法医学鉴定意见书中"其家属（李某梅、曲红某、曲玉某等）放弃治疗、自动离院的行为在其死亡的损害后果中属次要因素，所占的损伤参与度为25%"的鉴定意见，因作出鉴定时甘肃法医学会司法医学鉴定中心司法鉴定许可证已超过有效期限，不具备鉴定资质，法院对鉴定意见不予采信。

另一个值得讨论的问题是，鉴定机构超越资质等级出具的鉴定意见是否合法？在"江苏南通六建建设集团有限公司与山西嘉和泰开发有限公司建设工程施工合同纠纷案"［（2014）民一终字第72号］中，山西嘉和泰开发有限公司上诉称，对5000万元以上造价工程，应由甲级资质的咨询公司作出，鉴定机构三源公司仅是乙级资质，鉴定意见有严重缺陷，不能作为确定工程款的依据。最高人民法院却认为，《工程造价咨询企业管理办法》第19条、第38条①关于"超越资质等级承接工程造价咨询业务的，出具的工程造价成果文件无效"的规定，是原建设部的部门规章，

① 现对应2020年修正后的《工程造价咨询企业管理办法》第19条、第36条。

属于管理性规范，不能据此认定鉴定意见无效。

坦率地说，最高人民法院的认证理由经不起分析。以往的审判实践中，按照对原《合同法》第52条第5项合同效力条款的理解，一旦合同内容违反法律或行政法规的强制性规定，该合同即属无效，从而导致大量合同被宣告无效。虽然这样做保证了国家对经济秩序的管理，但违背了民事法律“促进交易，创造财富”的精神，未能回应市场交易主体的合理期待，不符合市场经济的要求。

为了减少合同无效的情形，2009年最高人民法院在制定《关于适用〈中华人民共和国合同法〉若干问题的解释（二）》（已失效）时，将强制性规定分为效力性与管理性两类，并明确了原《合同法》第52条第5项规定的强制性规定，是指效力性强制性规定[①]。最高人民法院《关于适用〈中华人民共和国合同法〉若干问题的解释（二）》这样区分是针对民事法律行为而言，违反管理性强制性规范并不必然导致民事法律行为在私法上的无效，但不能将这一原理运用到证据效力的认定问题上。目前关于司法鉴定的规定，基本属于管理性规定，如果按照最高人民法院在此案中表达的立场，违反管理性规定并不影响鉴定意见的合法性，可能会带来更多证据效力争议。

我认为，鉴定机构超越资质等级接受鉴定事项，属于超范围或超能力鉴定，也应视为鉴定主体不合法，因此出具的鉴定意见应当认定无效。这是我的浅见，供大家批判。

这里有个要点需要注意，根据全国人大常委会《关于司法鉴定管理问题的决定》第2条的规定，目前司法行政部门仅对法医类、物证类、声像资料和环境损害“四类”鉴定进行统一登记管

---

① 根据《民法典合同编通则解释》第16条的规定，对强制性规定不再坚持区分效力性与管理性。

理并建立名册，有些鉴定事项在司法鉴定名册内未必能找到相应的鉴定机构、鉴定人，但法庭为了解决专门性问题带来的难题，也会委托相关鉴定机构或鉴定人进行鉴定，此时，鉴定主体未必违法。比如，在“管某、昆明凌云城服务有限公司与昆明起重机械设备厂财产损害赔偿纠纷案”［（2013）民申字第1475号］中，最高人民法院指出，管某、凌云城公司认为云南宸安司法鉴定所因未入鉴定机构名册而不具备鉴定资格的理由不能成立。司法鉴定名册只是司法行政部门的一种管理手段，其本身并不能确定鉴定机构、鉴定人是否具有专业知识，故不能以有无纳入司法鉴定名册而否定鉴定主体资格。

实践中，没有纳入司法鉴定名册的鉴定事项主要包括以下10种：公检法内设的鉴定机构；价格鉴定；野生动物植物的鉴定；司法会计、工程造价等涉及工程、不动产的鉴定；食品、药品和环境类犯罪案件中涉及食品、药品、环境污染物等鉴定；文物、珠宝、艺术品的鉴定；烟草鉴定；出版物的鉴定中对于非法出版物的鉴定，实践中是由新闻出版部门进行鉴定；赌博机的鉴定；注册商标等知识产权以及计算机犯罪案件中的专业问题鉴定。

另需注意，除了司法行政部门建有司法鉴定名册，法院一般也会有委托鉴定名册。鉴定机构、鉴定人也许不在法院委托鉴定名册内，但该名册只是法院开展鉴定工作的使用名单，并非行政许可，有无“入册”，也不能成为评判鉴定主体合法性的必要条件。

第二，审查鉴定机构是否具备鉴定的技术条件或鉴定能力。许多鉴定项目仅依靠鉴定人自身的专业知识无法完成，还需借助检测实验室和相关检查仪器设备。因此，鉴定机构的技术条件和鉴定能力的审查，主要是指检测实验室和鉴定所需仪器设备的基本条件和能力方面的审查。司法部制定的《司法鉴定机构仪器设备配置标准》（司发通〔2011〕323号）对鉴定机构从事鉴定业务的基本仪器、设备配置作出了具体规定，其虽已失效，但在审查鉴定意见时可以参照该标准进行。

几年前，我在办理原台州市建设规划局路桥规划管理处原主任林某受贿案时，起诉书指控被告人曾收受徐某一块玉器，价值31,000元，依据是物价部门价格认证中心出具的评估报告。我提出价格认证中心对玉器价值进行评估超出其技术条件、鉴定能力，鉴定主体资格不合法。该质证意见被合议庭予以采纳，最后对该笔受贿事实予以认定，对价值不作认定。

（2）鉴定人的审查

第一，审查鉴定人是否具有相应资格。由于我国对鉴定人实行资格制，对于不具备相应资格的鉴定人所作的鉴定意见，自然不合法。例如，2019年5月，黑龙江省司法厅对黑龙江省森工总医院司法鉴定所给予行政处罚。经查明，鉴定所在办理投诉所涉的医疗损害因果关系鉴定中，所指定的鉴定人李某、王某均不具备鉴定疾病所属学科相关的专业经历。不具有该鉴定事项执业资格的鉴定人作出的鉴定意见，从证据上来说，是不合法的。

同样的疑问是，鉴定人超出鉴定人资格证书有效期作出的鉴定，鉴定主体是否适格？福建省闽清县人民法院在“黄某峰诉中国平安财产保险股份有限公司福建分公司闽清营销服务部保险纠纷案”［（2016）闽0124民初1706号］的判决中指出：福州惠民道路交通事故车物损失价格鉴定中心作出价格鉴定意见书，系鉴定人在执业有效期外作出，并且被告不认可该鉴定意见，故法院对鉴定意见不予采纳。

第二，审查鉴定人是否拥有法律资格。鉴定人的职称、学历和鉴定实践经验等，往往直接决定了鉴定意见是否客观、科学。根据《关于司法鉴定管理问题的决定》第4条第1款的规定，鉴定人除了品行良好，应当具有与其所申请从事的司法鉴定业务相关的高级专业技术职称；或者具有与所申请从事的司法鉴定业务相关的专业执业资格或高等院校相关专业本科以上学历，从事相关工作 5 年以上；或者具有与所申请从事的司法鉴定业务相关工作 10 年以上经历，具有较强的专业技能，并由相关部门审核、登记，取得鉴定人资格证书。

第三，审查鉴定人是否符合受案资格。我国三大诉讼法、全国人大常委会《关于司法鉴定管理问题的决定》及司法部出台的《司法鉴定程序通则》对鉴定人资格有限制，均涉及回避方面。正如意大利谚语“鉴定人是裁判案件事实的法官”所言，他必须具有中立的诉讼地位。《司法鉴定程序通则》第 20 条规定：司法鉴定人本人或者其近亲属与诉讼当事人、鉴定事项涉及的案件有利害关系，可能影响其独立、客观、公正进行鉴定的，应当回避。司法鉴定人曾经参加过同一鉴定事项鉴定的，或者曾经作为专家提供过咨询意见的，或者曾被聘请为有专门知识的人参与过同一鉴定事项法庭质证的，应当回避。

2. 鉴定程序的审查

具体包括委托程序、受理程序、鉴定材料采集程序、鉴定人员组成程序、鉴定实施程序、制作鉴定书程序、告知程序等的审查。司法部颁布的《司法鉴定程序通则》对鉴定程序只作了原则性的规定，具体还要结合相关规范对鉴定程序的要求，如《医疗事故技术鉴定暂行办法》《道路交通事故处理程序规定》《道路交通事故处理工作规范》《办理毒品犯罪案件毒品提取、扣押、称量、取样和送检程序若干问题的规定》等均有鉴定流程的具体规定。

前面已对鉴定程序作了颇为详尽的介绍，在此不再赘述，这里仅提一下鉴定意见的告知程序。法院收到鉴定书后，应当及时将副本送交当事人。《民事诉讼证据规定》第 37 条第 2 款规定：“当事人对鉴定书的内容有异议的，应当在人民法院指定期间内以书面方式提出。”该条文没有规定当事人逾期提出异议的法律后果，但基于程序安定理念，原则上法庭有权不予接受。

此处所讲的鉴定程序性技术规范，与鉴定依据的原理、方法不同。前者主要影响鉴定意见的合法性，后者主要影响鉴定意见的真实性，应予区别。鉴定程序若非严重违法，一般不影响鉴定意见的证据能力，故律师在鉴定程序质证方面，在强调违法性的同时，最好一并论证这种程序违法对于证据真实性的实质影响，这对于说服法官更为有利。

另需区分的是，对于鉴定程序违法，《民事诉讼证据规定》《行政诉讼证据规定》与《刑诉法解释》的立场是不一样的。前两者根据违法的程度，决定其是否具有证据资格；后者则不分轻重，无论轻微违法、一般违法还是严重违法，都是“零容忍”的态度，不赋予其证据资格。

3. 鉴定书形式要素的审查

鉴定书必须具备完备的形式要素，包括载明委托法院名称、鉴定事项、鉴定材料、鉴定所依据的原理或方法、鉴定过程的说明、鉴定日期、承诺书等相关内容，并应附相应资格证明。

如果是委托鉴定机构鉴定，应由鉴定机构加盖鉴定专用章并由鉴定人员签名；如果是委托鉴定人鉴定，鉴定文书应由鉴定人签名或盖章。二者还是有区别的。

对于形式要素不完备的鉴定意见，不能采取一律排除的严格态度。如果采用补正等方法可以消除，则不否定鉴定意见形式上的合法性。但对于鉴定书缺少签名、盖章的，《刑诉法解释》规定鉴定意见不得作为定案证据，没有补正的余地，《民事诉讼证据规定》及《民诉法解释》等均未明确。

我的看法是，对于这种技术性的瑕疵证据，法庭如果动辄采取强制性的排除，有违比例原则，使宣告无效的制裁行为与证据违法的严重程度不相适应，并且容易导致其他重要利益受到不应有的损害，应当给予补救的机会，允许鉴定机构、鉴定人补正。补正的方式是让鉴定机构、鉴定人在鉴定书上补盖章、补签名，如果无法补正，如鉴定人已经亡故，法庭可据此作出排除的决定。

4. 鉴定人有无出庭作证的审查

鉴定人不属于司法工作人员，而是一种特殊的证人，在有些西方国家的证据制度中，鉴定人经常被称为“专家证人”。作为一种特殊的证人，2012 年《刑事诉讼法》及《民事诉讼法》两大诉讼法修改均规定了鉴定人出具鉴定意见后，在当事人有异议或者人民法院认为有必要时，鉴定人应当出庭作证接受质询。《民事诉讼证据规定》对此作了细化，增加了书面提议和异议答复程序，减轻了鉴定人的出庭压力。

首先，收到鉴定书副本后，异议的当事人应当在法院指定期间内以书面方式提出；其次，法院应当要求鉴定人对当事人的异议作出解释、说明或补充；最后，当事人在收到鉴定人的书面答复后仍有异议的，法院应当通知其预交鉴定人出庭费用，并通知鉴定人出庭。具体可参见《民事诉讼证据规定》第 37 条、第 38 条的规定。如果法庭未通知鉴定人出庭作证，根据最高人民法院第二巡回法庭 2019 年第 9 次法官会议纪要的精神，属于违反法定程序（违反主要证据未经质证），剥夺当事人的辩论权利。

值得一提的是，鉴定人出庭作证的，他在法庭上发表的意见不能作为鉴定意见的补强证据。因为它是由鉴定意见证据衍生出来的，不具有补强证据应当具有的独立来源。

请注意，鉴定人确有困难不能出庭作证，经向法院申请同意，可以使用视听传输技术或者视听资料等方式作证。这是最高人民法院、司法部《关于建立司法鉴定管理与使用衔接机制的意见》的规定，《民事诉讼证据规定》修改时吸收了该部分内容。

至于何谓确有困难，实践中可以参照《民事诉讼法》第 76 条关于证人不能出庭的规定。《民事诉讼法》还确立了鉴定人拒不出庭作证产生两方面的后果：一方面，鉴定意见不得作为定案的根据，即鉴定意见不具有证据能力，将不被采纳；另一方面，赋予支付鉴定费用的当事人请求返还鉴定费用的权利，司法行政部门还可对鉴定人予以处罚。此外，当事人因鉴定人拒不出庭作证申请重新鉴定的，法庭应当准许。

5. 鉴定人庭后答复义务的审查

鉴定人出庭作证的，应当就鉴定事项如实答复当事人的异议和法官的询问。当庭答复确有困难的，经法庭准许，可以在庭审结束后书面答复。鉴定答复意见也是鉴定意见的组成部分，法庭应当组织双方当事人对鉴定答复意见进行质证。鉴定人在庭后若不履行答复义务，将动摇鉴定意见的合法性、真实性。

第二步，审查鉴定意见的证明力大小。

首先是审查鉴定意见的内容真实性。

鉴定意见形式是否真实，很容易判断，在此不作讨论。现结合理论与实践，谈谈对鉴定意见内容真实性即科学性、可靠性、正确性的审查判断。我认为，可以从以下八个方面着手。

1. 鉴定基础材料的审查

鉴定基础材料分为检材和样本，具体审查包括以下五个方面。

（1）检材是否具备鉴定条件。检材就是鉴定客体，如果鉴定客体不能满足鉴定条件，鉴定机构就不能受理，鉴定意见的真实性也难以保证。比如书证复印件，一般认为不具备笔迹鉴定条件，但也有不同认识。在吉林省汪清县人民法院（2016）吉 2424 民初 937 号案中，被告认为送检材料中有两份系复印件，不符合鉴定法律程序。法院认为，法律没有规定司法鉴定机构对送检的材料为复印件就不能进行笔迹鉴定，并且被告未能提供证据对上述鉴定意见予以反驳，因此，对该证据予以采信。二审法院维持了一审法院的认证意见。

（2）检材是否真实、完整。保证鉴定意见的真实性，必须要求检材真实、完整。《司法鉴定程序通则》第 12 条、第 15 条第 2 项等都对鉴定材料的真实完整性作了再三强调。比如，痕迹鉴定要保证鉴定对象的完整性；会计审计鉴定应当保证鉴定的对象真实、完整，否则无法保证鉴定意见的真实性。

（3）检材是否存在污染、耗损等变化情况。我们在审查鉴定意见时，应当仔细审查检材在提取、保管、运输、送检过程中是否遭到污染、损坏，检材有无发生挥发、氧化等耗损，有无受潮、变形，等等。如果检材存在这些问题，发生变化，则对鉴定意见的准确性就会造成影响。

（4）样本是否真实、完整、充分。样本真实、完整、充分，才能保证鉴定结果的科学性、可靠性，故需要审查样本来源是否真实可靠，是否完整，数量是否充分。如果样本不过关，容易导致鉴定意见失真。样本不真实、不完整、不充分所作的鉴定，同样构成鉴定程序违法。

（5）样本是否具有可比性。样本是用来比对的材料，要有可比条件，满足鉴定需要。对样本应采用适当的方式进行包装固定，防止损坏、受潮、污染。2016 年发生的一起遗产继承纠纷案中，王女士起诉丈夫张先生之子小张，要求确认其对共同居住的房产拥有 70% 的份额，并对已故丈夫的抚恤金依法分割。诉讼中，小张拿出父亲生前所立的遗嘱。遗嘱中写道，张先生要将自己全部存款留给儿子小张且自己所占房产所有份额都由儿子小张继承。王女士认为丈夫当时身患重病，对遗嘱落款处笔迹的真实性持疑，便向法庭申请笔迹鉴定，并提交了丈夫生前的笔迹作为样本，包括2000年人事档案中张先生的签字、1994年张先生书写的信件、1990年张先生日记中书写的字迹。鉴定机构最终退回鉴定，原因是王女士提供的样本多为张先生生前未患病时书写，与检材遗嘱中的字迹书写相隔时间较长，因张先生患病，导致其自身书写习惯发生改变，故所提交的样本不具备与检材的字迹进行比对的条件。

2. 鉴定原理方法的审查

（1）鉴定所依据的原理是否科学。凡鉴定意见，都是鉴定人在一定科学原理的指导下，运用相应的鉴定方法，在遵守相应操作规程的基础上作出的。因而，鉴定所依据的原理是否科学，对鉴定意见的真实性有重大影响。全国人大常委会《关于司法鉴定管理问题的决定》强调，鉴定人和鉴定机构从事司法鉴定业务，应当尊重科学。虽然科学本身具有发展性、不稳定性的特点，但是每一个科学领域都已形成相对稳定的原理，尤其是自然科学领域的一些原理具有更高的精确性与稳定性。比如，婚姻或抚养案件中涉及的亲子鉴定问题，遗传学的理论是判断可疑的母亲和子女之间是否存在亲生关系的基本依据。如果亲子鉴定的结论违反上述遗传学的基本原理，鉴定意见属于明显依据不足。

（2）鉴定所依据的方法是否科学。如前文所述，鉴定意见是原理、方法和操作三者之间的结合，因此审查其是否真实可靠，除了原理是否科学，鉴定所依据的方法是否科学对鉴定意见的真实性也有重大影响。实务中，因鉴定方法不当导致鉴定意见错误的案例为数不少。鉴定方法是否科学，可以细分为以下三个方面。

一是方法本身是否科学。应当根据普遍承认标准，鉴定方法须是各专业统编高校教材和各行业权威杂志中介绍过的，以此作为判断技术手段法律意义上的科学性的最低标准。如在“深圳寰潮公司与东互悦艺公司买卖合同纠纷案”［（2017）粤民申9656

号］中，广东省高级人民法院认为，广东南天司法鉴定所进行鉴定所依据的《文件制成时间鉴定作业指导书》《墨迹色阶检验作业指导书》并非相关部门认可的鉴定规范，因此广东南天司法鉴定所进行鉴定的依据存在问题。

二是方法选择是否得当。如房地产估价，估价方法有市场比较法、收益法、成本法、假设开发法、基准地价修正法及这些估价方法的综合运用。有条件选用市场比较法进行估价的，应以市场比较法为主。如在四川省高级人民法院民二庭公布的“2017 上半年改判、发回案件裁判规则梳理（第 5 期）”中，有一起因鉴定方法不当导致事实认定错误改判的案件。某铝厂对其机器设备投保，因意外事故造成其财产受损，其与保险公司之间对于是否属于保险责任范围以及损失范围产生争议。一审中鉴定机构采用重置价值法计算损失，二审后委托鉴定机构采用市场价值法重新鉴定。

三是方法运用是否先进。美国耶鲁大学法学院教授达马斯卡说过：“站在 20 世纪末思考证据法的未来，很大程度上就是要探讨正在演进的事实认定科学化的问题。”随着科学技术的飞速发展，新情况、新问题不断出现，一些崭新的鉴定方法也与时俱进，逐渐推出，原有的一些鉴定方法已经不能满足实践的需要，均值得我们关注。

平心而论，我们对鉴定方法的审查往往限于形式审查，很难看出破绽，必要时可借助专家辅助人的意见。

3. 鉴定所用仪器设备的审查

审查鉴定使用的仪器设备是否完好有效、是否精准。经质证，如果发现鉴定使用的仪器设备已经失效或淘汰、不正常，则会导致结论不可靠、不准确，鉴定意见属于明显依据不足。对有关仪器设备是否完好有效进行审查，尽管存在不少困难，但也应当审查。此外，某些鉴定对仪器设备的性能还有相当要求，通常借助灵敏度高、品质优良的仪器设备才能获得可靠性强的鉴定结果，普通装置未必胜任。因此，有时要对有关仪器设备进行技术检验以验证其性能品质如何，是否精准，是对鉴定意见可靠性加以确认的有力手段。

4. 鉴定时机的审查

鉴定时机是否成熟是决定鉴定意见是否可靠的一个重要因素，如果未到时间就仓促地作出鉴定是不准确的，因此要对鉴定时机是否成熟予以审查。以人体损伤程度鉴定为例，浙江省司法鉴定协会《关于伤残程度鉴定若干规范》（浙鉴协〔2015〕15号，2016年1月1日起执行）对鉴定时机的把握是：对因损伤造成神经功能障碍一般应在伤后6个月后鉴定。对因损伤造成影响容貌、听力障碍、视力障碍和组织器官损伤应在伤后3~6个月后鉴定。骨折或关节韧带、肌腱断裂修复后致功能障碍，应在伤后3~6个月后鉴定，但存在骨折内固定并影响关节功能需要拆除内固定的应在拆除后1~2个月后鉴定（内固定材料不拆除的除外）；内固定在位情况下，不应以肢体丧失功能评定伤残；内固定不需要拆除的，可在伤后3~6个月后鉴定；如骨折未愈合的，须待骨折愈合后鉴定。涉及颅脑损伤后出现外伤性癫痫，应在伤后确诊癫痫并经系统治疗达到各伤残鉴定标准规定的期限后作出鉴定。

5. 鉴定论证的审查

审查鉴定论证是否充分、合理。鉴定书相当于一篇议论文，必须有论点（鉴定意见）、论据（检验所见的证据及鉴定标准）和论证（分析说明）。鉴定论证主要体现在鉴定书“对鉴定过程的说明”（分析说明）部分，其逻辑性是相当强的，是整个鉴定过程的高度浓缩和鉴定书的精华所在。用《鉴定意见证据评价实践考察》一书的话来说，它包含三个方面的内容。

一是“分析”，即对法院提供的送鉴材料和各种检查、勘验结果等进行分析，找出它们与委托鉴定的专门性问题相关的能反映事物本质属性特征的符合点与差异点。

二是“鉴别和判断”，即在分析的基础上，运用相关的科学原理和方法，对这些符合点与差异点进行鉴别、推理和判断，针对委托鉴定的事项逐一作出明确回答。

三是“说明”，即对分析、鉴别、推理和判断得出鉴定意见的过程，用通俗准确的文字进行概括阐述和释明。

因此，对审查鉴定意见的论证，主要审查其论据是否充分，推论是否合理，论据与结论之间有无矛盾；鉴定过程是否以偏概全，有无图片、图谱等附件予以支持；鉴定意见是否把握了以客体的本质特征为依据，而不是停留在对个别特征的认识上；对特征符合点和差异点的解释是否全面，是否符合情理。如果肯定结论只列举了符合点而未对差异点作解释，或虽已解释但说理不强；否定结论只论证了差异点而对符合点未予列举，或虽有发现但未说明其形成的原因和性质，就是鉴定意见科学依据不充分、论证不足的表现，即鉴定意见明显依据不足。

6. 鉴定意见的合理性审查

审查鉴定意见是否明显违背常理。常理主要指大众所认同的事物之间一般的因果关系，如喝毒药与中毒身亡之间的因果关系，农历八月十五与月圆的关系，是一个社会的普通民众长期认同，并且至今没有被证明是错误的基本经验、基本道理。鉴定意见如果明显违背常理，当然缺乏说服力。

7. 鉴定意见与已知事实、其他证据的一致性审查

审查鉴定意见与已知事实或其他证据是否明显不一致。鉴定意见在英美法系中不是一种独立的证据形式，称为意见证据或专家证言；大陆法系将鉴定意见作为一种独立的证据形式，不同于证人证言。无论两大法系对鉴定意见的认识分歧有多大，鉴定意见不过是一种言词证据，由于各种主客观的原因，也存在错误的可能性。如果它与已查明的事实，或与勘验笔录等其他证据明显不一致，则鉴定意见明显依据不足，故不能过于轻信鉴定意见。

8. 鉴定人的审查

这里的鉴定人审查，不是审查其主体资格，而是审查以下四个方面。

（1）鉴定人是否真实。实践中，时常出现实际鉴定的人员与鉴定意见签名人不一致的情况，即实际鉴定的人员可能因为无鉴定人资格而未在鉴定意见书上签名，鉴定意见书上签名的鉴定人并未参与鉴定。在开庭过程中，要通过对出庭鉴定人员的质询，确认实际鉴定的人员与鉴定意见签名人是否一致，审查鉴定意见是否确实由签字的鉴定人所作。

（2）鉴定人有无接受请客送礼。鉴定人应当遵守法律、法规，遵守职业道德和职业纪律。如有证据证明鉴定人收受一方当事人礼物，包括私自向一方当事人报销费用、接受当事人宴请等，鉴定意见的可靠性就大有疑问。某案件涉及笔迹鉴定，鉴定机构出具了倾向性意见，休庭期间，书记员上洗手间时，听到出庭作证的鉴定人和一方当事人私下嘀咕，大意是鉴定人收受了财物，向当事人道谢。

（3）鉴定人有无受到暗示、威胁、恐吓等人为因素干扰。有时，办案法院会暗示鉴定机构、鉴定人按其意图或特定目的出具鉴定意见。也有当事人会千方百计讨好鉴定人，或对鉴定人采取威胁、恐吓等手段，企图获得对其有利的鉴定意见。鉴定人如受到委托法院的暗示或当事人的威胁、恐吓等，鉴定时难免带有倾向性，不客观、不中立，需注意审查。

（4）鉴定人有无故意作虚假鉴定。如果查证属实，这样的鉴定意见当然不具有真实性。毫无真实性的证据本无证据能力，谈不上证明力大小，出于叙述方便，故置于此处。调查数据显示，有50.6%的法官反映，在他们审理的案件中，可能存在人情鉴定或者当事人花钱买鉴定的问题。[①] 从数据上看，这一现象不容低估。最引人注目的事件，莫过于2018年作为国内司法鉴定行业领军人物，华东政法大学司法鉴定中心原负责人闵某龙涉虚假司法鉴定，包括其学生在内的几名工作人员也牵涉其中。

以上是我对鉴定意见内容真实性审查的归纳、梳理，分八个方面，供大家参考。对鉴定意见内容真实性的审查，大部分涉及很强的专业性问题，在委托人有支付能力的情况下，最好引入专家辅助人进行质证，避免专业知识上的局限和不足。专家愿意出庭作证的，这是上策；专家不愿意出庭作证的，退而求其次，可以请其出具专家意见。律师应采取灵活机动的策略，尽量发挥专家辅助人的作用。

其次是审查鉴定意见的相关性。

如果鉴定意见通过了真实性审查，接下来就是相关性问题。鉴定意见的相关性，即鉴定意见的实质关联性，其分量如何决定了证据证明力的大小，决定了能否足以证明案件事实。

鉴定意见可以分为确定性鉴定意见和非确定性鉴定意见，现分而述之。

1. 确定性鉴定意见的审查

确定性鉴定意见包括肯定和否定两类，其相关性判断相对容易。比如，某买卖合同纠纷案，原告要求被告支付欠款，提供了一份欠条，欠条上盖有被告单位的公章，并陈述欠条内容是自己书写的，交被告过目后才加盖了公章。被告主张原告提供的欠条

① 参见张中：《实践证据法：法官运用证据经验规则实证研究》，中国政法大学出版社2015年版。

不真实，公章被偷盖，欠条上的内容是原告后写的，并申请进行朱墨时序鉴定。后来鉴定书明确指出欠条是先盖章，后书写。如无相反证据足以推翻，这种肯定性的确定性鉴定意见就具有极强的相关性，能够证明被告的事实主张。

又如，第九讲中我所举的民间借贷纠纷案［（2016）浙1004民初2652号］，我代理被告徐某1，法庭刚开始要求我方申请笔迹鉴定，说了一番道理后，法庭责令原告申请笔迹鉴定，后原告撤回了鉴定申请。被告徐某2没有聘请律师，讲不出道理，法庭要求他申请笔迹鉴定。最后法庭根据被告徐某2申请，委托温州律政司法鉴定所对借条上“徐×”签名是否系徐某2本人所签进行司法鉴定。鉴定机构出具了司法鉴定意见书，确认该借条上“徐×”签名不是徐某2本人所签。法庭采信了该鉴定意见。这种否定性的确定性鉴定意见相关性同样极强，能够支持被告徐某2的抗辩主张。

2. 非确定性鉴定意见的审查

在我国鉴定实践中，非确定性鉴定意见通常有以下两类：可能性（倾向性）、排除性意见。美国文检专家希尔顿曾经说过：“对签名笔迹的真伪能否作出准确的鉴定意见，通常取决于获得真实签名及其比对样本的数量和质量。由于检材本身特征不明显，或者比对样本数量不充分，或者错失了检验良机等原因，某些笔迹鉴定工作只能得出有限的不确定的结论。诚然，此类鉴定结果很难令送检人员满意，但这是不容忽视的事实。”我对债权人客户，会提醒他在制作欠条、对账单等债权凭证时，最好让债务人签字和捺印，不要以为有签字就万无一失。除了笔迹鉴定，对于其他类型的鉴定，也可能出现倾向性、排除性的鉴定意见。此类鉴定意见因欠缺结论性，对其进行相关性判断要困难得多。

我曾经手过一起民间借贷纠纷案，被告否认借条上的签名是他所写，当时原告申请笔迹鉴定，鉴定出来的结论是不排除被告书写的可能。这种概然性表述属于非确定性鉴定意见，并非属于结论不明确，我们不能将非确定性鉴定意见混同于鉴定意见不明确。这起案件，被告认为鉴定意见没有确定笔迹就是他所写，主张借款事实不成立，一审法院遂以证据不足为由判决原告败诉。后我们代理原告上诉，经据理力争，二审法院改判原告胜诉。

大家知道，除几类特殊案件外，民事诉讼证明标准要低于刑事诉讼的证明标准，在民事诉讼证据所证明的事实不能达到完全排除其他可能性的情况下，要看证据的证明力是否已经达到高度可能性的证明标准。如果已经达到，就不能说证据相关性不够，证明力不足。当时，我们结合被告代理人陈述的疑点，以及被告本人不到庭等问题，试图降低二审合议庭对被上诉人主张事实的可信度，提高其对上诉人主张事实的内心确信，从而转败为胜。

在这方面，我还有一个成功代理的案件可以介绍。原、被告两个厂区相邻，中间隔了一堵简易砖墙，被告在墙脚处堆放了大量提炼后的高温铝渣。当晚，原告厂区内的大片塑料薄膜燃烧起来，损失惨重。公安机关消防机构火灾事故书认定，不排除高温铝渣引燃塑料的可能。我代理原告提起诉讼，庭审中，我从铝渣堆放的时间、部位、数量、面积及其温度，结合当晚风向、砖墙烧焦的态势、塑料易燃的特性等方面进行全面细致的说理，坦诚指出高温铝渣引燃塑料不一定绝对真实，但这一事实高度可能，达到了民事诉讼的证明标准。最后促使法官改变初衷，相信我方主张的事实大有可能，判决我方胜诉。被告不服提起上诉，二审维持原判。

我想告诉大家的是，对于一些非确定性的鉴定意见，鉴定意见的相关性或证明力大小应当放到证据链中综合考察，可以结合相关事实、证据，根据高度盖然性的证明标准予以判定。再次重申，民事诉讼中在对一般事实的证明上，无须达到“排除合理怀疑”的程度，只需达到高度可能的标准，就可认定事实为真。

需要指出的是，无论是确定性还是非确定性鉴定意见，都要对委托的鉴定事项作出明确的回答。如果鉴定意见不明确，则不具有关联性或相关性很弱。最高人民法院在原《民事诉讼证据规定》第 29 条中规定了应当对鉴定书的结论是否明确进行审查，也即鉴定意见必须是明确的而不能是模糊的，鉴定意见中不可以包含模棱两可的词语或意见。虽然，最高人民法院在《民事诉讼证据规定》第 36 条中将“明确”两字删掉，用意不明，但并不意味着鉴定意见可以含混不清。

当然，这里要将不明确的鉴定意见与非确定性鉴定意见作一区分。比如，某鉴定意见认为受害人的死因可能是钝物重击，也有可能是溺水死亡，抑或不排除其他因素。这就属于不明确的鉴定意见，不具有关联性或相关性很弱，不能错当成非确定性鉴定意见。

实践中，还可能存在鉴定意见结论漏项。比如，委托范围明确且相关材料齐备，鉴定机构因疏忽操作，造成鉴定意见有漏项，以致鉴定意见的关联性存在问题，法庭可责令鉴定机构作出补充鉴定意见。

尤其注意，鉴定机构之间不应带有行政色彩，没有上下级之分，没有隶属关系，鉴定人均享有独立鉴定权，在科学、真理和法律面前，鉴定意见被预设为平等的。但实践中，不少法官倾向于认为行政级别高的鉴定机构出具的鉴定意见的证明力高于行政级别低的鉴定机构；资历深的鉴定人出具的鉴定意见的证明力高于资历浅的鉴定人；同一级别鉴定机构的鉴定意见不一致的，以法庭指定的鉴定机构出具的鉴定意见为准。这种认识不是全无道理。比如，国家级和省级鉴定机构，其人力、物力和财力的配备比市、县一级的鉴定机构具有优势，所作的鉴定意见一般更加科学可信。

为了省却繁冗的文字叙述，现将鉴定意见的审查要点通过图 10 展示如下。

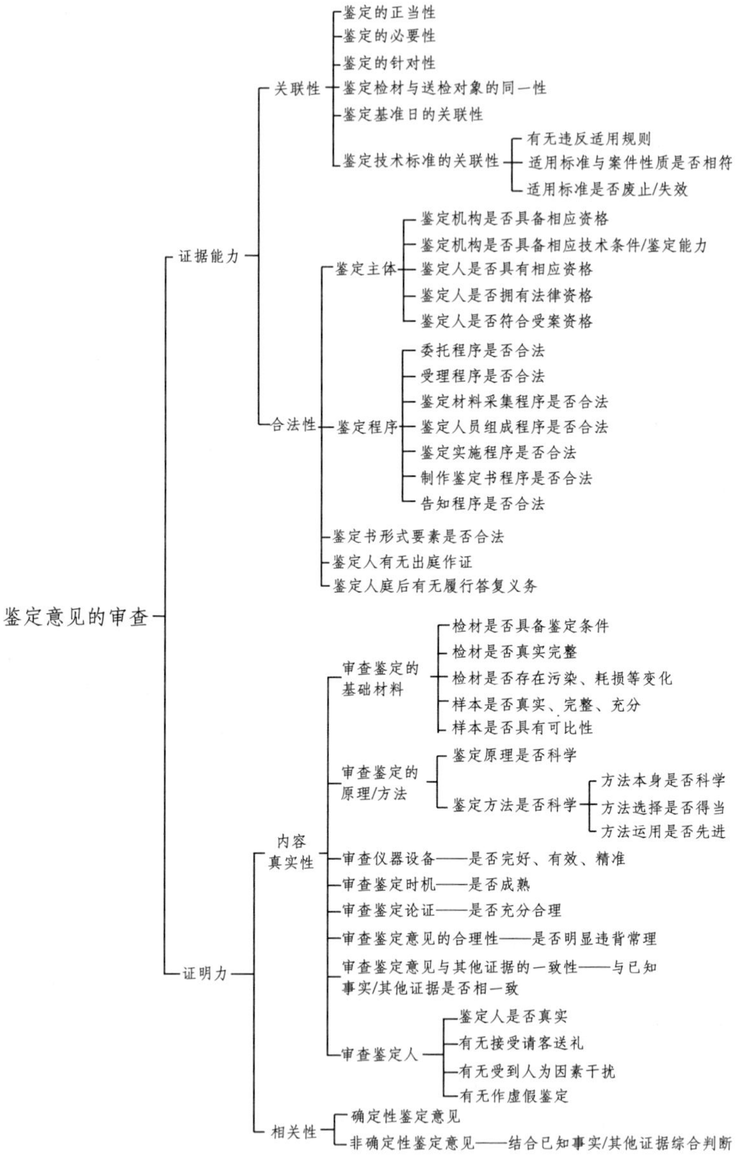

图10　鉴定意见审查要点

最后提一下，当事人认为鉴定意见错误，能否起诉鉴定机构要求赔偿？不行。鉴定机构接受法院的委托进行鉴定并出具鉴定意见的行为，属法院调查取证的行为，鉴定机构与当事人之间并未发生财产和人身关系，不属于民事诉讼受理范围。当然，如果鉴定人在鉴定过程中损害鉴定客体的人身或财产权利，如进行法医学鉴定而实施检查身体时伤害了被鉴定人，价格鉴定过程中损坏了被鉴定物品，这就在鉴定机构与当事人之间产生了侵权法律关系。此时，受到损害的当事人可以提起侵权之诉，法院对此应当受理。

当事人对鉴定意见存在异议，可否提起诉讼要求确认鉴定意见无效？也不行。法院委托鉴定机构作出的鉴定意见，仅是一种诉讼证据，证据不是法律行为，其不具有可诉性，故这种诉讼也不属于民事诉讼受理范围。

第十五讲

勘验笔录

勘验笔录是诉讼中法院为查明案件事实的需要，对与案件事实有关的物证或现场进行勘验检验所做的笔录。勘验笔录不仅包括文字材料，还包括绘图、照相、模型、录像等形式的材料。在诉讼中，勘验笔录具有重要的价值，它既是收集、固定、保全证据的重要手段，本身又是一种重要证据，同时可用来验证其他证据的真伪。

关于勘验笔录，我主要讲三方面的内容。

一、勘验与查验的区分

勘验与查验既有相同的地方也有不同之处。勘验系指“法官以其五官之感觉作用，直接亲自体验物体之性状，从而认识一定人物事况性状事实之存否为证据之调查证据行为”，故勘验的主体是法官。当然，这是就民事诉讼勘验而言，刑事诉讼中的勘验主体是侦查人员。勘验是由当事人申请或由人民法院依职权启动。勘验的对象不仅包括物，还包括现场。

所谓查验即核查验证，查验的主体为双方当事人，是法官依职权履行工作义务通知双方当事人到场进行查验。查验的对象是物，不包括现场。对动产原物，主要查验该动产的现实物理状态，是否与当事人提交的证据目录上记载的动产名称、特征相符；对动产替代品，主要查验其与原物性状是否符合，是否能够替代动产原物作为在案证据使用；对不动产原物，主要查验当事人提交的影像资料是否反映了不动产的原貌。

另外，二者在核查检验的内容、要求和目的上也不尽相同。勘验最终要将核查检验的情况和结果制成笔录，即勘验笔录，它是我国《民事诉讼法》规定的证据种类之一。《民事诉讼法》第83条规定了勘验程序，《民事诉讼证据规定》第43条进一步规定了勘验通知及笔录内容，2022年《民诉法解释》第124条中还有鉴定人参与勘验的规定。关于查验，仅规定在《民事诉讼证据规定》第12条、第13条，更无查验程序、查验笔录制作等明文要求。

当然，二者包含对物证的核查检验，均可采用相同的方法，如测量、拍照、录像。《民事诉讼证据规定》第12条、第13条规定，人民法院应当通知双方当事人进行现场查验的有关程序，实践中可以参照《民事诉讼法》第83条勘验物证的相关规定，即“勘验物证或者现场，勘验人必须出示人民法院的证件，并邀请当地基层组织或者当事人所在单位派人参加。当事人或者当事人的成年家属应当到场，拒不到场的，不影响勘验的进行。有关单位和个人根据人民法院的通知，有义务保护现场，协助勘验工作。勘验人应当将勘验情况和结果制作笔录，由勘验人、当事人和被邀参加人签名或者盖章”。

二、勘验笔录的审查

对勘验笔录的审查判断，一般从以下两方面入手。

一是审查勘验笔录的合法性，即其制作是否符合法律要求。包括勘验人是否有权进行勘验，进行勘验时是否邀请了当地基层组织或者当事人所在单位派人参加，勘验人、在场人（被邀请参加人员、鉴定人）、当事人或其成年家属有无在笔录上签名或者盖章。

二是审查勘验笔录的真实性，主要指审查内容真实性。勘验笔录的内容是否客观、全面、详细、准确、规范。如果是对现场进行勘验，还要审查现场是否被伪造或有无被破坏。如果现场已经失真，由此形成的勘验笔录则无法反映原始状况，无疑欠缺真实性。

三、勘验笔录的质证

刑事诉讼中，勘验笔录缺少在场人签名的现象时有发生，双方在质证时常为此发生争议，其中辩护律师往往建议法庭不予采纳。勘验笔录缺少在场人签名，原因有多种：有可能因为没有邀请在场人，有可能因为勘验人疏忽而忘了让在场人签名，也有可能是在场人因故不愿签名。这些原因对勘验笔录合法性、真实性的影响并不相同。故而，勘验笔录欠缺在场人签名并不是直接否定其证据能力，这种轻微违法证据，法庭通常将其视为瑕疵证据，给予控诉方补正或者合理解释的机会。

相较之下，民事诉讼中，勘验笔录缺少在场人签名的现象比较少见；即使有，也不是直接排除，应当给予勘验人补正或作出合理解释的机会。如果无法补正或者作出合理解释，这样的勘验笔录才有可能不作为定案的根据。例如，在（2016）青 02 民终 213 号案中，勘验笔录只有法院办案人员的签名，无在场人和当事人的签名，一审法院将勘验笔录作为定案依据，因无法补正和进行合理解释，二审法院没有采纳该勘验笔录。

在勘验笔录质证环节，其中的发问对象值得关注。依照《民事诉讼法》第 142 条第 2 款的规定，当事人经法庭许可，可以向勘验人发问。一般来讲，勘验人就是审判法官，除非涉及较为专业的问题，法庭可委托专业人员进行勘验。法官如果不允许当事人向其发问，如何是好？法官如果允许当事人向其发问，发问方式又该如何把握？

附录　相关法律和司法解释

中华人民共和国民事诉讼法（节录）

（1991年4月9日第七届全国人民代表大会第四次会议通过　根据2007年10月28日第十届全国人民代表大会常务委员会第三十次会议《关于修改〈中华人民共和国民事诉讼法〉的决定》第一次修正　根据2012年8月31日第十一届全国人民代表大会常务委员会第二十八次会议《关于修改〈中华人民共和国民事诉讼法〉的决定》第二次修正　根据2017年6月27日第十二届全国人民代表大会常务委员会第二十八次会议《关于修改〈中华人民共和国民事诉讼法〉和〈中华人民共和国行政诉讼法〉的决定》第三次修正　根据2021年12月24日第十三届全国人民代表大会常务委员会第三十二次会议《关于修改〈中华人民共和国民事诉讼法〉的决定》第四次修正　根据2023年9月1日第十四届全国人民代表大会常务委员会第五次会议《关于修改〈中华人民共和国民事诉讼法〉的决定》第五次修正）

第六章　证　　据

第六十六条　证据包括：

（一）当事人的陈述；

（二）书证；

（三）物证；

（四）视听资料；

（五）电子数据；

（六）证人证言；

（七）鉴定意见；

（八）勘验笔录。

证据必须查证属实，才能作为认定事实的根据。

第六十七条 当事人对自己提出的主张，有责任提供证据。

当事人及其诉讼代理人因客观原因不能自行收集的证据，或者人民法院认为审理案件需要的证据，人民法院应当调查收集。

人民法院应当按照法定程序，全面地、客观地审查核实证据。

第六十八条 当事人对自己提出的主张应当及时提供证据。

人民法院根据当事人的主张和案件审理情况，确定当事人应当提供的证据及其期限。当事人在该期限内提供证据确有困难的，可以向人民法院申请延长期限，人民法院根据当事人的申请适当延长。当事人逾期提供证据的，人民法院应当责令其说明理由；拒不说明理由或者理由不成立的，人民法院根据不同情形可以不予采纳该证据，或者采纳该证据但予以训诫、罚款。

第六十九条 人民法院收到当事人提交的证据材料，应当出具收据，写明证据名称、页数、份数、原件或者复印件以及收到时间等，并由经办人员签名或者盖章。

第七十条 人民法院有权向有关单位和个人调查取证，有关单位和个人不得拒绝。

人民法院对有关单位和个人提出的证明文书，应当辨别真伪，审查确定其效力。

第七十一条 证据应当在法庭上出示，并由当事人互相质证。对涉及国家秘密、商业秘密和个人隐私的证据应当保密，需要在法庭出示的，不得在公开开庭时出示。

第七十二条 经过法定程序公证证明的法律事实和文书，人民法院应当作为认定事实的根据，但有相反证据足以推翻公证证明的除外。

第七十三条 书证应当提交原件。物证应当提交原物。提交原件或者原物确有困难的，可以提交复制品、照片、副本、节录本。

提交外文书证，必须附有中文译本。

第七十四条 人民法院对视听资料，应当辨别真伪，并结合本案的其他证据，审查确定能否作为认定事实的根据。

第七十五条 凡是知道案件情况的单位和个人，都有义务出庭作证。有关单位的负责人应当支持证人作证。

不能正确表达意思的人，不能作证。

第七十六条 经人民法院通知，证人应当出庭作证。有下列情形之一的，经人民法院许可，可以通过书面证言、视听传输技术或者视听资料等方式作证：

（一）因健康原因不能出庭的；

（二）因路途遥远，交通不便不能出庭的；

（三）因自然灾害等不可抗力不能出庭的；

（四）其他有正当理由不能出庭的。

第七十七条 证人因履行出庭作证义务而支出的交通、住宿、就餐等必要费用以及误工损失，由败诉一方当事人负担。当事人申请证人作证的，由该当事人先行垫付；当事人没有申请，人民法院通知证人作证的，由人民法院先行垫付。

第七十八条 人民法院对当事人的陈述，应当结合本案的其他证据，审查确定能否作为认定事实的根据。

当事人拒绝陈述的，不影响人民法院根据证据认定案件事实。

第七十九条 当事人可以就查明事实的专门性问题向人民法院申请鉴定。当事人申请鉴定的，由双方当事人协商确定具备资格的鉴定人；协商不成的，由人民法院指定。

当事人未申请鉴定，人民法院对专门性问题认为需要鉴定的，应当委托具备资格的鉴定人进行鉴定。

第八十条 鉴定人有权了解进行鉴定所需要的案件材料，必要时可以询问当事人、证人。

鉴定人应当提出书面鉴定意见，在鉴定书上签名或者盖章。

第八十一条 当事人对鉴定意见有异议或者人民法院认为鉴定人有必要出庭的，鉴定人应当出庭作证。经人民法院通知，鉴定人拒不出庭作证的，鉴定意见不得作为认定事实的根据；支付鉴定费用的当事人可以要求返还鉴定费用。

第八十二条 当事人可以申请人民法院通知有专门知识的人出庭，就鉴定人作出的鉴定意见或者专业问题提出意见。

第八十三条 勘验物证或者现场，勘验人必须出示人民法院的证件，并邀请当地基层组织或者当事人所在单位派人参加。当事人或者当事人的成年家属应当到场，拒不到场的，不影响勘验的进行。

有关单位和个人根据人民法院的通知，有义务保护现场，协助勘验工作。

勘验人应当将勘验情况和结果制作笔录，由勘验人、当事人和被邀参加人签名或者盖章。

第八十四条 在证据可能灭失或者以后难以取得的情况下，当事人可以在诉讼过程中向人民法院申请保全证据，人民法院也可以主动采取保全措施。

因情况紧急，在证据可能灭失或者以后难以取得的情况下，利害关系人可以在提起诉讼或者申请仲裁前向证据所在地、被申请人住所地或者对案件有管辖权的人民法院申请保全证据。

证据保全的其他程序，参照适用本法第九章保全的有关规定。

最高人民法院关于适用《中华人民共和国民事诉讼法》的解释（节录）

（2014年12月18日最高人民法院审判委员会第1636次会议通过 根据2020年12月23日最高人民法院审判委员会第1823次会议通过的《最高人民法院关于修改〈最高人民法院关于人民法院民事调解工作若干问题的规定〉等十九件民事诉讼类司法解释的决定》第一次修正 根据2022年3月22日最高人民法院审判委员会第1866次会议通过的《最高人民法院关于修改〈最高人民法院关于适用《中华人民共和国民事诉讼法》的解释〉的决定》第二次修正）

四、证　　据

第九十条 当事人对自己提出的诉讼请求所依据的事实或者反驳对

方诉讼请求所依据的事实，应当提供证据加以证明，但法律另有规定的除外。

在作出判决前，当事人未能提供证据或者证据不足以证明其事实主张的，由负有举证证明责任的当事人承担不利的后果。

第九十一条 人民法院应当依照下列原则确定举证证明责任的承担，但法律另有规定的除外：

（一）主张法律关系存在的当事人，应当对产生该法律关系的基本事实承担举证证明责任；

（二）主张法律关系变更、消灭或者权利受到妨害的当事人，应当对该法律关系变更、消灭或者权利受到妨害的基本事实承担举证证明责任。

第九十二条 一方当事人在法庭审理中，或者在起诉状、答辩状、代理词等书面材料中，对于己不利的事实明确表示承认的，另一方当事人无需举证证明。

对于涉及身份关系、国家利益、社会公共利益等应当由人民法院依职权调查的事实，不适用前款自认的规定。

自认的事实与查明的事实不符的，人民法院不予确认。

第九十三条 下列事实，当事人无须举证证明：

（一）自然规律以及定理、定律；

（二）众所周知的事实；

（三）根据法律规定推定的事实；

（四）根据已知的事实和日常生活经验法则推定出的另一事实；

（五）已为人民法院发生法律效力的裁判所确认的事实；

（六）已为仲裁机构生效裁决所确认的事实；

（七）已为有效公证文书所证明的事实。

前款第二项至第四项规定的事实，当事人有相反证据足以反驳的除外；第五项至第七项规定的事实，当事人有相反证据足以推翻的除外。

第九十四条 民事诉讼法第六十四条第二款规定的当事人及其诉讼代理人因客观原因不能自行收集的证据包括：

（一）证据由国家有关部门保存，当事人及其诉讼代理人无权查阅调取的；

（二）涉及国家秘密、商业秘密或者个人隐私的；

（三）当事人及其诉讼代理人因客观原因不能自行收集的其他证据。

当事人及其诉讼代理人因客观原因不能自行收集的证据，可以在举证期限届满前书面申请人民法院调查收集。

第九十五条 当事人申请调查收集的证据，与待证事实无关联、对证明待证事实无意义或者其他无调查收集必要的，人民法院不予准许。

第九十六条 民事诉讼法第六十四条第二款规定的人民法院认为审理案件需要的证据包括：

（一）涉及可能损害国家利益、社会公共利益的；

（二）涉及身份关系的；

（三）涉及民事诉讼法第五十五条规定诉讼的；

（四）当事人有恶意串通损害他人合法权益可能的；

（五）涉及依职权追加当事人、中止诉讼、终结诉讼、回避等程序性事项的。

除前款规定外，人民法院调查收集证据，应当依照当事人的申请进行。

第九十七条 人民法院调查收集证据，应当由两人以上共同进行。调查材料要由调查人、被调查人、记录人签名、捺印或者盖章。

第九十八条 当事人根据民事诉讼法第八十一条第一款规定申请证据保全的，可以在举证期限届满前书面提出。

证据保全可能对他人造成损失的，人民法院应当责令申请人提供相应的担保。

第九十九条 人民法院应当在审理前的准备阶段确定当事人的举证期限。举证期限可以由当事人协商，并经人民法院准许。

人民法院确定举证期限，第一审普通程序案件不得少于十五日，当事人提供新的证据的第二审案件不得少于十日。

举证期限届满后，当事人对已经提供的证据，申请提供反驳证据或者对证据来源、形式等方面的瑕疵进行补正的，人民法院可以酌情再次确定举证期限，该期限不受前款规定的限制。

第一百条 当事人申请延长举证期限的，应当在举证期限届满前向人民法院提出书面申请。

申请理由成立的，人民法院应当准许，适当延长举证期限，并通知其他当事人。延长的举证期限适用于其他当事人。

申请理由不成立的，人民法院不予准许，并通知申请人。

第一百零一条 当事人逾期提供证据的，人民法院应当责令其说明理由，必要时可以要求其提供相应的证据。

当事人因客观原因逾期提供证据，或者对方当事人对逾期提供证据未提出异议的，视为未逾期。

第一百零二条 当事人因故意或者重大过失逾期提供的证据，人民法院不予采纳。但该证据与案件基本事实有关的，人民法院应当采纳，并依照民事诉讼法第六十五条、第一百一十五条第一款的规定予以训诫、罚款。

当事人非因故意或者重大过失逾期提供的证据，人民法院应当采纳，并对当事人予以训诫。

当事人一方要求另一方赔偿因逾期提供证据致使其增加的交通、住宿、就餐、误工、证人出庭作证等必要费用的，人民法院可予支持。

第一百零三条 证据应当在法庭上出示，由当事人互相质证。未经当事人质证的证据，不得作为认定案件事实的根据。

当事人在审理前的准备阶段认可的证据，经审判人员在庭审中说明后，视为质证过的证据。

涉及国家秘密、商业秘密、个人隐私或者法律规定应当保密的证据，不得公开质证。

第一百零四条 人民法院应当组织当事人围绕证据的真实性、合法性以及与待证事实的关联性进行质证，并针对证据有无证明力和证明力大小进行说明和辩论。

能够反映案件真实情况、与待证事实相关联、来源和形式符合法律规定的证据，应当作为认定案件事实的根据。

第一百零五条 人民法院应当按照法定程序，全面、客观地审核证据，依照法律规定，运用逻辑推理和日常生活经验法则，对证据有无证明力和证明力大小进行判断，并公开判断的理由和结果。

第一百零六条 对以严重侵害他人合法权益、违反法律禁止性规定或者严重违背公序良俗的方法形成或者获取的证据，不得作为认定案件事实的根据。

第一百零七条 在诉讼中，当事人为达成调解协议或者和解协议作出妥协而认可的事实，不得在后续的诉讼中作为对其不利的根据，但法律另有规定或者当事人均同意的除外。

第一百零八条 对负有举证证明责任的当事人提供的证据，人民法院经审查并结合相关事实，确信待证事实的存在具有高度可能性的，应当认定该事实存在。

对一方当事人为反驳负有举证证明责任的当事人所主张事实而提供的证据，人民法院经审查并结合相关事实，认为待证事实真伪不明的，应当认定该事实不存在。

法律对于待证事实所应达到的证明标准另有规定的，从其规定。

第一百零九条 当事人对欺诈、胁迫、恶意串通事实的证明，以及对口头遗嘱或者赠与事实的证明，人民法院确信该待证事实存在的可能性能够排除合理怀疑的，应当认定该事实存在。

第一百一十条 人民法院认为有必要的，可以要求当事人本人到庭，就案件有关事实接受询问。在询问当事人之前，可以要求其签署保证书。

保证书应当载明据实陈述、如有虚假陈述愿意接受处罚等内容。当事人应当在保证书上签名或者捺印。

负有举证证明责任的当事人拒绝到庭、拒绝接受询问或者拒绝签署保证书，待证事实又欠缺其他证据证明的，人民法院对其主张的事实不予认定。

第一百一十一条 民事诉讼法第七十条规定的提交书证原件确有困

难，包括下列情形：

（一）书证原件遗失、灭失或者毁损的；

（二）原件在对方当事人控制之下，经合法通知提交而拒不提交的；

（三）原件在他人控制之下，而其有权不提交的；

（四）原件因篇幅或者体积过大而不便提交的；

（五）承担举证证明责任的当事人通过申请人民法院调查收集或者其他方式无法获得书证原件的。

前款规定情形，人民法院应当结合其他证据和案件具体情况，审查判断书证复制品等能否作为认定案件事实的根据。

第一百一十二条 书证在对方当事人控制之下的，承担举证证明责任的当事人可以在举证期限届满前书面申请人民法院责令对方当事人提交。

申请理由成立的，人民法院应当责令对方当事人提交，因提交书证所产生的费用，由申请人负担。对方当事人无正当理由拒不提交的，人民法院可以认定申请人所主张的书证内容为真实。

第一百一十三条 持有书证的当事人以妨碍对方当事人使用为目的，毁灭有关书证或者实施其他致使书证不能使用行为的，人民法院可以依照民事诉讼法第一百一十一条规定，对其处以罚款、拘留。

第一百一十四条 国家机关或者其他依法具有社会管理职能的组织，在其职权范围内制作的文书所记载的事项推定为真实，但有相反证据足以推翻的除外。必要时，人民法院可以要求制作文书的机关或者组织对文书的真实性予以说明。

第一百一十五条 单位向人民法院提出的证明材料，应当由单位负责人及制作证明材料的人员签名或者盖章，并加盖单位印章。人民法院就单位出具的证明材料，可以向单位及制作证明材料的人员进行调查核实。必要时，可以要求制作证明材料的人员出庭作证。

单位及制作证明材料的人员拒绝人民法院调查核实，或者制作证明材料的人员无正当理由拒绝出庭作证的，该证明材料不得作为认定案件事实的根据。

第一百一十六条 视听资料包括录音资料和影像资料。

电子数据是指通过电子邮件、电子数据交换、网上聊天记录、博客、微博客、手机短信、电子签名、域名等形成或者存储在电子介质中的信息。

存储在电子介质中的录音资料和影像资料，适用电子数据的规定。

第一百一十七条 当事人申请证人出庭作证的，应当在举证期限届满前提出。

符合本解释第九十六条第一款规定情形的，人民法院可以依职权通知证人出庭作证。

未经人民法院通知，证人不得出庭作证，但双方当事人同意并经人民法院准许的除外。

第一百一十八条 民事诉讼法第七十四条规定的证人因履行出庭作证义务而支出的交通、住宿、就餐等必要费用，按照机关事业单位工作人员差旅费用和补贴标准计算；误工损失按照国家上年度职工日平均工资标准计算。

人民法院准许证人出庭作证申请的，应当通知申请人预缴证人出庭作证费用。

第一百一十九条 人民法院在证人出庭作证前应当告知其如实作证的义务以及作伪证的法律后果，并责令其签署保证书，但无民事行为能力人和限制民事行为能力人除外。

证人签署保证书适用本解释关于当事人签署保证书的规定。

第一百二十条 证人拒绝签署保证书的，不得作证，并自行承担相关费用。

第一百二十一条 当事人申请鉴定，可以在举证期限届满前提出。申请鉴定的事项与待证事实无关联，或者对证明待证事实无意义的，人民法院不予准许。

人民法院准许当事人鉴定申请的，应当组织双方当事人协商确定具备相应资格的鉴定人。当事人协商不成的，由人民法院指定。

符合依职权调查收集证据条件的，人民法院应当依职权委托鉴定，在询问当事人的意见后，指定具备相应资格的鉴定人。

第一百二十二条 当事人可以依照民事诉讼法第七十九条的规定，在举证期限届满前申请一至二名具有专门知识的人出庭，代表当事人对鉴定意见进行质证，或者对案件事实所涉及的专业问题提出意见。

具有专门知识的人在法庭上就专业问题提出的意见，视为当事人的陈述。

人民法院准许当事人申请的，相关费用由提出申请的当事人负担。

第一百二十三条 人民法院可以对出庭的具有专门知识的人进行询问。经法庭准许，当事人可以对出庭的具有专门知识的人进行询问，当事人各自申请的具有专门知识的人可以就案件中的有关问题进行对质。

具有专门知识的人不得参与专业问题之外的法庭审理活动。

第一百二十四条 人民法院认为有必要的，可以根据当事人的申请或者依职权对物证或者现场进行勘验。勘验时应当保护他人的隐私和尊严。

人民法院可以要求鉴定人参与勘验。必要时，可以要求鉴定人在勘验中进行鉴定。

最高人民法院关于
民事诉讼证据的若干规定

（2001 年 12 月 6 日最高人民法院审判委员会第 1201 次会议通过 根据 2019 年 10 月 14 日最高人民法院审判委员会第 1777 次会议通过的《最高人民法院关于修改〈最高人民法院关于民事诉讼证据的若干规定〉的决定》（法释〔2019〕19 号）修正）

为保证人民法院正确认定案件事实，公正、及时审理民事案件，保障和便利当事人依法行使诉讼权利，根据《中华人民共和国民事诉讼法》（以下简称民事诉讼法）等有关法律的规定，结合民事审判经验和实际情况，制定本规定。

一、当事人举证

第一条 原告向人民法院起诉或者被告提出反诉，应当提供符合起诉条件的相应的证据。

第二条 人民法院应当向当事人说明举证的要求及法律后果，促使当事人在合理期限内积极、全面、正确、诚实地完成举证。

当事人因客观原因不能自行收集的证据，可申请人民法院调查收集。

第三条 在诉讼过程中，一方当事人陈述的于己不利的事实，或者对于己不利的事实明确表示承认的，另一方当事人无需举证证明。

在证据交换、询问、调查过程中，或者在起诉状、答辩状、代理词等书面材料中，当事人明确承认于己不利的事实的，适用前款规定。

第四条 一方当事人对于另一方当事人主张的于己不利的事实既不承认也不否认，经审判人员说明并询问后，其仍然不明确表示肯定或者否定的，视为对该事实的承认。

第五条 当事人委托诉讼代理人参加诉讼的，除授权委托书明确排除的事项外，诉讼代理人的自认视为当事人的自认。

当事人在场对诉讼代理人的自认明确否认的，不视为自认。

第六条 普通共同诉讼中，共同诉讼人中一人或者数人作出的自认，对作出自认的当事人发生效力。

必要共同诉讼中，共同诉讼人中一人或者数人作出自认而其他共同诉讼人予以否认的，不发生自认的效力。其他共同诉讼人既不承认也不否认，经审判人员说明并询问后仍然不明确表示意见的，视为全体共同诉讼人的自认。

第七条 一方当事人对于另一方当事人主张的于己不利的事实有所限制或者附加条件予以承认的，由人民法院综合案件情况决定是否构成自认。

第八条 《最高人民法院关于适用〈中华人民共和国民事诉讼法〉的解释》第九十六条第一款规定的事实，不适用有关自认的规定。

自认的事实与已经查明的事实不符的，人民法院不予确认。

第九条 有下列情形之一，当事人在法庭辩论终结前撤销自认的，人民法院应当准许：

（一）经对方当事人同意的；

（二）自认是在受胁迫或者重大误解情况下作出的。

人民法院准许当事人撤销自认的，应当作出口头或者书面裁定。

第十条 下列事实，当事人无须举证证明：

（一）自然规律以及定理、定律；

（二）众所周知的事实；

（三）根据法律规定推定的事实；

（四）根据已知的事实和日常生活经验法则推定出的另一事实；

（五）已为仲裁机构的生效裁决所确认的事实；

（六）已为人民法院发生法律效力的裁判所确认的基本事实；

（七）已为有效公证文书所证明的事实。

前款第二项至第五项事实，当事人有相反证据足以反驳的除外；第六项、第七项事实，当事人有相反证据足以推翻的除外。

第十一条 当事人向人民法院提供证据，应当提供原件或者原物。如需自己保存证据原件、原物或者提供原件、原物确有困难的，可以提供经人民法院核对无异的复制件或者复制品。

第十二条 以动产作为证据的，应当将原物提交人民法院。原物不宜搬移或者不宜保存的，当事人可以提供复制品、影像资料或者其他替代品。

人民法院在收到当事人提交的动产或者替代品后，应当及时通知双方当事人到人民法院或者保存现场查验。

第十三条 当事人以不动产作为证据的，应当向人民法院提供该不动产的影像资料。

人民法院认为有必要的，应当通知双方当事人到场进行查验。

第十四条 电子数据包括下列信息、电子文件：

（一）网页、博客、微博客等网络平台发布的信息；

（二）手机短信、电子邮件、即时通信、通讯群组等网络应用服务的通信信息；

（三）用户注册信息、身份认证信息、电子交易记录、通信记录、登录日志等信息；

（四）文档、图片、音频、视频、数字证书、计算机程序等电子文件；

（五）其他以数字化形式存储、处理、传输的能够证明案件事实的信息。

第十五条 当事人以视听资料作为证据的，应当提供存储该视听资料的原始载体。

当事人以电子数据作为证据的，应当提供原件。电子数据的制作者制作的与原件一致的副本，或者直接来源于电子数据的打印件或其他可以显示、识别的输出介质，视为电子数据的原件。

第十六条 当事人提供的公文书证系在中华人民共和国领域外形成的，该证据应当经所在国公证机关证明，或者履行中华人民共和国与该所在国订立的有关条约中规定的证明手续。

中华人民共和国领域外形成的涉及身份关系的证据，应当经所在国公证机关证明并经中华人民共和国驻该国使领馆认证，或者履行中华人民共和国与该所在国订立的有关条约中规定的证明手续。

当事人向人民法院提供的证据是在香港、澳门、台湾地区形成的，应当履行相关的证明手续。

第十七条 当事人向人民法院提供外文书证或者外文说明资料，应当附有中文译本。

第十八条 双方当事人无争议的事实符合《最高人民法院关于适用〈中华人民共和国民事诉讼法〉的解释》第九十六条第一款规定情形的，人民法院可以责令当事人提供有关证据。

第十九条 当事人应当对其提交的证据材料逐一分类编号，对证据材料的来源、证明对象和内容作简要说明，签名盖章，注明提交日期，并依照对方当事人人数提出副本。

人民法院收到当事人提交的证据材料，应当出具收据，注明证据的名称、份数和页数以及收到的时间，由经办人员签名或者盖章。

二、证据的调查收集和保全

第二十条 当事人及其诉讼代理人申请人民法院调查收集证据，应当在举证期限届满前提交书面申请。

申请书应当载明被调查人的姓名或者单位名称、住所地等基本情况、所要调查收集的证据名称或者内容、需要由人民法院调查收集证据的原因及其要证明的事实以及明确的线索。

第二十一条 人民法院调查收集的书证，可以是原件，也可以是经核对无误的副本或者复制件。是副本或者复制件的，应当在调查笔录中说明来源和取证情况。

第二十二条 人民法院调查收集的物证应当是原物。被调查人提供原物确有困难的，可以提供复制品或者影像资料。提供复制品或者影像资料的，应当在调查笔录中说明取证情况。

第二十三条 人民法院调查收集视听资料、电子数据，应当要求被调查人提供原始载体。

提供原始载体确有困难的，可以提供复制件。提供复制件的，人民法院应当在调查笔录中说明其来源和制作经过。

人民法院对视听资料、电子数据采取证据保全措施的，适用前款规定。

第二十四条 人民法院调查收集可能需要鉴定的证据，应当遵守相关技术规范，确保证据不被污染。

第二十五条 当事人或者利害关系人根据民事诉讼法第八十一条的规定申请证据保全的，申请书应当载明需要保全的证据的基本情况、申请保全的理由以及采取何种保全措施等内容。

当事人根据民事诉讼法第八十一条第一款的规定申请证据保全的，应当在举证期限届满前向人民法院提出。

法律、司法解释对诉前证据保全有规定的，依照其规定办理。

第二十六条 当事人或者利害关系人申请采取查封、扣押等限制保全标的物使用、流通等保全措施，或者保全可能对证据持有人造成损失的，人民法院应当责令申请人提供相应的担保。

担保方式或者数额由人民法院根据保全措施对证据持有人的影响、保全标的物的价值、当事人或者利害关系人争议的诉讼标的金额等因素综合确定。

第二十七条 人民法院进行证据保全，可以要求当事人或者诉讼代理人到场。

根据当事人的申请和具体情况，人民法院可以采取查封、扣押、录音、录像、复制、鉴定、勘验等方法进行证据保全，并制作笔录。

在符合证据保全目的的情况下，人民法院应当选择对证据持有人利益影响最小的保全措施。

第二十八条 申请证据保全错误造成财产损失，当事人请求申请人承担赔偿责任的，人民法院应予支持。

第二十九条 人民法院采取诉前证据保全措施后，当事人向其他有管辖权的人民法院提起诉讼的，采取保全措施的人民法院应当根据当事人的申请，将保全的证据及时移交受理案件的人民法院。

第三十条 人民法院在审理案件过程中认为待证事实需要通过鉴定意见证明的，应当向当事人释明，并指定提出鉴定申请的期间。

符合《最高人民法院关于适用〈中华人民共和国民事诉讼法〉的解释》第九十六条第一款规定情形的，人民法院应当依职权委托鉴定。

第三十一条 当事人申请鉴定，应当在人民法院指定期间内提出，并预交鉴定费用。逾期不提出申请或者不预交鉴定费用的，视为放弃申请。

对需要鉴定的待证事实负有举证责任的当事人，在人民法院指定期间内无正当理由不提出鉴定申请或者不预交鉴定费用，或者拒不提供相关材料，致使待证事实无法查明的，应当承担举证不能的法律后果。

第三十二条 人民法院准许鉴定申请的，应当组织双方当事人协商确定具备相应资格的鉴定人。当事人协商不成的，由人民法院指定。

人民法院依职权委托鉴定的，可以在询问当事人的意见后，指定具备相应资格的鉴定人。

人民法院在确定鉴定人后应当出具委托书，委托书中应当载明鉴定事项、鉴定范围、鉴定目的和鉴定期限。

第三十三条 鉴定开始之前，人民法院应当要求鉴定人签署承诺书。承诺书中应当载明鉴定人保证客观、公正、诚实地进行鉴定，保证出庭作证，如作虚假鉴定应当承担法律责任等内容。

鉴定人故意作虚假鉴定的，人民法院应当责令其退还鉴定费用，并根据情节，依照民事诉讼法第一百一十一条的规定进行处罚。

第三十四条 人民法院应当组织当事人对鉴定材料进行质证。未经质证的材料，不得作为鉴定的根据。

经人民法院准许，鉴定人可以调取证据、勘验物证和现场、询问当事人或者证人。

第三十五条 鉴定人应当在人民法院确定的期限内完成鉴定，并提交鉴定书。

鉴定人无正当理由未按期提交鉴定书的，当事人可以申请人民法院另行委托鉴定人进行鉴定。人民法院准许的，原鉴定人已经收取的鉴定费用应当退还；拒不退还的，依照本规定第八十一条第二款的规定处理。

第三十六条 人民法院对鉴定人出具的鉴定书，应当审查是否具有下列内容：

（一）委托法院的名称；

（二）委托鉴定的内容、要求；

（三）鉴定材料；

（四）鉴定所依据的原理、方法；

（五）对鉴定过程的说明；

（六）鉴定意见；

（七）承诺书。

鉴定书应当由鉴定人签名或者盖章，并附鉴定人的相应资格证明。委托机构鉴定的，鉴定书应当由鉴定机构盖章，并由从事鉴定的人员签名。

第三十七条 人民法院收到鉴定书后，应当及时将副本送交当事人。

当事人对鉴定书的内容有异议的，应当在人民法院指定期间内以书面方式提出。

对于当事人的异议，人民法院应当要求鉴定人作出解释、说明或者补充。人民法院认为有必要的，可以要求鉴定人对当事人未提出异议的内容进行解释、说明或者补充。

第三十八条 当事人在收到鉴定人的书面答复后仍有异议的，人民法院应当根据《诉讼费用交纳办法》第十一条的规定，通知有异议的当事人预交鉴定人出庭费用，并通知鉴定人出庭。有异议的当事人不预交鉴定人出庭费用的，视为放弃异议。

双方当事人对鉴定意见均有异议的，分摊预交鉴定人出庭费用。

第三十九条 鉴定人出庭费用按照证人出庭作证费用的标准计算，由败诉的当事人负担。因鉴定意见不明确或者有瑕疵需要鉴定人出庭的，出庭费用由其自行负担。

人民法院委托鉴定时已经确定鉴定人出庭费用包含在鉴定费用中的，不再通知当事人预交。

第四十条 当事人申请重新鉴定，存在下列情形之一的，人民法院应当准许：

（一）鉴定人不具备相应资格的；

（二）鉴定程序严重违法的；

（三）鉴定意见明显依据不足的；

（四）鉴定意见不能作为证据使用的其他情形。

存在前款第一项至第三项情形的，鉴定人已经收取的鉴定费用应当退还。拒不退还的，依照本规定第八十一条第二款的规定处理。

对鉴定意见的瑕疵，可以通过补正、补充鉴定或者补充质证、重新质证等方法解决的，人民法院不予准许重新鉴定的申请。

重新鉴定的，原鉴定意见不得作为认定案件事实的根据。

第四十一条 对于一方当事人就专门性问题自行委托有关机构或者人员出具的意见，另一方当事人有证据或者理由足以反驳并申请鉴定的，人民法院应予准许。

第四十二条 鉴定意见被采信后，鉴定人无正当理由撤销鉴定意见的，人民法院应当责令其退还鉴定费用，并可以根据情节，依照民事诉讼法第一百一十一条的规定对鉴定人进行处罚。当事人主张鉴定人负担由此增加的合理费用的，人民法院应予支持。

人民法院采信鉴定意见后准许鉴定人撤销的，应当责令其退还鉴定费用。

第四十三条 人民法院应当在勘验前将勘验的时间和地点通知当事人。当事人不参加的，不影响勘验进行。

当事人可以就勘验事项向人民法院进行解释和说明，可以请求人民法院注意勘验中的重要事项。

人民法院勘验物证或者现场，应当制作笔录，记录勘验的时间、地点、勘验人、在场人、勘验的经过、结果，由勘验人、在场人签名或者盖章。对于绘制的现场图应当注明绘制的时间、方位、测绘人姓名、身份等内容。

第四十四条 摘录有关单位制作的与案件事实相关的文件、材料，应当注明出处，并加盖制作单位或者保管单位的印章，摘录人和其他调查人员应当在摘录件上签名或者盖章。

摘录文件、材料应当保持内容相应的完整性。

第四十五条 当事人根据《最高人民法院关于适用〈中华人民共和国民事诉讼法〉的解释》第一百一十二条的规定申请人民法院责令对方当事人提交书证的，申请书应当载明所申请提交的书证名称或者内容、需要以该书证证明的事实及事实的重要性、对方当事人控制该书证的根据以及应当提交该书证的理由。

对方当事人否认控制书证的，人民法院应当根据法律规定、习惯等因素，结合案件的事实、证据，对于书证是否在对方当事人控制之下的事实作出综合判断。

第四十六条 人民法院对当事人提交书证的申请进行审查时，应当听取对方当事人的意见，必要时可以要求双方当事人提供证据、进行辩论。

当事人申请提交的书证不明确、书证对于待证事实的证明无必要、待证事实对于裁判结果无实质性影响、书证未在对方当事人控制之下或者不符合本规定第四十七条情形的，人民法院不予准许。

当事人申请理由成立的，人民法院应当作出裁定，责令对方当事人提交书证；理由不成立的，通知申请人。

第四十七条 下列情形，控制书证的当事人应当提交书证：

（一）控制书证的当事人在诉讼中曾经引用过的书证；

（二）为对方当事人的利益制作的书证；

（三）对方当事人依照法律规定有权查阅、获取的书证；

（四）账簿、记账原始凭证；

（五）人民法院认为应当提交书证的其他情形。

前款所列书证，涉及国家秘密、商业秘密、当事人或第三人的隐私，或者存在法律规定应当保密的情形的，提交后不得公开质证。

第四十八条 控制书证的当事人无正当理由拒不提交书证的，人民法院可以认定对方当事人所主张的书证内容为真实。

控制书证的当事人存在《最高人民法院关于适用〈中华人民共和国民事诉讼法〉的解释》第一百一十三条规定情形的，人民法院可以认定对方当事人主张以该书证证明的事实为真实。

三、举证时限与证据交换

第四十九条 被告应当在答辩期届满前提出书面答辩，阐明其对原告诉讼请求及所依据的事实和理由的意见。

第五十条 人民法院应当在审理前的准备阶段向当事人送达举证通知书。

举证通知书应当载明举证责任的分配原则和要求、可以向人民法院申请调查收集证据的情形、人民法院根据案件情况指定的举证期限以及逾期提供证据的法律后果等内容。

第五十一条 举证期限可以由当事人协商，并经人民法院准许。

人民法院指定举证期限的，适用第一审普通程序审理的案件不得少于十五日，当事人提供新的证据的第二审案件不得少于十日。适用简易程序审理的案件不得超过十五日，小额诉讼案件的举证期限一般不得超过七日。

举证期限届满后，当事人提供反驳证据或者对已经提供的证据的来源、形式等方面的瑕疵进行补正的，人民法院可以酌情再次确定举证期限，该期限不受前款规定的期间限制。

第五十二条 当事人在举证期限内提供证据存在客观障碍，属于民事诉讼法第六十五条第二款规定的“当事人在该期限内提供证据确有困难”的情形。

前款情形，人民法院应当根据当事人的举证能力、不能在举证期限内提供证据的原因等因素综合判断。必要时，可以听取对方当事人的意见。

第五十三条 诉讼过程中，当事人主张的法律关系性质或者民事行为效力与人民法院根据案件事实作出的认定不一致的，人民法院应当将法律关系性质或者民事行为效力作为焦点问题进行审理。但法律关系性质对裁判理由及结果没有影响，或者有关问题已经当事人充分辩论的除外。

存在前款情形，当事人根据法庭审理情况变更诉讼请求的，人民法院应当准许并可以根据案件的具体情况重新指定举证期限。

第五十四条 当事人申请延长举证期限的，应当在举证期限届满前向人民法院提出书面申请。

申请理由成立的，人民法院应当准许，适当延长举证期限，并通知其他当事人。延长的举证期限适用于其他当事人。

申请理由不成立的，人民法院不予准许，并通知申请人。

第五十五条 存在下列情形的，举证期限按照如下方式确定：

（一）当事人依照民事诉讼法第一百二十七条规定提出管辖权异议的，举证期限中止，自驳回管辖权异议的裁定生效之日起恢复计算；

（二）追加当事人、有独立请求权的第三人参加诉讼或者无独立请求权的第三人经人民法院通知参加诉讼的，人民法院应当依照本规定第五十一条的规定为新参加诉讼的当事人确定举证期限，该举证期限适用于其他当事人；

（三）发回重审的案件，第一审人民法院可以结合案件具体情况和发回重审的原因，酌情确定举证期限；

（四）当事人增加、变更诉讼请求或者提出反诉的，人民法院应当根据案件具体情况重新确定举证期限；

（五）公告送达的，举证期限自公告期届满之次日起计算。

第五十六条 人民法院依照民事诉讼法第一百三十三条第四项的规定，通过组织证据交换进行审理前准备的，证据交换之日举证期限届满。

证据交换的时间可以由当事人协商一致并经人民法院认可，也可以由人民法院指定。当事人申请延期举证经人民法院准许的，证据交换日相应顺延。

第五十七条 证据交换应当在审判人员的主持下进行。

在证据交换的过程中，审判人员对当事人无异议的事实、证据应当记录在卷；对有异议的证据，按照需要证明的事实分类记录在卷，并记载异议的理由。通过证据交换，确定双方当事人争议的主要问题。

第五十八条 当事人收到对方的证据后有反驳证据需要提交的，人民法院应当再次组织证据交换。

第五十九条 人民法院对逾期提供证据的当事人处以罚款的，可以结合当事人逾期提供证据的主观过错程度、导致诉讼迟延的情况、诉讼标的金额等因素，确定罚款数额。

四、质　　证

第六十条 当事人在审理前的准备阶段或者人民法院调查、询问过程中发表过质证意见的证据，视为质证过的证据。

当事人要求以书面方式发表质证意见，人民法院在听取对方当事人意见后认为有必要的，可以准许。人民法院应当及时将书面质证意见送交对方当事人。

第六十一条 对书证、物证、视听资料进行质证时，当事人应当出示证据的原件或者原物。但有下列情形之一的除外：

（一）出示原件或者原物确有困难并经人民法院准许出示复制件或者复制品的；

（二）原件或者原物已不存在，但有证据证明复制件、复制品与原件或者原物一致的。

第六十二条 质证一般按下列顺序进行：

（一）原告出示证据，被告、第三人与原告进行质证；

（二）被告出示证据，原告、第三人与被告进行质证；

（三）第三人出示证据，原告、被告与第三人进行质证。

人民法院根据当事人申请调查收集的证据，审判人员对调查收集证据的情况进行说明后，由提出申请的当事人与对方当事人、第三人进行质证。

人民法院依职权调查收集的证据，由审判人员对调查收集证据的情况进行说明后，听取当事人的意见。

第六十三条 当事人应当就案件事实作真实、完整的陈述。

当事人的陈述与此前陈述不一致的，人民法院应当责令其说明理由，并结合当事人的诉讼能力、证据和案件具体情况进行审查认定。

当事人故意作虚假陈述妨碍人民法院审理的，人民法院应当根据情节，依照民事诉讼法第一百一十一条的规定进行处罚。

第六十四条 人民法院认为有必要的，可以要求当事人本人到场，就案件的有关事实接受询问。

人民法院要求当事人到场接受询问的，应当通知当事人询问的时间、地点、拒不到场的后果等内容。

第六十五条 人民法院应当在询问前责令当事人签署保证书并宣读保证书的内容。

保证书应当载明保证据实陈述，绝无隐瞒、歪曲、增减，如有虚假陈述应当接受处罚等内容。当事人应当在保证书上签名、捺印。

当事人有正当理由不能宣读保证书的，由书记员宣读并进行说明。

第六十六条 当事人无正当理由拒不到场、拒不签署或宣读保证书或者拒不接受询问的，人民法院应当综合案件情况，判断待证事实的真伪。待证事实无其他证据证明的，人民法院应当作出不利于该当事人的认定。

第六十七条 不能正确表达意思的人，不能作为证人。

待证事实与其年龄、智力状况或者精神健康状况相适应的无民事行为能力人和限制民事行为能力人，可以作为证人。

第六十八条 人民法院应当要求证人出庭作证，接受审判人员和当事人的询问。证人在审理前的准备阶段或者人民法院调查、询问等双方当事人在场时陈述证言的，视为出庭作证。

双方当事人同意证人以其他方式作证并经人民法院准许的，证人可以不出庭作证。

无正当理由未出庭的证人以书面等方式提供的证言，不得作为认定案件事实的根据。

第六十九条 当事人申请证人出庭作证的，应当在举证期限届满前向人民法院提交申请书。

申请书应当载明证人的姓名、职业、住所、联系方式，作证的主要内容，作证内容与待证事实的关联性，以及证人出庭作证的必要性。

符合《最高人民法院关于适用〈中华人民共和国民事诉讼法〉的解释》第九十六条第一款规定情形的，人民法院应当依职权通知证人出庭作证。

第七十条 人民法院准许证人出庭作证申请的，应当向证人送达通知书并告知双方当事人。通知书中应当载明证人作证的时间、地点，作证的事项、要求以及作伪证的法律后果等内容。

当事人申请证人出庭作证的事项与待证事实无关，或者没有通知证人出庭作证必要的，人民法院不予准许当事人的申请。

第七十一条 人民法院应当要求证人在作证之前签署保证书，并在法庭上宣读保证书的内容。但无民事行为能力人和限制民事行为能力人作为证人的除外。

证人确有正当理由不能宣读保证书的，由书记员代为宣读并进行说明。

证人拒绝签署或者宣读保证书的，不得作证，并自行承担相关费用。

证人保证书的内容适用当事人保证书的规定。

第七十二条 证人应当客观陈述其亲身感知的事实，作证时不得使用猜测、推断或者评论性语言。

证人作证前不得旁听法庭审理，作证时不得以宣读事先准备的书面材料的方式陈述证言。

证人言辞表达有障碍的，可以通过其他表达方式作证。

第七十三条 证人应当就其作证的事项进行连续陈述。

当事人及其法定代理人、诉讼代理人或者旁听人员干扰证人陈述的，人民法院应当及时制止，必要时可以依照民事诉讼法第一百一十条的规定进行处罚。

第七十四条 审判人员可以对证人进行询问。当事人及其诉讼代理人经审判人员许可后可以询问证人。

询问证人时其他证人不得在场。

人民法院认为有必要的，可以要求证人之间进行对质。

第七十五条 证人出庭作证后，可以向人民法院申请支付证人出庭作证费用。证人有困难需要预先支取出庭作证费用的，人民法院可以根据证人的申请在出庭作证前支付。

第七十六条 证人确有困难不能出庭作证，申请以书面证言、视听传输技术或者视听资料等方式作证的，应当向人民法院提交申请书。申请书中应当载明不能出庭的具体原因。

符合民事诉讼法第七十三条规定情形的，人民法院应当准许。

第七十七条 证人经人民法院准许，以书面证言方式作证的，应当签署保证书；以视听传输技术或者视听资料方式作证的，应当签署保证书并宣读保证书的内容。

第七十八条 当事人及其诉讼代理人对证人的询问与待证事实无关，或者存在威胁、侮辱证人或不适当引导等情形的，审判人员应当及时制止。必要时可以依照民事诉讼法第一百一十条、第一百一十一条的规定进行处罚。

证人故意作虚假陈述，诉讼参与人或者其他人以暴力、威胁、贿买等方法妨碍证人作证，或者在证人作证后以侮辱、诽谤、诬陷、恐吓、殴打等方式对证人打击报复的，人民法院应当根据情节，依照民事诉讼法第一百一十一条的规定，对行为人进行处罚。

第七十九条 鉴定人依照民事诉讼法第七十八条的规定出庭作证的，人民法院应当在开庭审理三日前将出庭的时间、地点及要求通知鉴定人。

委托机构鉴定的，应当由从事鉴定的人员代表机构出庭。

第八十条 鉴定人应当就鉴定事项如实答复当事人的异议和审判人员的询问。当庭答复确有困难的，经人民法院准许，可以在庭审结束后书面答复。

人民法院应当及时将书面答复送交当事人，并听取当事人的意见。必要时，可以再次组织质证。

第八十一条 鉴定人拒不出庭作证的，鉴定意见不得作为认定案件事实的根据。人民法院应当建议有关主管部门或者组织对拒不出庭作证的鉴定人予以处罚。

当事人要求退还鉴定费用的，人民法院应当在三日内作出裁定，责令鉴定人退还；拒不退还的，由人民法院依法执行。

当事人因鉴定人拒不出庭作证申请重新鉴定的，人民法院应当准许。

第八十二条 经法庭许可，当事人可以询问鉴定人、勘验人。

询问鉴定人、勘验人不得使用威胁、侮辱等不适当的言语和方式。

第八十三条 当事人依照民事诉讼法第七十九条和《最高人民法院关于适用〈中华人民共和国民事诉讼法〉的解释》第一百二十二条的规定，申请有专门知识的人出庭的，申请书中应当载明有专门知识的人的基本情况和申请的目的。

人民法院准许当事人申请的，应当通知双方当事人。

第八十四条 审判人员可以对有专门知识的人进行询问。经法庭准许，当事人可以对有专门知识的人进行询问，当事人各自申请的有专门知识的人可以就案件中的有关问题进行对质。

有专门知识的人不得参与对鉴定意见质证或者就专业问题发表意见之外的法庭审理活动。

五、证据的审核认定

第八十五条 人民法院应当以证据能够证明的案件事实为根据依法作出裁判。

审判人员应当依照法定程序，全面、客观地审核证据，依据法律的规定，遵循法官职业道德，运用逻辑推理和日常生活经验，对证据有无证明力和证明力大小独立进行判断，并公开判断的理由和结果。

第八十六条 当事人对于欺诈、胁迫、恶意串通事实的证明，以及对于口头遗嘱或赠与事实的证明，人民法院确信该待证事实存在的可能性能够排除合理怀疑的，应当认定该事实存在。

与诉讼保全、回避等程序事项有关的事实，人民法院结合当事人的说明及相关证据，认为有关事实存在的可能性较大的，可以认定该事实存在。

第八十七条 审判人员对单一证据可以从下列方面进行审核认定：

（一）证据是否为原件、原物，复制件、复制品与原件、原物是否相符；

（二）证据与本案事实是否相关；

（三）证据的形式、来源是否符合法律规定；

（四）证据的内容是否真实；

（五）证人或者提供证据的人与当事人有无利害关系。

第八十八条 审判人员对案件的全部证据，应当从各证据与案件事实的关联程度、各证据之间的联系等方面进行综合审查判断。

第八十九条 当事人在诉讼过程中认可的证据，人民法院应当予以确认。但法律、司法解释另有规定的除外。

当事人对认可的证据反悔的，参照《最高人民法院关于适用〈中华人民共和国民事诉讼法〉的解释》第二百二十九条的规定处理。

第九十条 下列证据不能单独作为认定案件事实的根据：

（一）当事人的陈述；

（二）无民事行为能力人或者限制民事行为能力人所作的与其年龄、智力状况或者精神健康状况不相当的证言；

（三）与一方当事人或者其代理人有利害关系的证人陈述的证言；

（四）存有疑点的视听资料、电子数据；

（五）无法与原件、原物核对的复制件、复制品。

第九十一条 公文书证的制作者根据文书原件制作的载有部分或者全部内容的副本，与正本具有相同的证明力。

在国家机关存档的文件，其复制件、副本、节录本经档案部门或者制作原本的机关证明其内容与原本一致的，该复制件、副本、节录本具有与原本相同的证明力。

第九十二条 私文书证的真实性，由主张以私文书证证明案件事实的当事人承担举证责任。

私文书证由制作者或者其代理人签名、盖章或捺印的，推定为真实。

私文书证上有删除、涂改、增添或者其他形式瑕疵的，人民法院应当综合案件的具体情况判断其证明力。

第九十三条 人民法院对于电子数据的真实性，应当结合下列因素综合判断：

（一）电子数据的生成、存储、传输所依赖的计算机系统的硬件、软件环境是否完整、可靠；

（二）电子数据的生成、存储、传输所依赖的计算机系统的硬件、软件环境是否处于正常运行状态，或者不处于正常运行状态时对电子数据的生成、存储、传输是否有影响；

（三）电子数据的生成、存储、传输所依赖的计算机系统的硬件、软件环境是否具备有效的防止出错的监测、核查手段；

（四）电子数据是否被完整地保存、传输、提取，保存、传输、提取的方法是否可靠；

（五）电子数据是否在正常的往来活动中形成和存储；

（六）保存、传输、提取电子数据的主体是否适当；

（七）影响电子数据完整性和可靠性的其他因素。

人民法院认为有必要的，可以通过鉴定或者勘验等方法，审查判断电子数据的真实性。

第九十四条 电子数据存在下列情形的，人民法院可以确认其真实性，但有足以反驳的相反证据的除外：

（一）由当事人提交或者保管的于己不利的电子数据；

（二）由记录和保存电子数据的中立第三方平台提供或者确认的；

（三）在正常业务活动中形成的；

（四）以档案管理方式保管的；

（五）以当事人约定的方式保存、传输、提取的。

电子数据的内容经公证机关公证的，人民法院应当确认其真实性，但有相反证据足以推翻的除外。

第九十五条 一方当事人控制证据无正当理由拒不提交，对待证事实负有举证责任的当事人主张该证据的内容不利于控制人的，人民法院可以认定该主张成立。

第九十六条 人民法院认定证人证言，可以通过对证人的智力状况、品德、知识、经验、法律意识和专业技能等的综合分析作出判断。

第九十七条 人民法院应当在裁判文书中阐明证据是否采纳的理由。

对当事人无争议的证据，是否采纳的理由可以不在裁判文书中表述。

六、其　　他

第九十八条 对证人、鉴定人、勘验人的合法权益依法予以保护。

当事人或者其他诉讼参与人伪造、毁灭证据，提供虚假证据，阻止证人作证，指使、贿买、胁迫他人作伪证，或者对证人、鉴定人、勘验人打击报复的，依照民事诉讼法第一百一十条、第一百一十一条的规定进行处罚。

第九十九条 本规定对证据保全没有规定的，参照适用法律、司法解释关于财产保全的规定。

除法律、司法解释另有规定外，对当事人、鉴定人、有专门知识的人的询问参照适用本规定中关于询问证人的规定；关于书证的规定适用于视听资料、电子数据；存储在电子计算机等电子介质中的视听资料，适用电子数据的规定。

第一百条 本规定自2020年5月1日起施行。

本规定公布施行后，最高人民法院以前发布的司法解释与本规定不一致的，不再适用。

《最高人民法院关于民事诉讼证据的若干规定》新旧条文对照表

（左栏**黑体**部分为删除或修改的内容，右栏**黑体**部分为增加或修改的内容）

修　订　前	修　订　后
一、当事人举证	**一、当事人举证**
第一条 原告向人民法院起诉或者被告提出反诉，应当**附有**符合起诉条件的相应的证据**材料**。	**第一条** 原告向人民法院起诉或者被告提出反诉，应当**提供**符合起诉条件的相应的证据。
第二条 当事人对自己提出的诉讼请求所依据的事实或者反驳对方诉讼请求所依据的事实有责任提供证据加以证明。	

续表

修订前	修订后
没有证据或者证据不足以证明当事人的事实主张的，由负有举证责任的当事人承担不利后果。	
第三条 人民法院应当向当事人说明举证的要求及法律后果，促使当事人在合理期限内积极、全面、正确、诚实地完成举证。 当事人因客观原因不能自行收集的证据，可申请人民法院调查收集。	**第二条** 人民法院应当向当事人说明举证的要求及法律后果，促使当事人在合理期限内积极、全面、正确、诚实地完成举证。 当事人因客观原因不能自行收集的证据，可申请人民法院调查收集。
第四条 下列侵权诉讼，按照以下规定承担举证责任： （一）因新产品制造方法发明专利引起的专利侵权诉讼，由制造同样产品的单位或者个人对其产品制造方法不同于专利方法承担举证责任； （二）高度危险作业致人损害的侵权诉讼，由加害人就受害人故意造成损害的事实承担举证责任； （三）因环境污染引起的损害赔偿诉讼，由加害人就法律规定的免责事由及其行为与损害结果之间不存在因果关系承担举证责任； （四）建筑物或者其他设施以及建筑物上的搁置物、悬挂物发生倒塌、脱落、坠落致人损害的侵权诉讼，由所有人或者管理人对其无	

续表

修订前	修订后
过错承担举证责任； （五）饲养动物致人损害的侵权诉讼，由动物饲养人或者管理人就受害人有过错或者第三人有过错承担举证责任； （六）因缺陷产品致人损害的侵权诉讼，由产品的生产者就法律规定的免责事由承担举证责任； （七）因共同危险行为致人损害的侵权诉讼，由实施危险行为的人就其行为与损害结果之间不存在因果关系承担举证责任； （八）因医疗行为引起的侵权诉讼，由医疗机构就医疗行为与损害结果之间不存在因果关系及不存在医疗过错承担举证责任。 有关法律对侵权诉讼的举证责任有特殊规定的，从其规定。	
第五条　在合同纠纷案件中，主张合同关系成立并生效的一方当事人对合同订立和生效的事实承担举证责任；主张合同关系变更、解除、终止、撤销的一方当事人对引起合同关系变动的事实承担举证责任。 对合同是否履行发生争议的，由负有履行义务的当事人承担举证责任。	

续表

修　订　前	修　订　后
对代理权发生争议的，由主张有代理权一方当事人承担举证责任。	
第六条　在劳动争议纠纷案件中，因用人单位作出开除、除名、辞退、解除劳动合同、减少劳动报酬、计算劳动者工作年限等决定而发生劳动争议的，由用人单位负举证责任。	
第七条　在法律没有具体规定，依本规定及其他司法解释无法确定举证责任承担时，人民法院可以根据公平原则和诚实信用原则，综合当事人举证能力等因素确定举证责任的承担。	
第八条第一款　诉讼过程中，一方当事人**对另一方当事人**陈述的**案件**事实明确表示承认的，另一方当事人无需举证。**但涉及身份关系的案件除外。** **第七十四条　诉讼过程中，当事人在起诉状、答辩状、陈述及其委托代理人的代理词中承认的对己方不利的事实和认可的证据，人民法院应当予以确认，但当事人反悔并有相反证据足以推翻的除外。**	**第三条**　**在**诉讼过程中，一方当事人陈述的**于己不利的**事实，或者对于己不利的事实明确表示承认的，另一方当事人无需举证证明。 **在证据交换、询问、调查过程中，或者在起诉状、答辩状、代理词等书面材料中，当事人明确承认于己不利的事实的，适用前款规定。**

续表

修订前	修订后
第八条第二款　对一方当事人陈述的事实，另一方当事人既未表示承认也未否认，经审判人员充分说明并询问后，其仍不明确表示肯定或者否定的，视为对该项事实的承认。	第四条　一方当事人对于另一方当事人主张的于己不利的事实既不承认也不否认，经审判人员说明并询问后，其仍然不明确表示肯定或者否定的，视为对该事实的承认。
第八条第三款　当事人委托代理人参加诉讼的，代理人的承认视为当事人的承认。但未经特别授权的代理人对事实的承认直接导致承认对方诉讼请求的除外。当事人在场但对其代理人的承认不作否认表示的，视为当事人的承认。	第五条　当事人委托诉讼代理人参加诉讼的，除授权委托书明确排除的事项外，诉讼代理人的自认视为当事人的自认。 当事人在场对诉讼代理人的自认明确否认的，不视为自认。
	第六条　普通共同诉讼中，共同诉讼人中一人或者数人作出的自认，对作出自认的当事人发生效力。 必要共同诉讼中，共同诉讼人中一人或者数人作出自认而其他共同诉讼人予以否认的，不发生自认的效力。其他共同诉讼人既不承认也不否认，经审判人员说明并询问后仍然不明确表示意见的，视为全体共同诉讼人的自认。

续表

修 订 前	修 订 后
	第七条　一方当事人对于另一方当事人主张的于己不利的事实有所限制或者附加条件予以承认的，由人民法院综合案件情况决定是否构成自认。
	第八条　《最高人民法院关于适用〈中华人民共和国民事诉讼法〉的解释》第九十六条第一款规定的事实，不适用有关自认的规定。
第八条第四款　当事人在法庭辩论终结前撤回承认并经对方当事人同意，或者有充分证据证明其承认行为是在受胁迫或者重大误解情况下作出且与事实不符的，不能免除对方当事人的举证责任。 **自认的事实与已经查明的事实不符的，人民法院不予确认。**	**第九条　有下列情形之一，当事人在法庭辩论终结前撤销自认的，人民法院应当准许：** **（一）经对方当事人同意的；** **（二）自认是在受胁迫或者重大误解情况下作出的。** **人民法院准许当事人撤销自认的，应当作出口头或者书面裁定。**
第九条　下列事实，当事人无需举证证明： （一）众所周知的事实； **（二）自然规律及定理；** **（三）根据法律规定或者已知事实和日常生活经验法则，能推定出的另一事实；** （四）已为人民法院发生法律效力的裁判所确认的事实；	**第十条**　下列事实，当事人无须举证证明： **（一）自然规律以及定理、定律；** （二）众所周知的事实； （三）根据法律规定推定的事实； **（四）根据已知的事实和日常生活经验法则推定出的另一事实；**

续表

修订前	修订后
（五）已为仲裁机构的生效裁决所确认的事实； **（六）已为有效公证文书所证明的事实。** 前款**（一）、（三）、（四）、（五）、（六）**项，当事人有相反证据足以推翻的除外。	（五）已为仲裁机构的生效裁决所确认的事实； **（六）已为人民法院发生法律效力的裁判所确认的基本事实；** （七）已为有效公证文书所证明的事实。 前款**第二项至第五项事实，当事人有相反证据足以反驳的除外；第六项、第七项事实，**当事人有相反证据足以推翻的除外。
第十条　当事人向人民法院提供证据，应当提供原件或者原物。如需自己保存证据原件、原物或者提供原件、原物确有困难的，可以提供经人民法院核对无异的复制件或者复制品。	**第十一条**　当事人向人民法院提供证据，应当提供原件或者原物。如需自己保存证据原件、原物或者提供原件、原物确有困难的，可以提供经人民法院核对无异的复制件或者复制品。
	第十二条　以动产作为证据的，应当将原物提交人民法院。原物不宜搬移或者不宜保存的，当事人可以提供复制品、影像资料或者其他替代品。 **人民法院在收到当事人提交的动产或者替代品后，应当及时通知双方当事人到人民法院或者保存现场查验。**

续表

修 订 前	修 订 后
	第十三条　当事人以不动产作为证据的，应当向人民法院提供该不动产的影像资料。 人民法院认为有必要的，应当通知双方当事人到场进行查验。
	第十四条　电子数据包括下列信息、电子文件： （一）网页、博客、微博客等网络平台发布的信息； （二）手机短信、电子邮件、即时通信、通讯群组等网络应用服务的通信信息； （三）用户注册信息、身份认证信息、电子交易记录、通信记录、登录日志等信息； （四）文档、图片、音频、视频、数字证书、计算机程序等电子文件； （五）其他以数字化形式存储、处理、传输的能够证明案件事实的信息。
	第十五条　当事人以视听资料作为证据的，应当提供存储该视听资料的原始载体。 当事人以电子数据作为证据的，应当提供原件。电子数据的制作者制作的与原件一致的副本，或者直接来源于电子数据的打印

续表

修　订　前	修　订　后
	件或其他可以显示、识别的输出介质，视为电子数据的原件。
第十一条　当事人向人民法院**提供的证据系在中华人民共和国领域外形成的，该证据应当经所在国公证机关予以证明，并经中华人民共和国驻该国使领馆予以认证，或者履行中华人民共和国与该所在国订立的有关条约中规定的证明手续。** 当事人向人民法院提供的证据是在香港、澳门、台湾地区形成的，应当履行相关的证明手续。	**第十六条**　**当事人提供的公文书证系在中华人民共和国领域外形成的，该证据应当经所在国公证机关证明，或者履行中华人民共和国与该所在国订立的有关条约中规定的证明手续。** **中华人民共和国领域外形成的涉及身份关系的证据，应当经所在国公证机关证明并经中华人民共和国驻该国使领馆认证，或者履行中华人民共和国与该所在国订立的有关条约中规定的证明手续。** 当事人向人民法院提供的证据是在香港、澳门、台湾地区形成的，应当履行相关的证明手续。
第十二条　当事人向人民法院提供外文书证或者外文说明资料，应当附有中文译本。	**第十七条**　当事人向人民法院提供外文书证或者外文说明资料，应当附有中文译本。
第十三条　**对**双方当事人无争议**但涉及国家利益、社会公共利益或者他人合法权益的事实**，人民法院可以责令当事人提供有关证据。	**第十八条**　双方当事人无争议**的事实符合《最高人民法院关于适用〈中华人民共和国民事诉讼法〉的解释》第九十六条第一款规定情形的**，人民法院可以责令当事人提供有关证据。

续表

修　订　前	修　订　后
第十四条　当事人应当对其提交的证据材料逐一分类编号，对证据材料的来源、证明对象和内容作简要说明，签名盖章，注明提交日期，并依照对方当事人人数提出副本。 人民法院收到当事人提交的证据材料，应当出具收据，注明证据的名称、份数和页数以及收到的时间，由经办人员签名或者盖章。	**第十九条**　当事人应当对其提交的证据材料逐一分类编号，对证据材料的来源、证明对象和内容作简要说明，签名盖章，注明提交日期，并依照对方当事人人数提出副本。 人民法院收到当事人提交的证据材料，应当出具收据，注明证据的名称、份数和页数以及收到的时间，由经办人员签名或者盖章。
二、人民法院调查收集证据	**二、证据的调查收集和保全**
第十五条　《民事诉讼法》第六十四条规定的“人民法院认为审理案件需要的证据”，是指以下情形： **（一）涉及可能有损国家利益、社会公共利益或者他人合法权益的事实；** **（二）涉及依职权追加当事人、中止诉讼、终结诉讼、回避等与实体争议无关的程序事项。**	
第十六条　除本规定第十五条规定的情形外，人民法院调查收集证据，应当依当事人的申请进行。	

续表

修 订 前	修 订 后
第十七条　符合下列条件之一的，当事人及其诉讼代理人可以申请人民法院调查收集证据： **（一）申请调查收集的证据属于国家有关部门保存并须人民法院依职权调取的档案材料；** **（二）涉及国家秘密、商业秘密、个人隐私的材料；** **（三）当事人及其诉讼代理人确因客观原因不能自行收集的其他材料。**	
第十八条　当事人及其诉讼代理人申请人民法院调查收集证据，应当提交书面申请。申请书应当载明被调查人的姓名或者单位名称、住所地等基本情况、所要调查收集的证据**的**内容、需要由人民法院调查收集证据的原因及其要证明的事实。 **第十九条　当事人及其诉讼代理人申请人民法院调查收集证据，不得迟于举证期限届满前七日。** **人民法院对当事人及其诉讼代理人的申请不予准许的，应当向当事人或其诉讼代理人送达通知书。当事人及其诉讼代理人可以在收到通知书的次日起三日内向受理申请的人民法院书面申请复议一次。人**	**第二十条**　当事人及其诉讼代理人申请人民法院调查收集证据，应当在**举证期限届满前**提交书面申请。 申请书应当载明被调查人的姓名或者单位名称、住所地等基本情况、所要调查收集的证据**名称或者**内容、需要由人民法院调查收集证据的原因及其要证明的事实**以及明确的线索**。

续表

修　订　前	修　订　后
民法院应当在收到复议申请之日起五日内作出答复。	
第二十条　调查人员调查收集的书证，可以是原件，也可以是经核对无误的副本或者复制件。是副本或者复制件的，应当在调查笔录中说明来源和取证情况。	**第二十一条　人民法院**调查收集的书证，可以是原件，也可以是经核对无误的副本或者复制件。是副本或者复制件的，应当在调查笔录中说明来源和取证情况。
第二十一条　调查人员调查收集的物证应当是原物。被调查人提供原物确有困难的，可以提供复制品或者**照片**。提供复制品或者**照片**的，应当在调查笔录中说明取证情况。	**第二十二条　人民法院**调查收集的物证应当是原物。被调查人提供原物确有困难的，可以提供复制品或者**影像资料**。提供复制品或者**影像资料**的，应当在调查笔录中说明取证情况。
第二十二条　调查人员调查收集计算机数据或者录音、录像等视听资料的，应当要求被调查人提供有关资料的原始载体。提供原始载体确有困难的，可以提供复制件。提供复制件的，调查人员应当在调查笔录中说明其来源和制作经过。	**第二十三条　人民法院调查收集视听资料、电子数据，应当要求被调查人提供原始载体。** **提供原始载体确有困难的，可以提供复制件。提供复制件的，人民法院应当在调查笔录中说明其来源和制作经过。** **人民法院对视听资料、电子数据采取证据保全措施的，适用前款规定。**
	第二十四条　人民法院调查收集可能需要鉴定的证据，应当遵守相关技术规范，确保证据不被污染。

续表

修订前	修订后
第二十三条　当事人依据《民事诉讼法》第七十四条的规定向人民法院申请保全证据，不得迟于举证期限届满前七日。 当事人申请保全证据的，人民法院可以要求其提供相应的担保。 法律、司法解释规定诉前保全证据的，依照其规定办理。	第二十五条　当事人或者利害关系人根据民事诉讼法第八十一条的规定申请证据保全的，申请书应当载明需要保全的证据的基本情况、申请保全的理由以及采取何种保全措施等内容。 当事人根据民事诉讼法第八十一条第一款的规定申请证据保全的，应当在举证期限届满前向人民法院提出。 法律、司法解释对诉前证据保全有规定的，依照其规定办理。
	第二十六条　当事人或者利害关系人申请采取查封、扣押等限制保全标的物使用、流通等保全措施，或者保全可能对证据持有人造成损失的，人民法院应当责令申请人提供相应的担保。 担保方式或者数额由人民法院根据保全措施对证据持有人的影响、保全标的物的价值、当事人或者利害关系人争议的诉讼标的金额等因素综合确定。

续表

修　订　前	修　订　后
第二十四条　人民法院进行证据保全，可以根据具体情况，采取查封、扣押、拍照、录音、录像、复制、鉴定、勘验、制作笔录等方法。 人民法院进行证据保全，可以要求当事人或者诉讼代理人到场。	第二十七条　人民法院进行证据保全，可以要求当事人或者诉讼代理人到场。 **根据当事人的申请和具体情况，人民法院可以采取查封、扣押、录音、录像、复制、鉴定、勘验等方法进行证据保全，并制作笔录。** **在符合证据保全目的的情况下，人民法院应当选择对证据持有人利益影响最小的保全措施。**
	第二十八条　申请证据保全错误造成财产损失，当事人请求申请人承担赔偿责任的，人民法院应予支持。
	第二十九条　人民法院采取诉前证据保全措施后，当事人向其他有管辖权的人民法院提起诉讼的，采取保全措施的人民法院应当根据当事人的申请，将保全的证据及时移交受理案件的人民法院。
	第三十条　人民法院在审理案件过程中认为待证事实需要通过鉴定意见证明的，应当向当事人释明，并指定提出鉴定申请的期间。

续表

修 订 前	修 订 后
	符合《最高人民法院关于适用〈中华人民共和国民事诉讼法〉的解释》第九十六条第一款规定情形的，人民法院应当依职权委托鉴定。
第二十五条　当事人申请鉴定，应当在举证期限内提出。符合本规定第二十七条规定的情形，当事人申请重新鉴定的除外。 对需要鉴定的事项负有举证责任的当事人，在人民法院指定的期限内无正当理由不提出鉴定申请或者不预交鉴定费用或者拒不提供相关材料，致使对案件争议的事实无法通过鉴定结论予以认定的，应当对该事实承担举证不能的法律后果。	第三十一条　当事人申请鉴定，应当在人民法院指定期间内提出，并预交鉴定费用。逾期不提出申请或者不预交鉴定费用的，视为放弃申请。 对需要鉴定的待证事实负有举证责任的当事人，在人民法院指定期间内无正当理由不提出鉴定申请或者不预交鉴定费用，或者拒不提供相关材料，致使待证事实无法查明的，应当承担举证不能的法律后果。
第二十六条　当事人申请鉴定经人民法院同意后，由双方当事人协商确定有鉴定资格的鉴定机构、鉴定人员，协商不成的，由人民法院指定。	第三十二条　人民法院准许鉴定申请的，应当组织双方当事人协商确定具备相应资格的鉴定人。当事人协商不成的，由人民法院指定。 人民法院依职权委托鉴定的，可以在询问当事人的意见后，指定具备相应资格的鉴定人。 人民法院在确定鉴定人后应当出具委托书，委托书中应当载明鉴定事项、鉴定范围、鉴定目的和鉴定期限。

续表

修订前	修订后
	第三十三条　鉴定开始之前，人民法院应当要求鉴定人签署承诺书。承诺书中应当载明鉴定人保证客观、公正、诚实地进行鉴定，保证出庭作证，如作虚假鉴定应当承担法律责任等内容。 鉴定人故意作虚假鉴定的，人民法院应当责令其退还鉴定费用，并根据情节，依照民事诉讼法第一百一十一条的规定进行处罚。
	第三十四条　人民法院应当组织当事人对鉴定材料进行质证。未经质证的材料，不得作为鉴定的根据。 经人民法院准许，鉴定人可以调取证据、勘验物证和现场、询问当事人或者证人。
	第三十五条　鉴定人应当在人民法院确定的期限内完成鉴定，并提交鉴定书。 鉴定人无正当理由未按期提交鉴定书的，当事人可以申请人民法院另行委托鉴定人进行鉴定。人民法院准许的，原鉴定人已经收取的鉴定费用应当退还；拒不退还的，依照本规定第八十一条第二款的规定处理。

续表

修　订　前	修　订　后
第二十九条　审判人员对鉴定人出具的鉴定书，应当审查是否具有下列内容： **（一）委托人姓名或者名称、委托鉴定的内容；** **（二）委托鉴定的材料；** **（三）鉴定的依据及使用的科学技术手段；** （四）对鉴定过程的说明； **（五）明确的鉴定结论；** **（六）对鉴定人鉴定资格的说明；** **（七）鉴定人员及鉴定机构签名盖章。**	**第三十六条　人民法院**对鉴定人出具的鉴定书，应当审查是否具有下列内容： （一）**委托法院的名称；** **（二）委托鉴定的内容、要求；** **（三）鉴定材料；** **（四）鉴定所依据的原理、方法；** （五）对鉴定过程的说明； **（六）鉴定意见；** （七）**承诺书。** **鉴定书应当由鉴定人签名或者盖章，并附鉴定人的相应资格证明。委托机构鉴定的，鉴定书应当由鉴定机构盖章，并由从事鉴定的人员签名。**
	第三十七条　人民法院收到鉴定书后，应当及时将副本送交当事人。 **当事人对鉴定书的内容有异议的，应当在人民法院指定期间内以书面方式提出。** **对于当事人的异议，人民法院应当要求鉴定人作出解释、说明或者补充。人民法院认为有必要的，可以要求鉴定人对当事人未提出异议的内容进行解释、说明或者补充。**

续表

修　订　前	修　订　后
	第三十八条　当事人在收到鉴定人的书面答复后仍有异议的，人民法院应当根据《诉讼费用交纳办法》第十一条的规定，通知有异议的当事人预交鉴定人出庭费用，并通知鉴定人出庭。有异议的当事人不预交鉴定人出庭费用的，视为放弃异议。 双方当事人对鉴定意见均有异议的，分摊预交鉴定人出庭费用。
	第三十九条　鉴定人出庭费用按照证人出庭作证费用的标准计算，由败诉的当事人负担。因鉴定意见不明确或者有瑕疵需要鉴定人出庭的，出庭费用由其自行负担。 人民法院委托鉴定时已经确定鉴定人出庭费用包含在鉴定费用中的，不再通知当事人预交。
第二十七条　当事人对人民法院委托的鉴定部门作出的鉴定结论有异议申请重新鉴定，提出证据证明存在下列情形之一的，人民法院应予准许： （一）鉴定机构或者鉴定人员不具备相关的鉴定资格的； （二）鉴定程序严重违法的；	第四十条　当事人申请重新鉴定，存在下列情形之一的，人民法院应当准许： （一）鉴定人不具备相应资格的； （二）鉴定程序严重违法的； （三）鉴定意见明显依据不足的；

续表

修　订　前	修　订　后
（三）鉴定结论明显依据不足的； （四）经过质证认定不能作为证据使用的其他情形。 对有缺陷的鉴定结论，可以通过补充鉴定、重新质证或者补充质证等方法解决的，不予重新鉴定。	（四）鉴定意见不能作为证据使用的其他情形。 存在前款第一项至第三项情形的，鉴定人已经收取的鉴定费用应当退还。拒不退还的，依照本规定第八十一条第二款的规定处理。 对鉴定意见的瑕疵，可以通过补正、补充鉴定或者补充质证、重新质证等方法解决的，人民法院不予准许重新鉴定的申请。 重新鉴定的，原鉴定意见不得作为认定案件事实的根据。
第二十八条　一方当事人自行委托**有关部门**作出的鉴定结论，另一方当事人有证据足以反驳并申请重新鉴定的，人民法院应予准许。	**第四十一条**　对于一方当事人**就专门性问题**自行委托**有关机构或者人员**出具的意见，另一方当事人有证据**或者理由**足以反驳并申请鉴定的，人民法院应予准许。
	第四十二条　鉴定意见被采信后，鉴定人无正当理由撤销鉴定意见的，人民法院应当责令其退还鉴定费用，并可以根据情节，依照民事诉讼法第一百一十一条的规定对鉴定人进行处罚。当事人主张鉴定人负担由此增加的合理费用的，人民法院应予支持。 人民法院采信鉴定意见后准许鉴定人撤销的，应当责令其退还鉴定费用。

续表

修订前	修订后
第三十条 人民法院勘验物证或者现场，应当制作笔录，记录勘验的时间、地点、勘验人、在场人、勘验的经过、结果，由勘验人、在场人签名或者盖章。对于绘制的现场图应当注明绘制的时间、方位、测绘人姓名、身份等内容。	**第四十三条 人民法院应当在勘验前将勘验的时间和地点通知当事人。当事人不参加的，不影响勘验进行。** **当事人可以就勘验事项向人民法院进行解释和说明，可以请求人民法院注意勘验中的重要事项。** 人民法院勘验物证或者现场，应当制作笔录，记录勘验的时间、地点、勘验人、在场人、勘验的经过、结果，由勘验人、在场人签名或者盖章。对于绘制的现场图应当注明绘制的时间、方位、测绘人姓名、身份等内容。
第三十一条 摘录有关单位制作的与案件事实相关的文件、材料，应当注明出处，并加盖制作单位或者保管单位的印章，摘录人和其他调查人员应当在摘录件上签名或者盖章。 摘录文件、材料应当保持内容相应的完整性，**不得断章取义。**	**第四十四条** 摘录有关单位制作的与案件事实相关的文件、材料，应当注明出处，并加盖制作单位或者保管单位的印章，摘录人和其他调查人员应当在摘录件上签名或者盖章。 摘录文件、材料应当保持内容相应的完整性。

续表

修订前	修订后
	第四十五条　当事人根据《最高人民法院关于适用〈中华人民共和国民事诉讼法〉的解释》第一百一十二条的规定申请人民法院责令对方当事人提交书证的，申请书应当载明所申请提交的书证名称或者内容、需要以该书证证明的事实及事实的重要性、对方当事人控制该书证的根据以及应当提交该书证的理由。 对方当事人否认控制书证的，人民法院应当根据法律规定、习惯等因素，结合案件的事实、证据，对于书证是否在对方当事人控制之下的事实作出综合判断。
	第四十六条　人民法院对当事人提交书证的申请进行审查时，应当听取对方当事人的意见，必要时可以要求双方当事人提供证据、进行辩论。 当事人申请提交的书证不明确、书证对于待证事实的证明无必要、待证事实对于裁判结果无实质性影响、书证未在对方当事人控制之下或者不符合本规定第四十七条情形的，人民法院不予准许。 当事人申请理由成立的，人

续表

修 订 前	修 订 后
	民法院应当作出裁定，责令对方当事人提交书证；理由不成立的，通知申请人。
	第四十七条　下列情形，控制书证的当事人应当提交书证： （一）控制书证的当事人在诉讼中曾经引用过的书证； （二）为对方当事人的利益制作的书证； （三）对方当事人依照法律规定有权查阅、获取的书证； （四）账簿、记账原始凭证； （五）人民法院认为应当提交书证的其他情形。 前款所列书证，涉及国家秘密、商业秘密、当事人或第三人的隐私，或者存在法律规定应当保密的情形的，提交后不得公开质证。
	第四十八条　控制书证的当事人无正当理由拒不提交书证的，人民法院可以认定对方当事人所主张的书证内容为真实。 控制书证的当事人存在《最高人民法院关于适用〈中华人民共和国民事诉讼法〉的解释》第一百一十三条规定情形的，人民法院可以认定对方当事人主张以该书证证明的事实为真实。

续表

修订前	修订后
三、举证时限与证据交换	三、举证时限与证据交换
第三十二条 被告应当在答辩期届满前提出书面答辩，阐明其对原告诉讼请求及所依据的事实和理由的意见。	**第四十九条** 被告应当在答辩期届满前提出书面答辩，阐明其对原告诉讼请求及所依据的事实和理由的意见。
第三十三条第一款 人民法院应当在**送达案件受理通知书和应诉通知书的同时**向当事人送达举证通知书。举证通知书应当载明举证责任的分配原则与要求、可以向人民法院申请调查取证的情形、人民法院根据案件情况指定的举证期限以及逾期提供证据的法律后果。	**第五十条** 人民法院应**当在审理前的准备阶段**向当事人送达举证通知书。 举证通知书应当载明举证责任的分配原则和要求、可以向人民法院申请调查**收集证据**的情形、人民法院根据案件情况指定的举证期限以及逾期提供证据的法律后果**等内容**。
第三十三条第二款 举证期限可以由当事人协商一致，并经人民法院**认可**。 **第三十三条第三款 由人民法院指定举证期限的，指定的期限不得少于三十日，自当事人收到案件受理通知书和应诉通知书的次日起计算。**	**第五十一条** 举证期限可以由当事人协商，并经人民法院**准许**。 **人民法院指定举证期限的，适用第一审普通程序审理的案件不得少于十五日，当事人提供新的证据的第二审案件不得少于十日。适用简易程序审理的案件不得超过十五日，小额诉讼案件的举证期限一般不得超过七日。** **举证期限届满后，当事人提供反驳证据或者对已经提供的证据的来源、形式等方面的瑕疵进**

续表

修订前	修订后
	行补正的，人民法院可以酌情再次确定举证期限，该期限不受前款规定的期间限制。
第三十四条　当事人应当在举证期限内向人民法院提交证据材料，当事人在举证期限内不提交的，视为放弃举证权利。 对于当事人逾期提交的证据材料，人民法院审理时不组织质证。但对方当事人同意质证的除外。 当事人增加、变更诉讼请求或者提起反诉的，应当在举证期限届满前提出。	
	第五十二条　当事人在举证期限内提供证据存在客观障碍，属于民事诉讼法第六十五条第二款规定的“当事人在该期限内提供证据确有困难”的情形。 前款情形，人民法院应当根据当事人的举证能力、不能在举证期限内提供证据的原因等因素综合判断。必要时，可以听取对方当事人的意见。

续表

修　订　前	修　订　后
第三十五条　诉讼过程中，当事人主张的法律关系的性质或者民事行为的效力与人民法院根据案件事实作出的认定不一致的，**不受本规定第三十四条规定的限制，人民法院应当告知当事人可以变更诉讼请求。** **当事人变更诉讼请求的，人民法院应当重新指定举证期限。**	**第五十三条**　诉讼过程中，当事人主张的法律关系性质或者民事行为效力与人民法院根据案件事实作出的认定不一致的，**人民法院应当将法律关系性质或者民事行为效力作为焦点问题进行审理。但法律关系性质对裁判理由及结果没有影响，或者有关问题已经当事人充分辩论的除外。** **存在前款情形，当事人根据法庭审理情况变更诉讼请求的，人民法院应当准许并可以根据案件的具体情况重新指定举证期限。**
第三十六条　当事人在举证期限内提交证据材料确有困难的，应当在举证期限内向人民法院申请延期举证，经人民法院准许，可以适当延长举证期限。当事人在延长的举证期限内提交证据材料仍有困难的，可以再次提出延期申请，是否准许由人民法院决定。	**第五十四条　当事人申请延长举证期限的，应当在举证期限届满前向人民法院提出书面申请。** **申请理由成立的，人民法院应当准许，适当延长举证期限，并通知其他当事人。延长的举证期限适用于其他当事人。** **申请理由不成立的，人民法院不予准许，并通知申请人。**
	第五十五条　存在下列情形的，举证期限按照如下方式确定： **（一）当事人依照民事诉讼法第一百二十七条规定提出管辖权异议的，举证期限中止，自驳回管辖权异议的裁定生效之日起**

修　订　前	修　订　后
	恢复计算； （二）追加当事人、有独立请求权的第三人参加诉讼或者无独立请求权的第三人经人民法院通知参加诉讼的，人民法院应当依照本规定第五十一条的规定为新参加诉讼的当事人确定举证期限，该举证期限适用于其他当事人； （三）发回重审的案件，第一审人民法院可以结合案件具体情况和发回重审的原因，酌情确定举证期限； （四）当事人增加、变更诉讼请求或者提出反诉的，人民法院应当根据案件具体情况重新确定举证期限； （五）公告送达的，举证期限自公告期届满之次日起计算。
第三十七条　经当事人申请，人民法院可以组织当事人在开庭审理前交换证据。 人民法院对于证据较多或者复杂疑难的案件，应当组织当事人在答辩期届满后、开庭审理前交换证据。	

修　订　前	修　订　后
第三十八条　交换证据的时间可以由当事人协商一致并经人民法院认可，也可以由人民法院指定。 **人民法院组织当事人交换证据的，交换证据之日举证期限届满。**当事人申请延期举证经人民法院准许的，证据交换日相应顺延。	**第五十六条　人民法院依照民事诉讼法第一百三十三条第四项的规定，通过组织证据交换进行审理前准备的，证据交换之日举证期限届满。** 证据交换的时间可以由当事人协商一致并经人民法院认可，也可以由人民法院指定。当事人申请延期举证经人民法院准许的，证据交换日相应顺延。
第三十九条　证据交换应当在审判人员的主持下进行。 在证据交换的过程中，审判人员对当事人无异议的事实、证据应当记录在卷；对有异议的证据，按照需要证明的事实分类记录在卷，并记载异议的理由。通过证据交换，确定双方当事人争议的主要问题。	**第五十七条**　证据交换应当在审判人员的主持下进行。 在证据交换的过程中，审判人员对当事人无异议的事实、证据应当记录在卷；对有异议的证据，按照需要证明的事实分类记录在卷，并记载异议的理由。通过证据交换，确定双方当事人争议的主要问题。
第四十条　当事人收到对方交换的证据后提出反驳并提出新证据的，人民法院应当通知当事人在指定的时间进行交换。 **证据交换一般不超过两次。但重大、疑难和案情特别复杂的案件，人民法院认为确有必要再次进行证据交换的除外。**	**第五十八条　当事人收到对方的证据后有反驳证据需要提交的，人民法院应当再次组织证据交换。**

续表

修 订 前	修 订 后
第四十一条 《民事诉讼法》第一百二十五条第一款规定的“新的证据”，是指以下情形： （一）一审程序中的新的证据包括：当事人在一审举证期限届满后新发现的证据；当事人确因客观原因无法在举证期限内提供，经人民法院准许，在延长的期限内仍无法提供的证据； （二）二审程序中的新的证据包括：一审庭审结束后新发现的证据；当事人在一审举证期限届满前申请人民法院调查取证未获准许，二审法院经审查认为应当准许并依当事人申请调取的证据。 第四十二条 当事人在一审程序中提供新的证据的，应当在一审开庭前或者开庭审理时提出。 当事人在二审程序中提供新的证据的，应当在二审开庭前或者开庭审理时提出；二审不需要开庭审理的，应当在人民法院指定的期限内提出。 第四十三条 当事人举证期限届满后提供的证据不是新的证据的，人民法院不予采纳。 当事人经人民法院准许延期举证，但因客观原因未能在准许的期	

续表

修　订　前	修　订　后
限内提供，且不审理该证据可能导致裁判明显不公的，其提供的证据可视为新的证据。 第四十四条　《民事诉讼法》第一百七十九条第一款第（一）项规定的“新的证据”，是指原审庭审结束后新发现的证据。 当事人在再审程序中提供新的证据的，应当在申请再审时提出。 第四十五条　一方当事人提出新的证据的，人民法院应当通知对方当事人在合理期限内提出意见或者举证。 第四十六条　由于当事人的原因未能在指定期限内举证，致使案件在二审或者再审期间因提出新的证据被人民法院发回重审或者改判的，原审裁判不属于错误裁判案件。一方当事人请求提出新的证据的另一方当事人负担由此增加的差旅、误工、证人出庭作证、诉讼等合理费用以及由此扩大的直接损失，人民法院应予支持。	
	第五十九条　人民法院对逾期提供证据的当事人处以罚款的，可以结合当事人逾期提供证据的主观过错程度、导致诉讼迟延的情况、诉讼标的金额等因素，确定罚款数额。

续表

修　订　前	修　订　后
四、质　　证	四、质　　证
第四十七条　证据应当在法庭上出示，由当事人质证。未经质证的证据，不能作为认定案件事实的依据。 **当事人在证据交换过程中认可并记录在卷的证据，经审判人员在庭审中说明后，可以作为认定案件事实的依据。**	**第六十条　当事人在审理前的准备阶段或者人民法院调查、询问过程中发表过质证意见的证据，视为质证过的证据。** **当事人要求以书面方式发表质证意见，人民法院在听取对方当事人意见后认为有必要的，可以准许。人民法院应当及时将书面质证意见送交对方当事人。**
第四十八条　涉及国家秘密、商业秘密和个人隐私或者法律规定的其他应当保密的证据，不得在开庭时公开质证。	
第四十九条　对书证、物证、视听资料进行质证时，当事人**有权要求**出示证据的原件或者原物。但有下列情况之一的除外： （一）出示原件或者原物确有困难并经人民法院准许出示复制件或者复制品的； （二）原件或者原物已不存在，但有证据证明复制件、复制品与原件或原物一致的。	**第六十一条**　对书证、物证、视听资料进行质证时，当事人**应当**出示证据的原件或者原物。但有下列情形之一的除外： （一）出示原件或者原物确有困难并经人民法院准许出示复制件或者复制品的； （二）原件或者原物已不存在，但有证据证明复制件、复制品与原件或者原物一致的。

续表

修订前	修订后
第五十条　质证时，当事人应当围绕证据的真实性、关联性、合法性，针对证据证明力有无以及证明力大小，进行质疑、说明与辩驳。	
第五十一条　质证按下列顺序进行： （一）原告出示证据，被告、第三人与原告进行质证； （二）被告出示证据，原告、第三人与被告进行质证； （三）第三人出示证据，原告、被告与第三人进行质证。 **人民法院依照当事人申请调查收集的证据，作为提出申请的一方当事人提供的证据。** **人民法院依照职权调查收集的证据应当在庭审时出示，听取当事人意见，并可就调查收集该证据的情况予以说明。**	**第六十二条**　质证**一般**按下列顺序进行： （一）原告出示证据，被告、第三人与原告进行质证； （二）被告出示证据，原告、第三人与被告进行质证； （三）第三人出示证据，原告、被告与第三人进行质证。 **人民法院根据当事人申请调查收集的证据，审判人员对调查收集证据的情况进行说明后，由提出申请的当事人与对方当事人、第三人进行质证。** **人民法院依职权调查收集的证据，由审判人员对调查收集证据的情况进行说明后，听取当事人的意见。**
第五十二条　案件有两个以上独立的诉讼请求的，当事人可以逐个出示证据进行质证。	

续表

修订前	修订后
	第六十三条　当事人应当就案件事实作真实、完整的陈述。 当事人的陈述与此前陈述不一致的，人民法院应当责令其说明理由，并结合当事人的诉讼能力、证据和案件具体情况进行审查认定。 当事人故意作虚假陈述妨碍人民法院审理的，人民法院应当根据情节，依照民事诉讼法第一百一十一条的规定进行处罚。
	第六十四条　人民法院认为有必要的，可以要求当事人本人到场，就案件的有关事实接受询问。 人民法院要求当事人到场接受询问的，应当通知当事人询问的时间、地点、拒不到场的后果等内容。
	第六十五条　人民法院应当在询问前责令当事人签署保证书并宣读保证书的内容。 保证书应当载明保证据实陈述，绝无隐瞒、歪曲、增减，如有虚假陈述应当接受处罚等内容。当事人应当在保证书上签名、捺印。 当事人有正当理由不能宣读保证书的，由书记员宣读并进行说明。

续表

修　订　前	修　订　后
	第六十六条　当事人无正当理由拒不到场、拒不签署或宣读保证书或者拒不接受询问的，人民法院应当综合案件情况，判断待证事实的真伪。待证事实无其他证据证明的，人民法院应当作出不利于该当事人的认定。
第五十三条　不能正确表达意志的人，不能作为证人。 待证事实与其年龄、智力状况或者精神健康状况相适应的无民事行为能力人和限制民事行为能力人，可以作为证人。	第六十七条　不能正确表达意思的人，不能作为证人。 待证事实与其年龄、智力状况或者精神健康状况相适应的无民事行为能力人和限制民事行为能力人，可以作为证人。
第五十五条　证人应当出庭作证，接受当事人的质询。 证人在人民法院组织双方当事人交换证据时出席陈述证言的，可视为出庭作证。	第六十八条　人民法院应当要求证人出庭作证，接受审判人员和当事人的询问。证人在审理前的准备阶段或者人民法院调查、询问等双方当事人在场时陈述证言的，视为出庭作证。 双方当事人同意证人以其他方式作证并经人民法院准许的，证人可以不出庭作证。 无正当理由未出庭的证人以书面等方式提供的证言，不得作为认定案件事实的根据。

修　订　前	修　订　后
	第六十九条　当事人申请证人出庭作证的，应当在举证期限届满前向人民法院提交申请书。 申请书应当载明证人的姓名、职业、住所、联系方式，作证的主要内容，作证内容与待证事实的关联性，以及证人出庭作证的必要性。 符合《最高人民法院关于适用〈中华人民共和国民事诉讼法〉的解释》第九十六条第一款规定情形的，人民法院应当依职权通知证人出庭作证。
第五十四条　当事人申请证人出庭作证，应当在举证期限届满十日前提出，并经人民法院许可。 人民法院对当事人的申请予以准许的，应当在开庭审理前通知证人出庭作证，并告知其应当如实作证及作伪证的法律后果。 证人因出庭作证而支出的合理费用，由提供证人的一方当事人先行支付，由败诉一方当事人承担。	第七十条　人民法院准许证人出庭作证申请的，应当向证人送达通知书并告知双方当事人。通知书中应当载明证人作证的时间、地点，作证的事项、要求以及作伪证的法律后果等内容。 当事人申请证人出庭作证的事项与待证事实无关，或者没有通知证人出庭作证必要的，人民法院不予准许当事人的申请。

续表

修 订 前	修 订 后
	第七十一条　人民法院应当要求证人在作证之前签署保证书，并在法庭上宣读保证书的内容。但无民事行为能力人和限制民事行为能力人作为证人的除外。 证人确有正当理由不能宣读保证书的，由书记员代为宣读并进行说明。 证人拒绝签署或者宣读保证书的，不得作证，并自行承担相关费用。 证人保证书的内容适用当事人保证书的规定。
第五十六条　《民事诉讼法》第七十条规定的“证人确有困难不能出庭”，是指有下列情形： （一）年迈体弱或者行动不便无法出庭的； （二）特殊岗位确实无法离开的； （三）路途特别遥远，交通不便难以出庭的； （四）因自然灾害等不可抗力的原因无法出庭的； （五）其他无法出庭的特殊情况。 前款情形，经人民法院许可，证人可以提交书面证言或者视听资	

续表

修　订　前	修　订　后
料或者通过双向视听传输技术手段作证。	
第五十七条　出庭作证的证人应当客观陈述其亲身感知的事实。证人为聋哑人的，可以其他表达方式作证。 证人作证时，不得使用猜测、推断或者评论性的语言。	第七十二条　证人应当客观陈述其亲身感知的事实，作证时不得使用猜测、推断或者评论性语言。 证人作证前不得旁听法庭审理，作证时不得以宣读事先准备的书面材料的方式陈述证言。 证人言辞表达有障碍的，可以通过其他表达方式作证。
	第七十三条　证人应当就其作证的事项进行连续陈述。 当事人及其法定代理人、诉讼代理人或者旁听人员干扰证人陈述的，人民法院应当及时制止，必要时可以依照民事诉讼法第一百一十条的规定进行处罚。
第五十八条　审判人员和当事人可以对证人进行询问。证人不得旁听法庭审理；询问证人时，其他证人不得在场。人民法院认为有必要的，可以让证人进行对质。	第七十四条　审判人员可以对证人进行询问。当事人及其诉讼代理人经审判人员许可后可以询问证人。 询问证人时其他证人不得在场。 人民法院认为有必要的，可以要求证人之间进行对质。

续表

修　订　前	修　订　后
	第七十五条　证人出庭作证后，可以向人民法院申请支付证人出庭作证费用。证人有困难需要预先支取出庭作证费用的，人民法院可以根据证人的申请在出庭作证前支付。
	第七十六条　证人确有困难不能出庭作证，申请以书面证言、视听传输技术或者视听资料等方式作证的，应当向人民法院提交申请书。申请书中应当载明不能出庭的具体原因。 符合民事诉讼法第七十三条规定情形的，人民法院应当准许。
	第七十七条　证人经人民法院准许，以书面证言方式作证的，应当签署保证书；以视听传输技术或者视听资料方式作证的，应当签署保证书并宣读保证书的内容。
	第七十八条　当事人及其诉讼代理人对证人的询问与待证事实无关，或者存在威胁、侮辱证人或不适当引导等情形的，审判人员应当及时制止。必要时可以依照民事诉讼法第一百一十条、第一百一十一条的规定进行处罚。

续表

修　订　前	修　订　后
	证人故意作虚假陈述，诉讼参与人或者其他人以暴力、威胁、贿买等方法妨碍证人作证，或者在证人作证后以侮辱、诽谤、诬陷、恐吓、殴打等方式对证人打击报复的，人民法院应当根据情节，依照民事诉讼法第一百一十一条的规定，对行为人进行处罚。
	第七十九条　鉴定人依照民事诉讼法第七十八条的规定出庭作证的，人民法院应当在开庭审理三日前将出庭的时间、地点及要求通知鉴定人。 委托机构鉴定的，应当由从事鉴定的人员代表机构出庭。
第五十九条　鉴定人应当出庭接受当事人质询。 鉴定人确因特殊原因无法出庭的，经人民法院准许，可以书面答复当事人的质询。	第八十条　鉴定人应当就鉴定事项如实答复当事人的异议和审判人员的询问。当庭答复确有困难的，经人民法院准许，可以在庭审结束后书面答复。 人民法院应当及时将书面答复送交当事人，并听取当事人的意见。必要时，可以再次组织质证。

修订前	修订后
	第八十一条　鉴定人拒不出庭作证的，鉴定意见不得作为认定案件事实的根据。人民法院应当建议有关主管部门或者组织对拒不出庭作证的鉴定人予以处罚。 当事人要求退还鉴定费用的，人民法院应当在三日内作出裁定，责令鉴定人退还；拒不退还的，由人民法院依法执行。 当事人因鉴定人拒不出庭作证申请重新鉴定的，人民法院应当准许。
第六十条　经法庭许可，当事人可以向证人、鉴定人、勘验人发问。 询问证人、鉴定人、勘验人不得使用威胁、侮辱及不适当引导证人的言语和方式。	第八十二条　经法庭许可，当事人可以询问鉴定人、勘验人。 询问鉴定人、勘验人不得使用威胁、侮辱等不适当的言语和方式。
第六十一条　当事人可以向人民法院申请由一至二名具有专门知识的人员出庭就案件的专门性问题进行说明。人民法院准许其申请的，有关费用由提出申请的当事人负担。 审判人员和当事人可以对出庭的具有专门知识的人员进行询问。 经人民法院准许，可以由当事人各自申请的具有专门知识的人员就有案件中的问题进行对质。	

续表

修订前	修订后
具有专门知识的人员可以对鉴定人进行询问。	
	第八十三条　当事人依照民事诉讼法第七十九条和《最高人民法院关于适用〈中华人民共和国民事诉讼法〉的解释》第一百二十二条的规定，申请有专门知识的人出庭的，申请书中应当载明有专门知识的人的基本情况和申请的目的。 人民法院准许当事人申请的，应当通知双方当事人。
	第八十四条　审判人员可以对有专门知识的人进行询问。经法庭准许，当事人可以对有专门知识的人进行询问，当事人各自申请的有专门知识的人可以就案件中的有关问题进行对质。 有专门知识的人不得参与对鉴定意见质证或者就专业问题发表意见之外的法庭审理活动。
第六十二条　法庭应当将当事人的质证情况记入笔录，并由当事人核对后签名或者盖章。	

续表

修 订 前	修 订 后
五、证据的审核认定	**五、证据的审核认定**
第六十三条　人民法院应当以证据能够证明的案件事实为**依据**依法作出裁判。 **第六十四条**　审判人员应当依照法定程序，全面、客观地审核证据，依据法律的规定，遵循法官职业道德，运用逻辑推理和日常生活经验，对证据有无证明力和证明力大小独立进行判断，并公开判断的理由和结果。	**第八十五条**　人民法院应当以证据能够证明的案件事实为**根据**依法作出裁判。 审判人员应当依照法定程序，全面、客观地审核证据，依据法律的规定，遵循法官职业道德，运用逻辑推理和日常生活经验，对证据有无证明力和证明力大小独立进行判断，并公开判断的理由和结果。
	第八十六条　当事人对于欺诈、胁迫、恶意串通事实的证明，以及对于口头遗嘱或赠与事实的证明，人民法院确信该待证事实存在的可能性能够排除合理怀疑的，应当认定该事实存在。 **与诉讼保全、回避等程序事项有关的事实，人民法院结合当事人的说明及相关证据，认为有关事实存在的可能性较大的，可以认定该事实存在。**

续表

修 订 前	修 订 后
第六十五条 审判人员对单一证据可以从下列方面进行审核认定： （一）证据是否原件、原物，**复印件**、复制品与原件、原物是否相符； （二）证据与本案事实是否相关； （三）证据的形式、来源是否符合法律规定； （四）证据的内容是否真实； （五）证人或者提供证据的人，与当事人有无利害关系。	**第八十七条** 审判人员对单一证据可以从下列方面进行审核认定： （一）证据是否**为**原件、原物，**复制件**、复制品与原件、原物是否相符； （二）证据与本案事实是否相关； （三）证据的形式、来源是否符合法律规定； （四）证据的内容是否真实； （五）证人或者提供证据的人与当事人有无利害关系。
第六十六条 审判人员对案件的全部证据，应当从各证据与案件事实的关联程度、各证据之间的联系等方面进行综合审查判断。	**第八十八条** 审判人员对案件的全部证据，应当从各证据与案件事实的关联程度、各证据之间的联系等方面进行综合审查判断。
	第八十九条　当事人在诉讼过程中认可的证据，人民法院应当予以确认。但法律、司法解释另有规定的除外。 **当事人对认可的证据反悔的，参照《最高人民法院关于适用〈中华人民共和国民事诉讼法〉的解释》第二百二十九条的规定处理。**

续表

修 订 前	修 订 后
第六十七条 在诉讼中，当事人为达成调解协议或者和解的目的作出妥协所涉及的对案件事实的认可，不得在其后的诉讼中作为对其不利的证据。	
第六十八条 以侵害他人合法权益或者违反法律禁止性规定的方法取得的证据，不能作为认定案件事实的依据。	
第六十九条 下列证据不能单独作为认定案件事实的**依据**： **（一）未成年人所作的与其年龄和智力状况不相当的证言；** （二）与一方当事人或者其代理人有利害关系的证人**出具**的证言； （三）存有疑点的视听资料； （四）无法与原件、原物核对的**复印件**、复制品； **（五）无正当理由未出庭作证的证人证言。**	**第九十条** 下列证据不能单独作为认定案件事实的**根据**： **（一）当事人的陈述；** **（二）无民事行为能力人或者限制民事行为能力人所作的与其年龄、智力状况或者精神健康状况不相当的证言；** （三）与一方当事人或者其代理人有利害关系的证人**陈述**的证言； （四）存有疑点的视听资料、**电子数据；** （五）无法与原件、原物核对的**复制件**、复制品。
	第九十一条 公文书证的制作者根据文书原件制作的载有部分或者全部内容的副本，与正本具有相同的证明力。

续表

修订前	修订后
	在国家机关存档的文件，其复制件、副本、节录本经档案部门或者制作原本的机关证明其内容与原本一致的，该复制件、副本、节录本具有与原本相同的证明力。
	第九十二条　私文书证的真实性，由主张以私文书证证明案件事实的当事人承担举证责任。 私文书证由制作者或者其代理人签名、盖章或捺印的，推定为真实。 私文书证上有删除、涂改、增添或者其他形式瑕疵的，人民法院应当综合案件的具体情况判断其证明力。
	第九十三条　人民法院对于电子数据的真实性，应当结合下列因素综合判断： （一）电子数据的生成、存储、传输所依赖的计算机系统的硬件、软件环境是否完整、可靠； （二）电子数据的生成、存储、传输所依赖的计算机系统的硬件、软件环境是否处于正常运行状态，或者不处于正常运行状态时对电子数据的生成、存储、传输是否有影响；

续表

修订前	修订后
	（三）电子数据的生成、存储、传输所依赖的计算机系统的硬件、软件环境是否具备有效的防止出错的监测、核查手段； （四）电子数据是否被完整地保存、传输、提取，保存、传输、提取的方法是否可靠； （五）电子数据是否在正常的往来活动中形成和存储； （六）保存、传输、提取电子数据的主体是否适当； （七）影响电子数据完整性和可靠性的其他因素。 人民法院认为有必要的，可以通过鉴定或者勘验等方法，审查判断电子数据的真实性。
	第九十四条　电子数据存在下列情形的，人民法院可以确认其真实性，但有足以反驳的相反证据的除外： （一）由当事人提交或者保管的于己不利的电子数据； （二）由记录和保存电子数据的中立第三方平台提供或者确认的； （三）在正常业务活动中形成的； （四）以档案管理方式保管的；

续表

修订前	修订后
	（五）以当事人约定的方式保存、传输、提取的。 电子数据的内容经公证机关公证的，人民法院应当确认其真实性，但有相反证据足以推翻的除外。
第七十条　一方当事人提出的下列证据，对方当事人提出异议但没有足以反驳的相反证据的，人民法院应当确认其证明力： （一）书证原件或者与书证原件核对无误的复印件、照片、副本、节录本； （二）物证原物或者与物证原物核对无误的复制件、照片、录像资料等； （三）有其他证据佐证并以合法手段取得的、无疑点的视听资料或者与视听资料核对无误的复制件； （四）一方当事人申请人民法院依照法定程序制作的对物证或者现场的勘验笔录。 第七十一条　人民法院委托鉴定部门作出的鉴定结论，当事人没有足以反驳的相反证据和理由的，可以认定其证明力。	

续表

修　订　前	修　订　后
第七十二条　一方当事人提出的证据，另一方当事人认可或者提出的相反证据不足以反驳的，人民法院可以确认其证明力。 一方当事人提出的证据，另一方当事人有异议并提出反驳证据，对方当事人对反驳证据认可的，可以确认反驳证据的证明力。 第七十三条　双方当事人对同一事实分别举出相反的证据，但都没有足够的依据否定对方证据的，人民法院应当结合案件情况，判断一方提供证据的证明力是否明显大于另一方提供证据的证明力，并对证明力较大的证据予以确认。 因证据的证明力无法判断导致争议事实难以认定的，人民法院应当依据举证责任分配的规则作出裁判。	
第七十五条　有证据证明一方当事人持有证据无正当理由拒不提供，如果对方当事人主张该证据的内容不利于证据持有人，可以推定该主张成立。	第九十五条　一方当事人控制证据无正当理由拒不提交，对待证事实负有举证责任的当事人主张该证据的内容不利于控制人的，人民法院可以认定该主张成立。

续表

修 订 前	修 订 后
第七十六条　当事人对自己的主张，只有本人陈述而不能提出其他相关证据的，其主张不予支持。但对方当事人认可的除外。	
第七十七条　人民法院就数个证据对同一事实的证明力，可以依照下列原则认定： （一）国家机关、社会团体依职权制作的公文书证的证明力一般大于其他书证； （二）物证、档案、鉴定结论、勘验笔录或者经过公证、登记的书证，其证明力一般大于其他书证、视听资料和证人证言； （三）原始证据的证明力一般大于传来证据； （四）直接证据的证明力一般大于间接证据； （五）证人提供的对与其有亲属或者其他密切关系的当事人有利的证言，其证明力一般小于其他证人证言。	
第七十八条　人民法院认定证人证言，可以通过对证人的智力状况、品德、知识、经验、法律意识和专业技能等的综合分析作出判断。	第九十六条　人民法院认定证人证言，可以通过对证人的智力状况、品德、知识、经验、法律意识和专业技能等的综合分析作出判断。

续表

修　订　前	修　订　后
第七十九条　人民法院应当在裁判文书中阐明证据是否采纳的理由。 对当事人无争议的证据，是否采纳的理由可以不在裁判文书中表述。	**第九十七条**　人民法院应当在裁判文书中阐明证据是否采纳的理由。 对当事人无争议的证据，是否采纳的理由可以不在裁判文书中表述。
六、其　　他	**六、其　　他**
第八十条　对证人、鉴定人、勘验人的合法权益依法予以保护。 当事人或者其他诉讼参与人伪造、毁灭证据，**提供假证据**，阻止证人作证，指使、贿买、胁迫他人作伪证，或者对证人、鉴定人、勘验人打击报复的，**依照《民事诉讼法》第一百零二条的规定处理。**	**第九十八条**　对证人、鉴定人、勘验人的合法权益依法予以保护。 当事人或者其他诉讼参与人伪造、毁灭证据，**提供虚假证据**，阻止证人作证，指使、贿买、胁迫他人作伪证，或者对证人、鉴定人、勘验人打击报复的，**依照民事诉讼法第一百一十条、第一百一十一条的规定进行处罚。**
	第九十九条　本规定对证据保全没有规定的，参照适用法律、司法解释关于财产保全的规定。 **除法律、司法解释另有规定外，对当事人、鉴定人、有专门知识的人的询问参照适用本规定中关于询问证人的规定；关于书证的规定适用于视听资料、电子数据；存储在电子计算机等电子介质中的视听资料，适用电子数据的规定。**

续表

修订前	修订后
第八十一条　人民法院适用简易程序审理案件，不受本解释中第三十二条、第三十三条第三款和第七十九条规定的限制。 第八十二条　本院过去的司法解释，与本规定不一致的，以本规定为准。	
第八十三条　本规定自 2002 年 4 月 1 日起施行。2002 年 4 月 1 日尚未审结的一审、二审和再审民事案件不适用本规定。 本规定施行前已经审理终结的民事案件，当事人以违反本规定为由申请再审的，人民法院不予支持。 本规定施行后受理的再审民事案件，人民法院依据《民事诉讼法》第一百八十六条的规定进行审理的，适用本规定。	第一百条　本规定自 2020 年 5 月 1 日起施行。 本规定公布施行后，最高人民法院以前发布的司法解释与本规定不一致的，不再适用。

后　记

“民事证据法犹如民事诉讼法之骨干，若骨干不坚，即难期待民事程序得以顺利进行”（姜世明语）。但多年来的实践告诉我，大家对证据法总存在这样或那样的困惑。虽然市面上有不少优秀的证据法教材和著述，但基本都是动辄几页的长篇大论，未必回应实务中的一些疑问，难以称心如意。从事律师职业二十年来并兼任首席仲裁员后，我对证据法问题渐渐积累了一些思考和经验，这些思考和经验在我与同行的学习交流中得到了大家的肯定；尤其是近年来，我在审判研究微信公众号发表了《民事诉讼证据系列问题：热点、难点、疑点实务汇编》，读者反响不错。这些鼓励都促成我将讲义转化为一本应用型的民事诉讼证据书籍，并尝试打破传统概念、特征、分类、意义等的理论型解读，围绕关键问题展开，将相关原理与实务相结合，充分展现证据规则的应用流程，有效节约大家的阅读时间。这是我的初衷，“虽不能至，然心向往之。”

在对讲义修改润色的过程中，不同程度地参考了下列诸书：何家弘、刘品新合著的《证据法学》；张保生、王进喜等合著的《证据法学》；李明的《证据证明力研究》；毕玉谦的《证据制度的核心基础理论》《民事证据案例实务问题解析》《民事证据原理与实务研究》；武文举的《民事诉讼证据制度研究》；孔祥俊的

《最高人民法院〈关于行政诉讼证据若干问题的规定〉的理解与适用》；甘文的《行政诉讼证据司法解释之评论——理由、观点与问题》；何家弘主编的《证据的审查认定规则示例与释义》；陈光中主编的《证据法学》；江伟、邵明主编的《民事证据法学》；金长荣主编的《民事诉讼证据规则应用能力培训读本》等，在此无法一一列明，只能一并表示谢忱。我的助手王莹、顾航萍、柯丽燕三位律师，参与了附录相关资料的整理工作，也为本书付出了辛劳。

在本书即将付梓之际，承蒙我国著名证据法学专家毕玉谦教授不弃，为拙作拨冗作序，倍感荣幸，且书中不少案例及其解析，引自毕老师的著述。由于自己学识、经验有限，对证据法学的认识还比较肤浅，书中难免存在一些错误疏漏，不禁惶恐不安，深怕自己的缺失而给读者诸君带来不利益。为此，还请各位方家不吝赐教，以便将来修订时完善。此书之完成实系我人生学习历程之缩影，忘不了“三更灯火五更鸡”的情景，我坐在电脑前，用键盘修改文字符号、敲击新的篇章，个中滋味唯己所知，不过也享受了孤独的宁静与思考的欢愉。我也曾停下来自问：办案、阅读、交流、写作……如此忙碌半生，所为何来？但如同学者齐邦媛女士所言：每停下来，总是听到一些鼓声，远远近近的鼓声似在召我前去……

王新平